高等院校早期教育（0—3岁）专业系列教材

中国学前教育研究会教师发展专业委员会组织编写

婴幼儿教育原理

主　编　郑健成
副主编　梁金晶

上海科技教育出版社

图书在版编目（CIP）数据

婴幼儿教育原理/郑健成主编.—上海：上海科技教育出版社，2022.1
高等院校早期教育（0—3岁）专业系列教材
ISBN 978-7-5428-7618-8

Ⅰ.①婴… Ⅱ.①郑… Ⅲ.①幼儿教育-高等学校-教材 Ⅳ.①G61

中国版本图书馆CIP数据核字（2021）第243198号

责任编辑　钱　吉　王　婷
封面设计　符　劼

婴幼儿教育原理

主　编　郑健成
副主编　梁金晶

出版发行	上海科技教育出版社有限公司 （上海市闵行区号景路159弄A座8楼　邮政编码201101）
网　　址	www.sste.com　　www.ewen.co
经　　销	各地新华书店
印　　刷	常熟华顺印刷有限公司
开　　本	787×1092　1/16
印　　张	13.75
版　　次	2022年1月第1版
印　　次	2022年1月第1次印刷
书　　号	ISBN 978-7-5428-7618-8/G·4508
定　　价	55.00元

高等院校早期教育（0—3岁）专业系列教材编写委员会

主　任　张明红　郑健成

委　员（以汉语拼音为序）

贺永琴　康松玲　凌　玲

刘　馨　马　梅　皮军功

钱　文　师宇楠　孙　杰

王　婷　叶平枝

总　序

　　0—3岁是人生的开端，是个体发展的起点，是教育启蒙和最基础的阶段。心理学、脑科学等研究表明，0—3岁是大脑、语言、精细动作等发育最快、可塑性最强的关键期，遵循0—3岁婴幼儿身心发展的特点与规律，为婴幼儿提供适宜的发展与教育条件，才能起到事半功倍的效果。重视0—3岁儿童的早期发展与教育已逐渐成为全世界学前教育发展的重要趋势。21世纪初，我国政府开始加大对早期教育的关注程度和投入力度。《中国儿童发展纲要（2001—2010年）》对2001—2010年0—3岁婴幼儿的教育发展提出了目标和策略措施。2003年，教育部等部委颁布的《关于幼儿教育改革与发展的指导意见》明确提出，要"全面提高0—6岁儿童家长及看护人员的科学育儿能力"。《国家中长期教育改革和发展规划纲要（2010—2020年）》在学前教育发展任务中也强调要"重视0—3岁婴幼儿教育"。

　　我国第六次人口普查数据显示，0—3岁婴幼儿约7 000万。同时，国家生育政策的调整和实施势必带来未来几年新生人口的增长，也必然会对社会、经济和教育等各个层面产生影响；人们对0—3岁婴幼儿早期教育的重视程度越来越高，无疑也给0—3岁婴幼儿早期教育的发展提出了新的要求。科学、健康的早期教育需要高素质、专业的早教教师队伍。截至2017年，教育部已批准54所高专、高职院校开办早期教育专业。如何加快推进0—3岁早期教育专业建设，规范0—3岁早期教育专业课程与教材建设，尽快培养和培训一批专业化程度较高的0—3岁早教教师队伍，从而引领科学和高质量的婴幼儿早期教育，是一个亟待研究解决的现实问题。

　　针对这一现实需求，中国学前教育研究会教师发展专业委员会组建了早教教师委员会，于2015年、2016年分别召开了早期教育专业建设研讨会、早期教育课程与教材建设工作推进会，积极组织全国有关领域的专家学者及已经开设和准备开设早期教育专业的高专、高职院校相关负责人，深入研究制订早期教育专业人才培养方案，并组织华东师范大学、北京师范大学、广州大学、天津师范大学、哈尔滨幼儿师范高等专科学校、福建幼儿师范高等专科学校、贵阳幼儿师范高等专科学校、国家卫健委（原国家卫计委）等有关院校和政府部门的专业人员组成了早期教育专业课程与教材建设专家委员会，组建了由部分幼高专、卫生、保健等专业人员组成的早期教育专业课程建设与教材编写委员会领导小组，围绕0—3岁早期教育专业的核心课程建设，精心组织研究编写了这套0—3岁早教系列教材，由上海科技教育出版社出版。相信这套教材的编写与出版，不仅可以为已经开设、准备开设和拟加强早期教育专业建设的有关培养院校与机构提供0—3岁早期教育专业课程建设的试用、使用和实验参考，

I

也能成为在幼儿园、早教机构、社区早教基地等相关机构从事早期教育、早期保育护理工作、早期家庭教育指导、早教管理与科研的教育者和工作者的参考用书。同时，也期望使用本教材的院校、培养培训单位和教育工作者能够根据实践，不断予以补充、修改和完善，共同推进0—3岁早期教育专业的课程与教材建设。

中国学前教育研究会教师发展专业委员会
洪秀敏
2017年7月于北京师范大学

前言

《婴幼儿教育原理》是为满足0—3岁早期教育一线师资培养的需要而编写的教材。编写团队经历了从"懵懂"到被《教育概论》《儿童发展心理学》《学前教育学》《儿童保健学》《教育社会学》《教育生态学》所"启蒙",再到"求索"的艰辛历程。尽管《婴幼儿教育原理》还不算成熟,但令人欣喜的是,我们首次构建了反映我国早期教育研究与实践探索、贴近本专业学习与实践需求、具有指导性的婴幼儿教育原理课程与教材体系,回应了我国早期教育快速发展对专业人才培养的呼声。

一、《婴幼儿教育原理》教材编写的背景

在我国,0—3岁婴幼儿早期教育随着21世纪的到来而兴起,无论是理论研究方面还是实践探索方面都刚起步不久。我国对0—3岁婴幼儿早期教育师资的专业培养始于2007年教育部首次批准天津师范大学学前教育学院(前身为天津市幼儿师范学校)开设早期教育专业。至2020年,教育部已批准100多所高职高专院校开办早期教育专业。

要保证早期教育专业人才培养的质量,课程与教材建设尤为重要。在婴幼儿早期教育的理论阐释还比较少的情况下,《婴幼儿教育原理》教材编写团队努力以高校课程与教材建设理论为指导,把本教材的编写过程同时作为一个探索、研究的过程。团队广泛收集、研究婴幼儿早期教育理论的有关资料,深入分析十余年来早期教育实践探索的素材以及本专业学生的学习特点,努力构建、形成反映我国0—3岁婴幼儿早期教育研究和实践探索的全局视野,体现0—3岁婴幼儿早期教育的基本概念、基础知识、基本理论及其内在逻辑,希望这一专业基础性核心课程的教材能帮助同学们对本专业的学习起到引领性、基础性和全局性的作用。

二、《婴幼儿教育原理》核心概念与体系

为了构建早期教育原理课程与教材体系,我们首先基于教育学对人的研究的特殊视角,揭示早期教育的本质是育人,它旨在有目的地影响0—3岁婴幼儿朝正向发展。尽管婴幼儿在喂养和照护中长大,但其发展潜能和价值却容易被忽视,或者被错误定向,又或者因喂养和照护不当而受到阻碍。"教育是以对人的身心发展产生影响为直接目标的。"0—3岁婴幼儿教育的特殊性在于它是融于喂养、照护等活动的全过程中的。多学科研究表明,教、养、照护合一对婴幼儿一生的发展十分重要。对于作为发展主体的婴幼儿个体来说,影响其发展

的原因和机制十分复杂。使没有专业背景的、承担子女养育责任的家长做到科学育儿，这是早期教育极其重要的使命。

早期教育是《婴幼儿教育原理》的核心概念，是指教育工作者协同保健保育人员共同参与，以家庭为核心，对0—3岁婴幼儿身心发展施加有目的的、积极的、系统的影响的总和，旨在促进0—3岁婴幼儿体智德美全面和谐而富有个性地成长，为其一生的发展奠定基础。早期教育影响的对象包括家庭中的父母等养育者和0—3岁婴幼儿。早期教育概念是《早期教育原理》的逻辑起点，教材围绕着这一核心概念展开，构成蕴含各要素及其关系的完整体系。该体系体现了教育的一般原理在早期教育中的运用，并重视从儿童发展心理学、儿童保健学、教育生态学等多维视角探讨教育，突破了就早期教育论早期教育的思维限制，力求反映早期教育的前沿热点与动态。

三、《婴幼儿教育原理》的教学指向

《婴幼儿教育原理》作为早期教育专业基础性核心课程的一本通用的新编教材，力求体现我国新时代对"有理想信念、有道德情操、有扎实学识、有仁爱之心"的"四有"好老师的培养要求；力求体现0—3岁婴幼儿早期教育教师培养的中国化、时代性和专业化的追求；力求体现学科领域的内在逻辑与学生学习的心理序列的统一，职业的事实导向与价值导向的统一，正确的儿童观、教师观、教育观与相应的情感、能力和行为的统一。我们希望以上所做出的努力能激起任课教师和学生的共鸣，从以下几个方面拓宽、夯实早期教育的理论基础和能力基础。

第一，防止片面理解早期教育。0—3岁婴幼儿身心发展不同于其他任何阶段的儿童。早期教育具有融合喂养、照护等活动全过程的特殊性，同学们不可片面地把早期教育理解为教婴幼儿学儿歌、做游戏。早期教育终归要落实到0—3岁婴幼儿与周围人和物等环境相互作用的过程中，使其获得主动的建构与发展。同学们应该正确理解、掌握早期教育的内外部关系及规律，不可把早期教育狭隘地理解为组织开展亲子教育活动。

第二，以全局视野与本教材对话，呼应本教材引领性、基础性和全局性的追求。教材从同学们熟悉的普通教育入手，帮助其理解教育与社会、教育与人的发展这两大关系的基本规律，进而把握社会、早期教育、0—3岁婴幼儿三者的内在联系，厘清和掌握早期教育内外部复杂互动的关系和规律，以期同学们获得适应早期教育多岗位、多元服务的基础性知识和洞察力。另外，同学们应该了解0—3岁婴幼儿早期教育的发生、发展历程和发展境况、未来走向，立足现实，感受时代气息，拥有为早教事业发展而不懈努力的情怀，坚定专业信念。

第三，彰显学习者生命活力的课程教学。婴幼儿教育原理课程的教学要抓住基本概念、基础知识、基本观点与原理，紧密联系0—3岁婴幼儿发展和早期教育的实际，有效地内化和建构知识，培养学生运用理论思考、发现、分析和解决问题的能力；重视为课堂教学搭建师生互动、共同探讨的平台，重视开放性的课堂，提供问题情境、案例、课外阅读线索、实习等教学资源，让学生开展研究性学习与实践活动，开阔视野，增强学习与探索的动力和学习能力。教材力图让同学们充分体验专业学习与成长，努力在观念、情感、知识、能力和行为上全面落实课程目标。

基于大多数院校的早期教育专业并没有开设普通教育学的课程，对此，本教材在第一章用较小的篇幅为同学们做了常识性的铺垫。早期教育涉及面广，内容较多，教师要根据本校本专业的实际情况和同学们的就业方向把握各章节的特点，合理确定教学重点，详略得当地分配教学单元。

本教材的主编为福建幼儿师范高等专科学校的郑健成教授，副主编为该校与福州市鼓楼区政府合作共建的海西宝贝早教中心原主任梁金晶老师。参加编撰的还有沈阳师范大学学前与初等教育学院学前教育二系主任贺敬雯副教授、福建幼儿师范高等专科学校教务处副主任叶圣军副教授和学前教育学院王先达副教授、三明医学科技职业技术学院焦扬讲师。在编写团队充分沟通的基础上，由主编郑健成教授拟定课程目标和教材纲目、撰写体例，并负责改稿、统稿。各章编撰的作者分别是：第一章，叶圣军、郑健成；第二章，焦扬、郑健成；第三章，郑健成、焦扬；第四章，梁金晶、王先达、郑健成；第五章，梁金晶、郑健成；第六章，贺敬雯、郑健成；第七章，郑健成、叶圣军。本教材参考、引用了国内外学者的许多著述、研究资料和早期教育一线教师的实践案例。它的出版得到了天津师范大学学前教育学院原院长郭亦勤教授和上海科技教育出版社邱志华主编的热切关心，在此一并表示感谢。最后还要特别感谢上海科技教育出版社的钱吉女士，作为本书的责任编辑，她为本教材的出版做了大量精细的工作。

虽然我们为编写本教材酝酿、琢磨了很长时间，付出了大量的心血，但仍有诸多可完善之处。由于时间紧张，书中难免存在一些疏漏，恳切希望得到广大读者的批评和意见，我们会不断修正和完善。

郑健成
2021年7月于福建幼儿师范高等专科学校

目 录

- 1 第一章 婴幼儿早期教育认识的起点
- 1 第一节 教育概述
- 17 第二节 早期教育及其价值取向

- 27 第二章 婴幼儿全面发展教育
- 27 第一节 婴幼儿全面发展教育
- 34 第二节 全面发展教育与儿童早期综合发展

- 44 第三章 婴幼儿早期教育的基本要素
- 44 第一节 儿童观及婴幼儿发展
- 56 第二节 养育者和保教人员
- 59 第三节 早期教育的内容与环境

- 72 第四章 早期教育机构与家庭、社区
- 72 第一节 早期教育机构概述
- 84 第二节 早期教育机构与家庭、社区

- 91 第五章 婴幼儿早教课程与教育指导
- 91 第一节 婴幼儿早期教育课程概述
- 99 第二节 支持婴幼儿综合发展的课程
- 107 第三节 支持婴幼儿个体发展需求的课程
- 113 第四节 婴幼儿亲职教育及其课程

- 126 第六章 婴幼儿早期教育教师
- 126 第一节 早期教育教师的专业性
- 135 第二节 早期教育教师的专业素质
- 144 第三节 早期教育教师的专业成长

I

162　第七章　婴幼儿早期发展服务体系

162　　第一节　早期教育的功能与发展进程

168　　第二节　婴幼儿发展研究与科学育儿传播

186　　第三节　婴幼儿照护与教育服务实践探索

195　　第四节　立足婴幼儿综合发展的公共服务体系建设

205　参考文献

208　后　　记

第一章　婴幼儿早期教育认识的起点

学习目标

1. 理解教育及其与社会发展和与人的发展的规律性联系。
2. 理解我国的教育目的，初步了解教育目的是如何逐层落实到受教育者的发展的；能结合本专业的学习，梳理从教育目的到本课程教学目标的层次结构。
3. 了解我国的教育制度。
4. 理解我国学前教育、幼儿教育、早期教育及其相互关系。
5. 确立正确的0—3岁婴幼儿早期教育价值取向，并能分析婴幼儿保教实践中的价值取向。

第一节　教 育 概 述

一、教育的概念及其本质属性

（一）教育的概念

在我国，"教育"一词最早见于《孟子·尽心上》中的"得天下英才而教育之"。在西方，"教育"一词源于拉丁语"educare"，有"引出"之意。社会根据受教育程度选拔人才，人通过受教育实现社会地位的变迁。教育伴随着人类社会的产生而产生，是人类所特有的社会活动。教育随着社会的发展而发展，与人类社会共始终，并越来越成为助推社会发展的重要因素。

时至现代，各国学者对教育的定义仍不尽相同。美国的杜威认为"教育即生长"，"教育即生活"；英国的斯宾塞认为"教育为未来生活之准备"；我国的陶行知认为"生活即教育"，他不仅在理论上进行探索，又以"甘当骆驼"的精神努力践行平民教育。今天的研究认为，教育的概念有广义和狭义之分。

广义的教育泛指一切能影响人的身心发展的活动。凡是能增进人的知识和技能，影响人的思想品德、情感和社会性的活动都是教育。简单来说，广义的教育主要包括社会教育、学校教育和家庭教育。

狭义的教育是指有目的、有计划、有组织的教育，主要指学校教育。它不仅包括全日制的学校教育，而且包括半日制的学校教育、函授教育、刊授教育、广播学校和电视学校的教育等。我们接下来学习与探讨的主要是狭义的教育。

> **拓展资料**
>
> ### 世界上最早的教育著作——《学记》
>
> 《学记》是中国，也是世界上最早的专门论述教育和教学问题的著作。它是古代中国典章制度专著《礼记》（又名《小戴礼记》）中的一篇，是战国晚期思孟学派的作品。据郭沫若考证，作者为乐正克。其文字言简意赅，喻辞生动，系统而全面地阐明了教育的目的及作用，教育教学的制度、原则和方法，教师的地位和作用，教育过程中的师生关系和生生关系。《学记》所论述的教学相长、循序渐进、启发诱导、长善救失等原则，至今仍有重要意义。
>
> ### 《大教学论》是教育学形成独立学科的标志
>
> 《大教学论》是捷克教育家夸美纽斯的教育学著作，副题为"把一切事物教给一切人的普遍的艺术"，首次出版于1632年。《大教学论》主张反对封建的、经院主义的教育，广泛深入地探讨了教育工作的各种问题，系统阐述了适应新兴资产阶级要求的教育观点，包括教育的目的、作用、制度、内容和途径，是西方近代教育史上第一部体系完整的教育学著作。《大教学论》第一次把教育学从哲学中独立出来，是教育学形成独立学科的标志，奠定了近代教育体系的基础，对世界各国的教育产生了重要的影响。在该书中，夸美纽斯首次将学前教育（母育学校）纳入一个具有民主色彩的单轨学制。有关构想虽未达到公共教育的水准（仍局限在家庭教育范围内），但将学前教育正式纳入学制一事在历史上具有非凡的意义。

（二）教育的本质属性

有目的地培养人的社会活动，这是教育的本质属性，是教育区别于其他社会活动的根本特征。具体体现在以下三个方面：

第一，教育是人类独有的社会现象。也就是说，教育活动只存在于人类社会中，动物界是不存在教育活动的。比如，鸭妈妈教小鸭子学游泳、老鹰教小鹰学飞，都是动物基于亲子和生存本能的自发行为，其"教"与"学"行为的产生与动物的生理需求直接相关，不属于教育活动。

第二，教育是人类有目的、有意识地对受教育者进行培养的活动。这一点强调的是教育活动具有意识性和目的性，不等同于人类的本能活动。例如，初生婴儿会吮吸、游泳，这些都属于人类的本能反应，不能算作教育活动。

第三，教育是一种社会活动，在这种活动中存在着教育者、受教育者和教育影响三种要素。举例来说，一个人自学不属于教育活动，因为在自学中不存在教育者与受教育者的相互影响。

二、教育与社会发展

教育本身是社会大系统中一个重要的组成部分，与生产力、政治、经济、文化等社会要素之间存在着相互制约和相互促进的关系。

（一）教育与生产力的关系

1. 生产力对教育起决定作用

（1）生产力水平制约着教育事业发展的规模和速度

生产力的发展为教育提供了物质条件，为教育的发展提供了可能。兴办教育需要人力、物力和财力做保证。办多少学校、招多少学生，都要以生产力所提供的物质条件作为基础。同时，生产力还要求教育要有相应的发展，为物质生产提供所需要的人才。

（2）生产力水平制约着人才培养的规格和教育结构

在奴隶社会和封建社会时期，由于生产力发展水平低下，农业生产和简单的手工业生产主要依靠体力、技艺和经验，直接从事生产劳动的人不需要经过学校的专门培养和训练。这一时期的学校教育主要是培养各种官吏。19世纪前后，英国、法国等资本主义国家先后进行了工业革命，生产力与科学技术的发展使机器大生产替代了手工业生产，这就必然需要一定的具有生产技能的劳动者，进而对教育提出了培养技术工人的要求。学校不仅要培养官吏等政治人才，还要培养生产管理人员、生产技术人员和熟练技术工人等多种多样的人才。

（3）生产力水平制约着教育的内容和手段

人类经历了农业社会、工业社会，如今已迈进信息社会，学科门类明显增加。例如学校教育中，自然学科的教育内容最早只有算术、几何、天文，随着生产力的发展，逐渐增加了代数、地理、物理、化学、生物等。而今，生产力与科学技术获得突飞猛进的发展，信息技术等新兴学科不断涌现，也都变成了教育内容。生产力的发展、科学技术的进步使知识以几何级数增长，进而促进学校的课程结构与内容不断改进与更新。生产力的发展还促进着教育手段的改革。从只有黑板加粉笔到自然学科教学实验室的建立，再到如今的多媒体教学、网络空中教学以及虚拟实验教学等，都反映了一定的生产工具和科学技术在教育领域的应用。把新的科技成果引入到教育领域中，将大大促进教育手段和教育设备的现代化。

2. 教育对生产力起促进作用

（1）教育是劳动力再生产的重要手段

人是生产力中最重要的因素。教育能够培养人的劳动能力。通过教育，能把原来没有生产知识和技能的人培养成具有科学知识和生产技能的劳动者，也就是把潜在的生产力转化为现实的生产力。因此，教育担当着生产劳动力的重任。

（2）教育是科学知识再生产的手段

科学技术是第一生产力。通过教育，把前人所积累的科学知识一代一代往下传，使科学知识得以继承和发展。除了传递已有的科学知识，教育还担负着发展新的科学知识的任务。尤其是高等教育，更是承担着人才培养、科学研究的重任。科学研究的任务就是发展科学，产生新的知识。教育在社会服务中帮助解决生产中的问题，不断创新科学知识和技术，这是科学知识再生产的一种体现。

（二）教育与政治经济的关系

1. 政治经济制度决定着教育的性质

（1）政治经济制度决定着教育的领导权

在人类社会中，谁掌握了生产资料的所有权，谁掌握了国家政权，谁就能够控制精神产品的生产，就能拥有教育的领导权，并通过制定教育方针政策、颁布法律法规、规定教育内容、分配教育经费等来实现对教育领导权的控制。

（2）政治经济制度决定着受教育权的分配

政治经济制度规定了什么人、哪些人能够接受教育，接受什么样的教育。原始社会时期，生产力低下，社会以生产资料原始公有制为基础，氏族成员处于平等地位，拥有平等的受教育权。到了阶级社会，统治阶级利用权力把控教育为其服务，被统治阶级便不可能享有与统治阶级平等的受教育权。当我国处在半殖民地半封建社会时期，教育成为外国势力文化侵略的工具和官僚、地主等富人子女的专利。1949年中华人民共和国成立后，我国实行面向工农大众的教育制度，使人人享有受教育的权利。1986年颁布的《中华人民共和国义务教育法》便是国家意志的体现。

（3）政治经济制度决定着教育目的的性质

政治经济制度决定着教育要培养什么样的人，培养出来的人应具有什么样的政治方向，形成怎样的思想意识等。国家的这种要求通过制定教育目的、规定政治思想教育的内容及相应的考试评价手段来实现。例如，在我国封建社会中，教育目的是把统治阶级的子弟培养成官吏和士大夫，便把"四书""五经"列为教育内容，向受教育者灌输"三纲""五常"等封建伦理观念。

2. 教育对政治经济制度产生影响

（1）教育能为政治经济制度培养所需要的人才

教育为政治制度培养后备人才，为经济发展培养新的劳动力，使受教育者形成适应和拥护一定社会政治经济制度的思想意识和行为方式，以便使某种政治经济制度得以巩固和延续。通过培养人才实现对政治经济的影响是教育作用于政治经济的主要途径。

（2）教育可以促进政治民主

教育能够提高国民的受教育水平，增强国民的权利意识、民主意识，使之在政治生活和社会生活中增强民主权利,推动政治的改革与进步。

(3) 教育能够形成舆论力量作用于政治和经济

教育通过人文环境的创设和人文精神的培育为政治经济活动提供道德和文化基础。学校是知识分子的集中地,是宣传、灌输、传播一定的政治经济思想体系的有效阵地。学校的师生通过言论、教材、刊物及他们的行为来宣传一定的思想。可见,教育是一种影响政治经济的重要力量。

(三) 教育与文化的关系

1. 文化的含义

文化是人类社会所特有的现象,"是以价值观念为核心的知识体系、语言符号、行为习惯、宗教信仰等生活要素的集合"。可见,文化的概念十分广泛,它是相对于政治、经济而言的人类全部精神活动及活动产品的总和。

文化既包括世界观、人生观、价值观等具有意识形态性质的部分,又包括自然科学和技术、语言和文字等非意识形态的部分。社会文化大体可分为物质文化、精神文化、行为文化和制度文化四个方面。物质文化一般指人类改造自然的能力,即生产力及产品,如历史文物、古建筑、工艺品等。精神文化一般指通常意义上的文化科学、人们的生活方式、价值观念、思维方式等。行为文化指在价值观等观念下的行为方式和行为结果。制度文化指人类为了自身生存和社会发展需要而主动创制出来的有组织的规范体系。

学校文化是文化的一部分。学校文化,特别是优良的校风,具有鲜明的教育作用,对学生个性和品德的陶冶是其他教育形式难以替代的。

2. 教育具有发展文化的功能

(1) 教育具有选择、整理、传递和保存文化的功能

并非所有的文化都能成为教育内容。教育根据社会发展的需要选择和整理文化,形成学校的教育内容,以自身为主要途径和手段,向受教育者传递文化,使文化得以传承。

(2) 教育具有更新和创造文化的功能

教育能培养人的创新精神和创造力,人既是文化的产物,又是文化的创造者。当代学校往往成为新思想、新文化的策源地,在文化的更新和创造中发挥着重要的作用。

(3) 教育具有促进文化交流与融合的功能

文化具有地域性,而通过教育交流活动能够直接促进文化的交流和融合,例如互派留学生、教师出国访问、学习交流等。不同文化之间相互学习、借鉴、融合有助于促进文化多样性的发展。

(四) 教育具有相对独立性

教育作为一种特殊的社会实践活动,具有自己的特点和基本规律,教育必须遵循其规律才能实现其目的。

1. 教育是一种转化活动的过程

教育作为一种培养人的社会活动,它要解决的问题是把人类积累的科学文化、生产和社

会生活经验转化为受教育者个体的成长和精神财富。这一过程必须遵循受教育者的身心发展规律和教育规律。这是教育区别于其他活动的本身独有的基本特点。

2. 教育具有自身的历史继承性

教育具有自身相对独立的发展道路，后来的教育一定是在以往教育的基础上发展起来的，与以往的教育有着渊源关系。不同民族的教育都带有自身发展历程中的烙印，具有自身的历史继承性。

3. 教育与政治经济制度和生产力发展不完全同步

这种不完全同步主要表现为：一是教育落后于一定的政治经济发展水平，二是教育超前于一定的政治经济发展水平。比如：当旧的政治制度消亡之后，与之相适应的教育思想和内容往往还会残存一段时期，这体现了教育的滞后性；当教育认识了社会发展的规律，根据社会发展的趋势预见其发展方向，提出新的思想，这体现了教育的超前性。

三、教育与个体的发展

个体发展是指个体从出生到生命终结，身心诸方面不断发生变化的过程。教育的根本目的在于促进人的发展，正确处理教育与人的发展关系是做好教育工作的重要保证。

（一）影响个体发展的因素

1. 遗传对个体发展的影响

遗传是个体从亲代所继承下来的解剖生理上的特点，如机体的结构、形态、感官和神经系统等的特点，也叫遗传素质。遗传素质是人的个性心理形成和发展的前提条件，没有这个前提，个体的发展是不可能实现的。遗传的成熟机制制约着人身心发展的阶段与过程，为一定年龄阶段的身心发展提供了可能和限制。但遗传素质只是提供了身心发展的可能性，并不决定人的发展，如果没有后天的社会生活和教育，遗传素质所给予人的发展的可能性便不能成为现实。

2. 环境对个体发展的影响

人出生后就受到后天环境的影响，环境是个体发展的条件。环境指的是个体生活于其中的所有外部条件的总和。个体生活在环境中，只要与个体相互接触和发生作用的环境，都会对个体的发展产生影响。环境按照性质可分为自然环境和社会环境，按照范围可分为大环境和小环境。

（1）环境影响个体发展的方向

环境的不同往往会造成个体发展上的巨大差异。印度"狼孩"和"孟母三迁"等故事都说明了这一点。现实中还有许多家庭环境影响子女发展方向的情况，比如父母的兴趣爱好和所从事的职业会潜移默化地影响子女的兴趣爱好与相关知识储备。

（2）环境影响个体发展的进程

陕西师范大学的一项调查研究表明，农村贫困地区0—3岁婴幼儿营养状况（贫血情况）、能力发展与城市中的同龄孩子相比存在显著差异,前者的发展水平明显低于后者。紧接着,有人进行了另一项干预研究。研究将农村贫困地区0—3岁婴幼儿分成实验组和对照组,为实验组儿童免费补充营养,每周提供入户指导一次,还在村里建立儿童早期发展活动中心,家长可以随时带孩子到中心玩。实验组婴幼儿的营养状况(贫血情况)和能力发展与对照组相比有显著改善。

环境对人的发展有着重大的影响和制约作用,对人的影响有积极和消极之分。因此,教育者要注意为受教育者提供有利的环境条件,充分发挥环境的积极作用。

3. 个体主观能动性与个体自身发展

遗传素质和环境因素是个体发展的基础、条件和资源,为个体发展提供各种可能性。但这些可能性是潜在的,不会自动转化为现实的发展,它要求个体必须具有自身的能动性。

个体的主观能动性由生理、心理和社会三种不同层次和内容的活动构成。生理活动是维持人生存与发展的最基本的活动,它既与人的身体发展直接相关,又是心理活动和社会实践活动的基础。心理活动是旨在满足个体与外部环境进行信息交换和自我控制的需要的活动,表现为个体认识外部世界并构建自己内部精神世界的过程。社会实践活动是人为了满足社会或群体的发展需要而保持、扩大自己利益的活动,也是个体为体现自身价值并满足发展和创造的需要而进行的活动。社会实践活动具有鲜明的目的性、指向性和程序性,体现了人的主动选择,最富有综合性,代表了人的活动的最高层次。以上三个层面的活动彼此交融。

个体的主观能动性是其身心发展的动力,能让个体有目的地去发展自身。这表现在人能够对周围的环境有选择地做出反应,能够主动控制自己的行为等。主观能动性是促进个体发展从潜在的可能状态转向现实状态的决定性因素。

4. 学校教育对个体发展的特殊影响

(1) 学校教育能够对各种环境加以有效的控制和利用

学校是专门的教育机构,它的任务是教育和培养人。对于个体发展而言,学校教育是影响其发展的特殊环境。学校教育能有目的地选择和提炼有利于学生身心发展的因素,克服和排除那些不利于学生发展的因素,为学生创建一个优良的环境,通过开展有教育意义的活动来促进学生的健康发展。

(2) 学校教育具有明确的目的性和方向性

学校教育是根据社会发展的需要和规律以及学生身心发展的特点和规律有目的地培养人的活动。学校按照一定的方向,选择适当的内容,采取有效的方法,利用集中的时间,对人进行全面的教育和训练,使受教育者获得比较系统的知识和技能,形成一定的世界观和道德品质。

(3) 学校教育具有较强的计划性和系统性

学校教育有着较为完善的规章制度,保证了教育、教学的良好秩序,把人的发展纳入可控的程序之内,使教育教学能顺利地进行。同时,学校教育又具有系统的学习内容,这些内容既考虑了社会发展对人才规格的需要和知识的逻辑顺序,又考虑了学生的年龄特点和接受能力。这些都保证了人才培养的高效率和高质量。

(4) 学校教育有助于充分挖掘个体的发展潜能

学校教育可以根据个体的不同特点施行因材施教,有意识地引导个体扬长避短,使个体先天的遗传素质向有利于其身心成长的方面发展。例如,面对害羞内向的学生,教师可以通过有意识地鼓励其参加集体活动,经常让其回答课堂提问,培养其自信心,逐渐调动其积极性。

(5) 学校教育具有较高的专业性

学校有比较完整的组织机构,有受过教育和专业训练的专职教师,他们拥有教育知识,懂得教育规律。学校把学生按照一定的教育要求组织在专门的教育过程内进行教育,因此,学校教育对个体身心发展的作用是其他任何教育形式都难以比拟的。

(二) 教育必须遵循人的身心发展规律

人是极其复杂的一个整体,从生命开始到生命结束,始终在与环境相互作用的过程中发展变化。教育对受教育者的身心发展起着主导作用,但教育同时也受到受教育者身心发展规律的制约。

1. 教育必须适应人身心发展的阶段性

个体的发展是一个分阶段的连续过程,个体在不同的年龄阶段表现出身心发展的不同特征,前后相邻的阶段是有规律地更替的,前一阶段为后一阶段的过渡做准备。个体从出生到生命结束会经历好几个阶段,每个阶段都有自己的特征和发展任务。教育必须从教育对象的实际出发,提出与受教育者发展阶段相适应的任务,采用不同的教育内容和方法。例如:对童年期的学生,教学内容上应该多讲些比较具体的知识和浅显的道理,在教学方法上应多采用直观教具;而对青年期的学生,要注意培养其辩证的逻辑思维能力。

拓展资料

埃里克森"人格发展八阶段"理论

爱利克·埃里克森是美国精神病学家、发展心理学家和精神分析学家。他提出人格的社会心理发展理论,把心理的发展划分为八个阶段,每个阶段都存在一种冲突,构成一种危机,危机的顺利解决是人格健康发展的前提。

1. 基本信任对不信任(0—1岁)

这个阶段的儿童如果能够得到成人的积极看护,满足基本的需要,就能对周围人产生基本的信任感;反之则会产生不信任感和不安全感。儿童这种基本信任感的形成是以后人格健康发展的基础。

2. 自主感对羞怯和怀疑(2—3岁)

这个阶段的儿童通过学习走路、说话、如厕等锻炼了独立性,有了自己行动的自主意愿，而这常常和父母的意愿构成冲突。在这一阶段，如果父母能有足够的理智和耐心，对儿童的行为既给予必要的限制又给予一定的自由，就会使危机得到积极解决，使儿童在独立中建立起自豪感，形成自我控制和意志品质；反之则会产生羞耻感，并形成自我怀疑。

3. 主动感对内疚感（4—5岁）

这个阶段的儿童活动能力进一步增强，语言和思维能力也得到了很大的发展，常会主动发起活动与他人互动。在这一阶段，如果父母能经常肯定和鼓励儿童的自主行为和想象，儿童就会获得主动性；反之，儿童的主动性就会被压抑，并感到内疚。

4. 勤奋感对自卑感（6—12岁）

这一阶段的儿童大多数正式进入学校接受小学教育，学习成为他们的主要活动。如果儿童能够从需要稳定的注意力和一定努力的学习活动中获得满足感，他们就能发展勤奋感，对未来自己成为一个对社会有用的人有信心，形成正确评估自我能力的品质；反之，儿童就会感到自己无能，产生自卑感。

5. 自我同一性对角色混乱（12—20岁）

这一阶段的儿童接受了更多关于自己和社会的信息，通过对性、情绪、文化、职业等方面的探索，为自己确定未来生活的策略。如果顺利，儿童就能够产生自我同一性，反之会产生角色混乱和消极同一性。埃里克森认为，同一性的形成对个体健康人格的发展十分重要，它标志着儿童期的结束和成年期的开始。

6. 亲密感对疏离感（20—25岁）

亲密的个人能够与他人产生情感上的共鸣，分享想法，互相关怀。只有建立了牢固的自我同一性的人，才敢于与他人建立亲密的关系。因为亲密关系要求把自己的同一性和他人的同一性融合为一体，这就需要个体做出某种程度的自我牺牲。而没有亲密关系，个体则可能产生孤独感。

7. 生育对停滞（25—65岁）

这一阶段，个体通常已建立了家庭和自己的事业。如果这一阶段的危机顺利解决，个体就会试图把这一切传递给下一代，或为下一代创造更多的精神和物质财富；反之，个体会产生停滞感。

8. 自我整合对绝望（65岁以后）

到了这一阶段，通常大多数人都停止了工作，处于对往事的回忆之中。如果前面阶段中的冲突都得到积极的解决，个体就会形成完整的自我感觉，不惧怕死亡。如果其他阶段的危机是消极解决的，个体就会产生失望和无意义感，害怕面对死亡。

2. 教育的目标和要求应符合受教育者的"最近发展区"

苏联心理学家维果斯基依据一系列实验结果,提出"最近发展区"理论,认为儿童发展是有潜能的,这一潜能介于两种发展水平之间:一种是儿童在独立的活动中所达到的解决问题的水平;另一种是可能达到的发展水平,即儿童在有指导的情况下借助成人的帮助所能达到的解决问题的水平,通俗地说就是"跳一跳能够得着"的发展水平。现有水平与可能的发展水平之间的区域就是最近发展区。教育教学所提出的目标、要求、内容难度等都应与儿童的最近发展区相符。在最近发展区内充分调动儿童的积极性,通过正确的引导、支持和协助,尽可能地发挥其潜能,帮助其不断实现新的发展。

3. 教育必须通过受教育者的能动性和社会实践而发挥作用

人不仅具有认识和改造外部世界的能力,还有认识和改造自己的能力。人发展到一定阶段就具有自我意识,具有主动规划自己的未来并为此创造条件的能力。能否较好地发挥能动性是一个人能否达到较高发展水平的重要因素。

另外,人是社会性的,是在社会环境中发展的。作为个体的人,只有参与社会实践,才能获得生存与发展。学校教育的重要任务就是促进人的社会化。因此,学校应重视学生社会实践活动的质量和社会意义,加强学校与社会实践的联系。

对个体潜能的充分信任,对个体主观能动性的清醒认识,对社会实践在人的发展中的重要作用的高度重视,是学校教育促进个体发展的重要认识前提,也是教师在教育活动中促进学生发展的基本要求。

(三) 人的全面发展与新时代教育的使命

1. 人的全面发展与综合素质培养

"人的全面发展"是马克思主义的基本原理之一,也是我国教育方针的理论基石。马克思主义从分析现实的人和现实的生产关系入手,指出了人的全面发展的条件、手段和途径。所谓人的全面发展,就是指人的体力和智力的充分、自由、和谐的发展。中国共产党运用马克思主义关于"人的全面发展"理论的立场、观点和方法来指导中国的教育,将中国传统文化和全面发展教育思想相融合,指明培养全面发展的社会主义建设者的教育目标。

1951年,第一次全国中等教育会议提出:"普通中学的宗旨和培养目标是使青年一代在智育、德育、体育、美育各方面获得全面发展,使之成为新民主主义社会自觉的积极的成员。"1952年,教育部颁发的《小学暂行规程(草案)》也规定在小学实施德、智、体、美全面发展的教育。1957年,毛泽东主席在最高国务会议上的讲话中提出:"我们的教育方针,应该使受教育者在德育、智育、体育几方面都得到发展,成为有社会主义觉悟的有文化的劳动者。"这对中华人民共和国成立以来的教育改革和人才培养产生了持久而广泛的影响。1986年,《中华人民共和国义务教育法》(以下简称《义务教育法》)同样强调儿童在品德、智力、体质等方面的全面发展,教育应为提高全民族的素质,培养有理想、有道德、有文化、有纪律的社会主义人才奠定基础。

1995年,《中华人民共和国教育法》(以下简称《教育法》)规定:"教育必须为社会主义现代化建设服务,必须与生产劳动相结合,培养德、智、体等方面全面发展的社会主义事业的建设者和接班人。"《教育法》将这一教育方针以法律的形式确定下来。教育方针的核心内容就是对教育的培养目标和发展方向的规定。《国家中长期教育改革和发展规划纲要（2010—2020年）》对党的教育方针再次做了论述,其中的教育目的仍是"培养德智体美全面发展的社会主义建设者和接班人"。

综合素质培养是针对我国教育教学的现实问题提出并逐步明晰起来的。首先,综合素质培养是为提高劳动者的素质而提出来的。1985年,在改革开放后第一次全国教育工作会议上,邓小平同志指出:"我们国家,国力的强弱,经济发展后劲的大小,越来越取决于劳动者的素质,取决于知识分子的数量和质量。"教育要担起提高全体劳动者素质的重任。其次,针对教育教学实践中存在的片面性、机械割裂倾向,综合素质教育得以被强调。在高考文理分科背景下出现的偏科现象引发了关于素质教育、应试教育的大讨论。1997年,国家教委颁发了《关于当前积极推进中小学素质教育的若干意见》,将全面推行素质教育作为基础教育的一项重大任务,提出了有效实施素质教育的若干措施。2010年发布的《国家中长期教育改革和发展教育规划纲要（2010—2020年）》中,全文共10次提到要提高学生的综合素质。最后,综合素质培养以问题为导向,强调"身心和谐""知行合一""文理兼修"三个方面的协调,以此作为教育理念来指导课程改革、教育教学改革、考试招生制度等教育改革。

2. 新时代教育的使命

习近平总书记在党的十九大报告中指出,"建设教育强国是中华民族伟大复兴的基础工程"。在全国教育工作会议上,习近平总书记进一步提出了"加快推进教育现代化、建设教育强国"的新要求。关于教育强国的论述是习近平新时代教育新理念、新思想、新观点的重要组成部分,是新时代建设教育强国的行动指南。"教育兴则国家兴,教育强则国家强。"当今的世界强国无一不是教育强国,在其发展过程中都十分重视发展教育,教育为其经济社会发展、确立和维持强国地位发挥了巨大作用。建成社会主义现代化强国是中国共产党人不懈奋斗的目标,也是近代以来中国人民和中华民族孜孜以求的梦想。

习近平总书记指出:"'两个一百年'奋斗目标的实现、中华民族伟大复兴中国梦的实现,归根到底靠人才、靠教育。"当前,我国社会主义建设进入新时代,教育应"面向人人、完善人格,促进人的全面发展",培养担当民族复兴大任的时代新人来推动实现"国家富强、民族振兴、人民幸福"的中国梦。教育还要加快国际化进程,以促进国与国国民心相通,为构建人类命运共同体提供强大的民意和社会基础。

四、教育目的与教育制度

（一）教育目的

1. 教育目的的含义

教育是人类社会的重要活动之一,人类活动的意识性、目的性决定了教育活动的目的性。

教育目的有广义和狭义之分。广义的教育目的是指人们对受教育者的期望,即人们希望受教育者通过教育在身心诸方面产生预期的变化或结果。狭义的教育目的特指一定社会为人才培养所确立的总体要求,它规定了人的质量规格和基本素质,是由国家提出的教育的总目的。如,我国的教育目的是"培养德智体美全面发展的社会主义建设者和接班人"。教育目的反映了教育对人的培养规格标准、努力方向和社会倾向性等方面的要求。

2. 教育目的的特点

（1）概括性与抽象性

教育目的往往是抽象的、概括的,而非具体的、特殊的。它对人的身心素质提出的要求及对所培养的人的社会价值所做出的描述都是方向性的指南。一般来讲,从表述的抽象性与概括程度上讲,"培养目标"较"教育目的"更为具体,"课程与教学目标"较"培养目标"更为具体。可以说,抽象的、概括的教育目的是通过"培养目标""课程与教学目标"逐层具体化的,其关系为一般与个别、整体与局部的关系。

（2）理想性与终结性

教育目的的表达总是渗透着人们对美好生活的向往与追求,反映着人们对理想人生、理想社会的看法与理解,它带有很强的超越现实生活的性质,具有很强的理想化色彩。教育目的是对受教育者身心发展的最终要求,是受教育者追求的理想目标,它往往带有不可及性的特点。如果教育目的是轻而易举就可达到的,那它就难以成为教育活动的指南,也就失去了目的本身的价值。不过,正是由于这种理想性和不可及性,才使得教育目的具有精神上的感召力。

3. 教育目的的功能

教育目的的功能指教育目的对实际教育活动所具有的作用。教育目的是教育活动的出发点和归宿,主要有以下三个方面的功能。

（1）定向功能

首先是对教育社会性质的定向作用,对教育"为谁培养人"具有明确的规定;其次是对人的培养的定向作用,对人的发展予以正确引导,使其按预定方向发展;最后是对教师教学方向的定向作用,防止其偏离正确的教育方向。

（2）调控功能

教育目的规定了学校教育培养人才的规格和基本素质,对学校教育的目标、内容和活动方式进行选择、调节和控制,使之朝着既定的方向前进,实现应该达到的要求。

（3）评价功能

教育目的不仅是教育活动应遵循的根本指导原则,而且也是检查、评价教育活动的重要依据。教育目的要想得以实现,就应有多层次的系列目标。因此,教育活动不仅具有宏观的衡量标准,而且具有微观的衡量标准。利用这些标准能够对教育活动的方向和质量等做出评价。

教育目的以上几方面的功能并不是孤立的,而是相互联系、综合体现的。定向功能伴随评价功能和调控功能而得以发挥,调控功能的发挥需要以定向功能和评价功能为依据,评价功能的发挥也要以定向功能为依据。在现实教育中，要重视和发挥教育目的的功能，推进教育目的的实现。

4. 教育目的的层次结构

教育目的的层次结构：国家的教育目的、各级各类学校的培养目标、课程目标与教师的教学目标。

（1）国家的教育目的

国家的教育目的是教育目的的第一个层次结构，它是国家对培养人的总的要求，它规定着各级各类教育培养人的总的质量和规格。这是一种比较抽象、概括度较高的表述，它所涵盖的范围比较广泛，体现在国家的教育法令和教育文本之中。如，我国《教育法》第五条规定的教育目的为"培养德、智、体、美等方面全面发展的社会主义建设者和接班人"。

> **拓展资料**
>
> **坚持中国特色社会主义教育发展道路**
> **培养德智体美劳全面发展的社会主义建设者和接班人**
>
> 2018年9月10日，全国教育大会在北京召开。习近平强调：要在增长知识见识上下功夫，教育引导学生珍惜学习时光，心无旁骛求知问学，增长见识，丰富学识，沿着求真理、悟道理、明事理的方向前进。要在培养奋斗精神上下功夫，教育引导学生树立高远志向，历练敢于担当、不懈奋斗的精神，具有勇于奋斗的精神状态、乐观向上的人生态度，做到刚健有为、自强不息。要在增强综合素质上下功夫，教育引导学生培养综合能力，培养创新思维。要树立健康第一的教育理念，开齐开足体育课，帮助学生在体育锻炼中享受乐趣、增强体质、健全人格、锤炼意志。要全面加强和改进学校美育，坚持以美育人、以文化人，提高学生审美和人文素养。要在学生中弘扬劳动精神，教育引导学生崇尚劳动、尊重劳动，懂得劳动最光荣、劳动最崇高、劳动最伟大、劳动最美丽的道理，长大后能够辛勤劳动、诚实劳动、创造性劳动。
>
> 习近平指出，要努力构建德智体美劳全面培养的教育体系，形成更高水平的人才培养体系。要把立德树人融入思想道德教育、文化知识教育、社会实践教育各环节，贯穿基础教育、职业教育、高等教育各领域，学科体系、教学体系、教材体系、管理体系要围绕这个目标来设计，教师要围绕这个目标来教，学生要围绕这个目标来学。凡是不利于实现这个目标的做法都要坚决改过来。

（2）各级各类学校的培养目标

各级各类学校的培养目标属于教育目的的第二个层次，是国家教育目的往下一层的具体化。培养目标是根据教育目的和各级各类学校各自的性质、教育任务、受教育者的特点而制定的对所培养的人的特殊的培养要求。不同的学校有各自的培养目标。

教育目的与培养目标之间是普遍与特殊的关系。教育目的是针对所有受教育者提出的，反映了一定社会历史时期培养人的共同要求，具有方向性和共同性。培养目标是针对特定的教育对象提出的，体现了培养人的层次性和具体规范性。

（3）课程目标

课程目标属于教育目的的第三个层次。课程目标有广义和狭义之分：广义为课程总目标；狭义为分科课程目标，即各领域、各学科的教育目标。

课程目标是培养目标的进一步具体化，是对特定教育阶段的课程进行的价值和任务界定，是特定教育阶段的学校课程所要达到的预期结果。它的制定应以教育目的和培养目标为依据，并体现教育目的与培养目标的意图。

（4）教学目标

教学目标是对教学活动所达到要求或效果的预设，是对课程目标的进一步具体化，是微观层次的教育目的，具有很强的操作性。教学目标表现为对学生学习成果及身心发展变化的具体描述，是可以进行定性或定量的测量的。教学目标的制定与教学活动的开展体现了教育目的经过培养目标、课程目标再到教学目标的层层分解、具体化，由一系列的教学活动落实到受教育者的身心发展上。

在教育目的的层次结构中，教学目标与课程目标、培养目标、教育目的之间的关系是具体与抽象的关系，层次越高越抽象，层次越低越具体。它们彼此既密切联系，又不能相互取代，上一层次的目标是下一层次目标的依据，下一层次的目标是上一层次目标的分解、具体化和支撑。

5. 我国现阶段的教育目的

（1）我国的教育目的

我国自新中国成立以来，一直把人的全面发展作为教育目的。1982年，《中华人民共和国宪法》第四十六条规定："国家培养青年、少年、儿童在品德、智力、体质等方面全面发展。"以法律形式把教育目的确定下来。1995年，《中华人民共和国教育法》第五条规定："教育必须为社会主义现代化建设服务，必须与生产劳动相结合，培养德、智、体等方面全面发展的社会主义事业的建设者和接班人。"党的十八大、十九大报告都指明教育的目的是"培养德、智、体、美等方面全面发展的社会主义建设者和接班人"。

（2）我国教育目的的基本点

其一，培养与时代发展相适应的合格公民。通过教育把受教育者培养成完整意义上的人，即培养成具有主动适应时代发展、服务社会的高素质公民。这是我国教育目的的首要基本点。

其二，促进全面发展与个性的充分发展。全面发展是综合素质的发展，强调的是人的基本素质的多方面和谐发展；个性发展强调的是以个人特点为基础的独特发展。全面发展与个性发展并不互相排斥，而是辩证统一的关系。教育要以学生为本，为其提供发展的更多可能性,重视学生的主体地位和主体性的发挥,帮助其彰显独特性、创造性,不断完善自我,实现德智体美全面而富有个性的发展。

其三,塑造"三个面向"的优秀品质。"教育要面向现代化,面向世界,面向未来。"我国社会主义建设进入新时代,迎来了实现中华民族伟大复兴的光明前景,"以不息为体,以日新为道"要求教育培养具有现代化、全球化和主动适应未来社会的优秀特质的人。

（二）教育制度

1. 教育制度的内涵

教育制度是指由国家性质所决定的一个国家各级各类教育机构与组织的体系和运行规则的总和。主要包含两大方面:一是各级各类教育机构与组织的体系;二是教育机构与组织体系赖以生存和运行的整套规则,如各种各样的教育法律、法规、规章、规则和条例等。

2. 我国学校教育制度

学校教育制度,简称"学制",是指一个国家各级各类学校的系统,它规定着各级各类学校的性质、任务、入学条件、修业年限以及它们之间的关系。

学制的建立为实施正规的学校教育提供了基本的制度保障。

我国目前实行学前教育、初等教育、中等教育、高等教育的学校教育制度,实行九年义务教育制度,包含初等教育6年和中等教育中的初级中学教育3年。义务教育是国家依法统一实施的所有适龄儿童必须接受的教育,是国家必须予以全面保障的公益性事业。各级人民政府应采取各种措施保障适龄儿童就学。适龄儿童的父母或者其他监护人及有关社会组织和个人有义务使适龄儿童接受并完成规定年限的义务教育。

（1）学前教育

学前教育是学龄前儿童的启蒙教育。这一阶段的教育保育与教育相结合,以游戏为基本活动,在生活和游戏中对幼儿实施体智德美全面发展的教育,为其一生的学习与发展奠定基础。实施学前教育的机构主要有托儿所、幼儿园、附设在小学的学前班等,其期限从1年至3年不等。

（2）初等教育

初等教育是国家实行九年制义务教育制度的第一阶段,也称小学教育。这一阶段的教育是使受教育者打下文化知识基础,具备基本的读写算能力,为接受更高一阶段的教育做好准备的教育。

（3）中等教育

中等教育是在初等教育基础上继续实施的教育,包含初级中等教育和高级中等教育两个阶段,简称初中教育和高中教育。初中教育是继初等教育之后第二阶段的义务教育。高中教育分为普通高中教育和中等职业教育。普通高中教育是面向大众的、非义务性的基础教育,是使受教育者进入高等教育学校或社会的过渡阶段,是终身教育的重要组成部分。中等职业教育是面向大众的、职业技术教育的一部分。中等教育的数量和质量在很大程度上直接决定一个国家劳动者的素质,对经济建设和社会发展起着重要作用。

(4) 高等教育

高等教育是在中等教育基础上实施的各种专业教育，它担负着培养专门人才、开展科学研究、从事社会服务的多重任务。高等教育按教育层次有高等专科教育、本科教育和研究生教育。实施高等教育的机构主要有大学、独立设置的学院、专科学校等。除了普通高等教育外，还有电视大学（开放大学）、成人高校和高等教育自学考试等。我国的高等教育已由精英教育过渡到大众化教育。

3. 相关制度

（1）国家教育考试制度

国家教育考试制度指由国家批准实施教育考试的机构按照一定的标准，对受教育者进行知识水平和能力测试的一种制度，包括各种入学考试、水平考试、资格考试等。国家教育考试由国务院教育行政部门确定种类，并由国家批准的实施教育考试的机构承办。

（2）学业证书制度

学业证书是指经国家批准设立或者认可的学校及其他教育机构按照国家有关规定，对在该学校或者其他教育机构正式注册并完成了规定学业的受教育者颁发的证明文件。学业证书制度是我国教育制度的重要内容之一，对维护教育活动正常而有序地进行、保证教育质量有着不可替代的作用。从受教育者完成学业的情况来看，学业证书可分为毕业证书、结业证书和肄业证书三种。

（3）学位制度

学位是评价专门人才的学术水平或专业技术水平的一种尺度，是由国家批准或者许可的有学位授予权的学校及其他教育机构颁发给相关人员的一种凭证。学位制度是国家赋予其学位授予权的单位对达到一定学位水平或者专业技术水平的人员授予一定的学位，并向其颁发相应的学位证书的制度。我国的学位管理工作主要由国务院学位委员会负责。

（4）教育督导制度和教育评估制度

教育督导制度是县级以上人民政府设立教育督导机构，在本级人民政府领导下独立行使教育督导职能，对所辖地区的教育工作进行监督、检查、评估和指导的制度。教育督导的事项包括：① 学校实施素质教育的情况，教育教学水平、教育教学管理等教育教学工作情况；② 校长队伍建设情况，教师资格、职务、聘任等管理制度建设和执行情况，招生、学籍等管理情况和教育质量，学校的安全、卫生制度建设和执行情况，校舍的安全情况，教学和生活设施、设备的配备和使用等教育条件的保障情况，教育投入的管理和使用情况；③ 义务教育普及水平和均衡发展情况，各级各类教育的规划布局、协调发展等情况；④ 法律、法规、规章和国家教育政策规定的其他事项。

教育评估制度是指各级教育行政部门或经认可的社会组织依据一定的教育目标和标准，对学校的办学水平和教育质量等方面进行评价和估量，以保证基本办学质量的一项制度。如，学前教育评估就是对学前教育活动有关各方面和各种问题进行系统的检测和价值判断的过程。2018年11月，中共中央、国务院《关于学前教育深化改革规范发展的若干意见》第二十九条强调要健全质量评估监测体系，要求"国家制定幼儿园保教质量评估指南，各省（自治区、直辖市）完善幼儿园质量评估标准，健全分级分类评估体系，建立一支立足实践、熟悉业务的专业化质量评估队伍，将各类幼儿园全部纳入质量评估范畴，定期向社会公布评估结果"。

4. 我国教育投入与教育条件保障制度

教育投入制度是指国家对教育领域的经费投入，它通常涉及一个国家的教育投入体制、经费筹措途径、经费的增长和管理等方面的问题。我国在教育投入上实行的是由国家、社会、集体和公民个人分担教育投入责任的体制。国家财政性教育经费支出占国民生产总值的比例应当随着国民经济的发展和财政收入的增长逐步提高。全国各级财政支出总额中，教育经费所占的比例应当随着国民经济的发展逐步提高；各级人民政府教育财政拨款的增长应当高于财政经常性收入的增长，保证按在校学生人数平均的教育费用逐步增长，保证教师工资和学生人均公用经费逐步增长。教育投入还要保障学校基本条件的建设，满足教学设备与教学资源的更新以及现代化教学手段的发展。

第二节　早期教育及其价值取向

一、学前教育与早期教育

（一）学前教育及其性质

1. 学前教育的含义

关于学前教育的含义，要明确两个关键问题：一是学前教育对象的年龄阶段，二是学前教育的目的及内容。学前教育主要指的是对0—6岁的儿童所实施的教育，它有广义和狭义之分。

从广义上说，凡是能够影响学龄前儿童身体成长和认知、情感、意志、性格、行为等方面发展的各种活动，都可说是学前教育。如学龄前儿童在成人的指导下看电视、做家务、参加社区活动等，都影响着儿童现实的发展，都属于学前教育的范畴。

狭义的学前教育则是指根据社会和个体发展的需要，对0—6岁学龄前儿童施以有目的、有计划、系统的影响活动，以促进其身心全面和谐而富有个性地发展。学前教育可以进一步细分为0—3岁婴幼儿早期教育和3—6岁幼儿教育两个阶段，这两个阶段既相互联系，又各具特点。

2. 学前教育的性质

学前教育的性质集中反映学前教育的整体特性。现时期，我国的学前教育具有以下几个特性。

(1) 教育性和非义务性

2010年11月21日，国务院发布了《国务院关于当前发展学前教育的若干意见》，意见指出，学前教育是终身学习的开端，是国民教育体系的重要组成部分，是重要的社会公益事业，办好学前教育，关系亿万儿童的健康成长和千家万户的切身利益，关系国家和民族的未来。这是对学前教育性质的明确定位。学前教育的教育性及对儿童发展的价值自20世纪80年代以来已广为公众所认识。

人的一生按年龄可分为若干阶段，不同的年龄阶段有不同的身心特点和发展需要。教育只有适合各年龄阶段儿童发展的特点和规律，才能充分发挥其价值。我国儿童入小学开始接受义务教育的起始年龄是6岁，而0—6岁儿童的教育是学龄前的教育，属于非义务教育。

(2) 制度化

在我国，制度化的学前教育始于20世纪初。1904年清政府颁发的《奏定蒙养院章程及家庭教育法章程》是中国第一部幼儿教育法规，开启了由专门的机构和专门的教育人员对学前儿童实施有目的、有计划、系统的制度化的学前教育，而后，各地纷纷办起了蒙养院。根据此章程，蒙养院实行蒙养家教合一。

1922年，中华民国北洋政府颁布壬戌学制，将蒙养院改称为幼稚园，规定招收6岁以下的儿童。在半殖民地半封建的旧中国，幼儿园只是外国文化侵略的工具和富人的专用品。1947年，全国仅有幼稚园1301所。这一时期，中国共产党在农村革命根据地、抗日民主根据地和解放区办起了适应战争环境、根据地和解放区特点的儿童保育院、托儿所等托幼组织，为我国学前教育事业的发展积累了宝贵经验。1949年10月，中华人民共和国成立。1951年8月，政务院公布实施《关于改革学制的决定》，把幼稚园改称为幼儿园。随后几年的发展中，逐渐形成了我国社会主义的学前教育体系，并将其纳入了学校教育制度。

学前教育的制度化体现在三个方面：第一，学前教育是有国家法律制度做保障的教育，具有目的性、系统性和组织性。第二，学前教育是由专门的机构和学前保育、教育专职人员承担的教育。第三，学前教育是按专业要求实施适于学前儿童身心发展特点和规律的保育和教育，并为家长提供科学的育儿指导。学前儿童具有年龄小，身心柔弱，缺乏自我服务和保护能力等发展的特殊性，需要在成人的精心照料下实施保育与教育，保教并重，才能有效促进其身心健康和谐地发展。

(3) 福利性与公益性

学前教育既对学前儿童实施德、智、体、美等方面的教育，促进其身心和谐发展，又为家长提供指导，提高家长的科学育儿水平；既为婴幼儿后续上小学以及终身学习与成长奠定基础，又为家长安心参加工作、学习提供便利条件。这对子女接受学前教育的家庭来说具有福利性。

学前教育是教育学制中的第一阶段，公益性是学前教育的重要特性。《国务院关于当前发展学前教育的若干意见》指出，"学前教育是终身学习的开端，是国民教育体系的重要组成部分，是重要的社会公益事业"，"办好学前教育，关系到亿万儿童的健康成长、千家万户的切身利益和国家的未来"。

3. 学前教育的形态

（1）制度化和非制度化幼儿教育形态

在我国,《幼儿园工作规程》第二条指明:"幼儿园是对3周岁以上学龄前幼儿实施保育和教育的机构。幼儿园教育是基础教育的重要组成部分,是学校教育制度的基础阶段。"可见,3—6岁的幼儿园教育已纳入学校教育制度,并建立了严格的办学规范。非制度化形态的幼儿教育是指没有纳入学校教育制度的,由社会自发的以社会需求为导向的,与社区生活相结合所开展的形式多样的幼儿教育。制度化幼儿园教育形态已成为我国学前教育的主体,并呈现出生机勃勃、持续发展的景象;非制度化幼儿教育是制度化幼儿教育的有益补充,它根植于社区,满足人们对3—6岁幼儿个体教育的需求。

（2）幼儿园教育、家庭幼儿教育和社会幼儿教育形态

幼儿园教育形态、家庭幼儿教育形态和社会幼儿教育形态是依据幼儿教育赖以运行的场所或空间标准来划分的。幼儿园教育形态是指幼儿在幼儿园里接受教育。这一形态的幼儿教育是由幼儿园承担的,由专业的幼儿教师和其他专职人员有目的、有计划、有组织地对在园幼儿实施影响活动,以促进幼儿全面和谐而富有个性地发展。家庭幼儿教育形态是指幼儿在家庭里接受教育。这一形态的幼儿教育是在家庭中由父母或其他长辈结合家庭生活有意识地对幼儿的成长施加影响。社会幼儿教育形态指幼儿在社区、社会文化机构、各种活动场所等受到的教育影响。

我国现阶段,在以政府为主导、社会积极参与、公办和民办并举的办园体制下,幼儿园教育达到了一定的普及、普惠水平,是幼儿教育的重要形态。

4. 早期教育的形态

在我国,制度化学前教育中的0—3岁婴幼儿早期教育与3—6岁幼儿教育是分期出现的。学前教育中,首先被纳入国家教育体制加以制度化的是3—6岁幼儿园教育,而0—3岁婴幼儿教育还未被纳入其中。严格意义上的0—3岁婴幼儿早期教育制度体系尚在逐步有序的探索过程中。

（1）公共托儿所服务的发展变化

1934年,中国共产党领导下的苏区人民政府内务部颁布了我国第一部《托儿所组织条例》,在革命根据地、解放区办起了各种托幼组织,为新中国的托儿所公共服务事业积累了宝贵经验。1949年10月,中华人民共和国成立后,3岁以下婴幼儿的照护需求日益增加,全国各级政府、企事业单位和社区组织纷纷兴办公益性托幼机构,托儿所随之不断增加。而后,随着社会经济的发展,0—3岁婴幼儿福利机构几经高峰、低谷、萎缩的曲折历程,如今的托儿所作为普惠性照护服务以满足人民群众"幼有所育"的需求。

（2）0—3岁婴幼儿早期教育机构的兴起

现代科学研究表明,0—3岁不仅是个体神经系统和大脑的快速发育期,还是身体、心理、情感、语言和社会能力发展的关键时期。进入21世纪以来,婴幼儿早期教育受到世界范围内

的高度重视。随着社会经济的快速发展,社会公众文化水平的提升,人们对科学育儿的需求也日益增长,社会上早教中心、亲子园、托育中心等各种类型的早期教育机构便应运而生。

(3) 多样的早期教育形态逐步规范化和体系化

2007年,党的十七大提出"重视学前教育";2012年,党的十八大要求"办好学前教育";2017年,党的十九大提出要努力实现"幼有所育","在幼有所育上不断取得新进展",以补齐民生短板。多年来,党和国家引导社会力量按照规范要求举办普惠性托幼机构,"解决好婴幼儿照护和儿童早期教育服务问题",成为各级政府扩大公共资源供给、提高群众"幼有所育""学有所教"的满意度和获得感的重要工作。

2019年5月,国务院办公厅下发《关于促进3岁以下婴幼儿照护服务发展的指导意见》,明确建立起由卫生健康部门牵头,发展改革、教育、公安等多个职能部门和组织合力统筹的管理体制和工作机制,建立完善促进婴幼儿照护服务发展的政策法规体系、标准规范体系和服务供给体系。

当前,我国0—3岁婴幼儿早期教育形态主要表现为以下几个方面特征:

第一,以3岁以下婴幼儿照护服务为基本内容,制度化、普惠性的早期教养形态正在逐步形成。如:经审核纳入体系的普惠性托儿所、托育中心、早教中心、亲子园等;非制度化形态的各种早期教育服务在国家政策导向下部分转轨进入制度化形态,还有的作为制度化、普惠性早期教养形态的补充。

第二,0—3岁婴幼儿家庭早教形态是最主要的早期教育形态。0—3岁婴幼儿照护、托育、早教等机构为家庭提供婴幼儿家庭教养指导的服务。

第三,随着高科技的迅猛发展,现代信息技术、互联网技术和智能技术逐渐应用于0—3岁婴幼儿早期教育国际交流、婴幼儿照护保健、教育工作者的专业提升以及对家长的指导等方面,信息社会婴幼儿早期教育形态初现端倪。

(二) 早期教育及其特点

1. 早期教育的含义

早期教育的对象是0—3岁的婴幼儿。早期教育是人生的开端教育,是学前教育的有机组成部分。

早期教育有广义和狭义之分。广义的早期教育指所有能够影响和促进0—3岁婴幼儿身心发展的活动。狭义的早期教育是指由教育工作者、保健保育人员共同参与的,以家庭教育为核心的,对0—3岁婴幼儿身心发展施加的有目的、有计划、有系统的教育。

2. 早期教育的特点

(1) 教养一体、保教融合

0—3岁婴幼儿的身心稚嫩,正处于人生发展最为迅速的时期,这一特殊性决定了早期教育不仅包含通常意义上的教育,还包含对这一阶段婴幼儿的照护、保健和保育,以及对家长的育儿指导。

保育、养育侧重于对婴幼儿的喂养、生活照料、身体保护和心理呵护等方面;教育侧重于对婴幼儿的身心施加有目的、有计划、系统的影响。儿童出生后,父母所给予的喂奶、洗漱、换尿布、搂抱、交流等保育活动同时也是新生儿学习、发展感知觉、动作、语言、情感与社会性的过程。

在这些过程中,如果父母总是表现得很不耐烦,动作粗暴,孩子就会产生消极的情感体验;如果父母总是充满爱心、细心和耐心,孩子就会产生愉悦的情感体验,获得满足感。0—3岁婴幼儿是从生活中学习的,保育和教育活动互为一体,不可分割。

(2)多元服务、协商支持

我国0—3岁婴幼儿的早期教育主要由家庭承担。随着科学的迅猛发展和社会的不断进步,越来越多的父母开始关注和重视早期教育,希望子女能够接受高质量的早期教育。不同类型的家庭对早期婴幼儿教育社会公共服务的需求有所不同。从需求侧重的角度来看,有以解决家庭后顾之忧为主的托育服务和以加强教育为主的早教服务或托育服务;从服务的场所来看,有居家上门照护与教育服务,有送孩子入托的服务,有共享社区或村落等公共场所的亲子活动、育儿咨询等服务;从服务的时间来看,有全日制或半日制服务、计时制或共同约定时间的服务等。

0—3岁这一年龄段的特殊性决定了早期教育以家庭为主,同时又需要卫生保健、保育与教育专业人士为家长提供专业的、科学的援助与指导。施加教育影响的各方需要通过家长深入了解孩子的发展,需要与家长共同商讨教养策略。因此,各方协商支持也是0—3岁早期教育的特点。

在早期教育中,参与互动的各方都需要协商性支持。一方面,成人需要平等地与孩子协商,而不是简单命令、粗暴处理;另一方面,教师和保健人员对家长也应是协商性支持,而不是权威性指导。家长最了解自己的孩子,教师和保健人员需要与家长充分交流和沟通,尊重家长的看法,关注家长的教养需求,用自己的专业平等地与家长交流,帮助家长成长为智慧型父母。另外,教师还要整合周围的各种教育资源以服务于婴幼儿早期教育,发挥协商的作用,获得各方的支持与帮助。

二、早期教育的价值取向

(一)教育价值取向

教育价值观是指人们对教育的功能、作用和意义的认识。教育价值取向是以教育价值观为基础的价值选择和追求的倾向,也就是期望教育发挥怎样的作用,希望受教育者向什么方向发展、成为什么样的人,要进行什么样的教育才能实现,等等。不同历史时期,受到社会政治、经济、文化发展的影响,人们对教育价值的选择和追求有所不同。

1. 关于社会本位与个人本位的教育目的取向

社会本位论者主张教育目的要根据社会需要确定,其观点是社会价值高于个人价值,个人的存在与发展依赖并从属于社会,特别强调社会的需要和价值,而忽视培养人的个性。个人本位论者则主张教育的根本在于发展人的个性和造就个人，个人价值高于社会价值，认为教育是为了维护、完善和张扬人的个性。

在古代，农业经济和专制体制占主导地位，人们对教育价值的认识、选择和追求主要集中在教育的文化传承、社会政治体制的巩固等社会性价值上，其社会本位占主导地位。这种社会本位论把培养人作为实现政治、宗法制度等社会价值的工具，强调教育目的应根据社会的需要来决定。反映在教育活动中则表现为专制或灌输。社会本位论教育的主要代表人物有法国的涂尔干、孔德和德国的凯兴斯泰纳等。

近代社会，特别是文艺复兴以后，社会疾呼人的个性自由和解放，个人价值进入了教育价值选择和追求的视野，这对打破宗教神学和封建专制对人的束缚起到了重要作用。现代社会，由于市场经济的发展，个体的价值被高度重视，在教育价值选择上表现为强调个人的需要和价值，个人本位占主导地位。教育是为了维护、完善和张扬人的本性、个性。个人本位论教育的主要代表人物有法国的卢梭、瑞士的裴斯泰洛齐、德国的福禄培尔、美国的杜威等。

从18世纪到19世纪上半叶，教育更侧重于个人本位的价值取向；而到了19世纪后期，又更多地侧重于社会本位的价值取向。可见，社会本位与个人本位的教育价值取向在不同的历史时期有着不同的侧重，如同钟摆一样来回摆动。在当代社会，从世界教育的视野来看，教育价值取向仍然在摇摆着。

2. 关于知识本位与综合素质本位的人才取向

如前所述，社会本位与个人本位是从教育价值的主体形态反映教育的社会价值和个人价值。前者以社会为主体，教育要满足社会需要；后者则注重培养人的本体价值。教育作为培养人的实践活动，是对人的发展做顶层设计并予以实施的过程。知识本位与素养本位等教育价值取向围绕培养什么样的人才，以怎样的课程体系培养人，以及如何培养人等教育要素来反映教育价值的选择倾向，它与主体形态的社会本位与个人本位相伴随、相交集。教育价值取向总是与时代发展、社会需求密切相关。我国的教育价值取向经历了从知识本位到能力本位、素质本位，再到素养本位的转变。

知识本位的人才取向。新中国成立初期，其教育价值取向是知识本位的，把教育视为传授知识，把知识传授等同于教育。教学多局限于书本、教材里的知识。

能力本位的人才取向。随着工业革命、知识"爆炸"时期的到来和市场竞争的日趋激烈，就业岗位更需要具有实践技能的人才，教育价值取向便从知识本位转向能力本位，既重视传授知识、培养技能，又重视能力培养，将知识学习与技能、能力培养相结合。如：基础教育的课程与教学狠抓基础知识和基本技能，称为抓"双基"训练；职业教育重视获得岗位操作能力的目标，并将其作为实施教学的依据和评价的标准。

综合素质本位的人才取向。一方面，随着科技全球化、经济全球化时代的发展，对综合性、系统化、思维型的有社会责任感、信誉感、创造性的岗位需求提升；另一方面，以人为本的理念日益深入人心，人们对精神生活的关注、对人性本身的发掘促进了教育取向往综合素质本位转变。近年来，社会突飞猛进的发展对人的素质提出了更高的要求，促使教育价值的人才培养取向更加注重培养应对挑战的能力，使综合素质的内涵更加丰富，强调培养人的全面和谐的综合素质，重视对个体核心素养、优势素质的高级培养，以增强个体在特定的情境下有能力满足情境的复杂要求，更加重视对儿童个体在生存与生活基础上动态发展的系统规划和促进，更加重视对儿童内在力量的挖掘，更加关注儿童的优势素质的提高。

（二）教育价值取向的合理定位

1. 社会价值取向与个人价值取向的辩证统一

对人的生存和发展来说，教育的社会价值和个人价值都很重要。个人本位的教育价值取向强调个人的需要和个人价值，而社会本位的教育价值取向则更多地强调社会的需要和价值。马克思从哲学、经济学和社会学的角度考察了个人发展与社会发展之间的关系，揭示了个人发展与社会发展是对立统一的历史过程。社会价值与个人价值之间有着无法分割的密切联系。一方面，二者统一于个体的生命；另一方面，社会是个人的集合，社会的进步离不开个人的不断完善。教育促进社会延续与发展的社会功能可具体化为"发挥教育对政治的拥护与调节，教育在经济领域中对劳动力素质的培养及科技成果的转换，教育在文化领域中的继承、传播、选择、吸收、创新等功能"。不能把个人本位与社会本位的教育价值取向简单地对立起来，也不能简单机械地将二者相加。教育是育人的活动，教育的使命不仅在于培养能在社会上生存的个人，而且在于培养精神富有、完善的个人。因此，教育价值取向应是教育的社会价值与个人价值的辩证统一。教育价值取向既受到所处历史时期政治、经济、文化等特点的影响，又受到受教育者的年龄及发展特点、受教育程度及学习领域等的影响。

2. 身心全面发展与个性充分发展的辩证统一

从教育人才取向的视角来看，围绕培养什么样的人、以怎样的课程体系培养人，以及如何培养人等因素来反映教育价值的选择倾向，经历了从知识本位、能力本位到综合素质本位的转向。

对人一生的发展来说，教育不能片面地强调知识或技能的学习而不重视能力和素质的全面发展。素质全面不等于各方面素质都整齐划一，而是指全面发展与个性充分发展得到辩证统一，重视对儿童核心素养的培养，挖掘主体的内在力量，增强其综合素质，培养其德智体美全面和谐而富有个性地发展。

（三）早期教育的价值取向

1. 儿童本位的早期教育价值取向

0—3岁婴幼儿身心发展的特殊性决定了早期教育成为各个学段教育中最为特殊的教育。如前所述，在追求社会价值与个人价值的教育价值取向的辩证关系中，受教育者的年龄越小，越凸显出教育对个人生命成长的教育价值。儿童不是小大人。一方面，儿童出生时是完全无助的，在成熟性上弱于动物。动物一出生，没多久就会自由行动甚至奔跑，而人一般要到1岁以后才能行走。人的第一臼齿大约6岁时才萌出，第二臼齿于十一二岁萌出，第三臼齿于十八九岁萌出。可见，0—3岁的婴幼儿尤其需要成人的细心呵护和照料，使其不偏离发育和生长的既定路线。另一方面，儿童出生时蕴藏着人类的天赋能力，带有个体自身的独特性和能动性。成人需要保持敬畏，尊重儿童的天性，以儿童为本，关爱、支持和帮助其生命和精神世界自然地逐步展开，使其全面和谐地成长。

> **拓展资料**
>
> **教育以儿童为本位**
>
> 　　从历史学角度看，儿童教育的现代观念是基于对儿童的发现而产生和发展的。儿童的发现导致了教育学中的儿童本位，也即儿童本位、儿童中心主义的教育学立场。现代儿童教育是以儿童为本位的。教育以儿童为本位并不是降低教师的作用，而是对教师提出了更高的要求。中国亟需建设儿童本位的教育学立场和理论，以实现儿童教育从传统到现代的转型。儿童教育应当以儿童为本，这是走出目前儿童教育和基础教育改革的瓶颈状态之现实需要，也是落实"以人为本"国策的重要举措之一。
>
> （资料来源：刘晓东．论儿童本位［J］．教育研究与实验，2010〈05〉．)

2. 奠定一生基础的早期教育取向

教育的本质是为了人，教育的功能是育人。早期教育的价值与功能最终是通过婴幼儿的身心变化来实现的。早期教育是人生的开端教育，我们应帮助婴幼儿顺利展开先天未成熟的个体生命特质，促进其机能的发展。与此同时，要根据社会发展对人才素质的基本要求为婴幼儿发展创设和提供适宜的教育条件和良好的环境，有目的、有计划地施加教育影响，使其个体特质朝着有利于社会发展的方向展现，为其一生的发展奠定坚实的基础。

本 章 小 结

本章是对0—3岁婴幼儿早期教育从属于教育的总体性分析，是学习0—3岁婴幼儿早期教育原理的认识起点，旨在使同学们形成对教育和0—3岁婴幼儿早期教育整体性的初步认识，为后续的学习打好基础。

延 伸 学 习

 **拓展阅读**

陈鹤琴先生"一切为儿童"

我想从儿童教育这个角度谈一下对陈鹤琴先生的基本精神和思想特点的认识。

第一，热爱儿童、热爱教育事业、热爱中华民族的献身精神。

他说"我爱儿童,儿童也爱我",他坚信"强国必须强种"、"儿童是振兴中华的希望",他倡导"培植儿童是成人应尽的责任,就是对祖国尽忠,为人类服务"。他毕生身体力行,为中华儿童尽瘁,并始终追随着时代前进。他面向全社会、全民族,依靠社会、家庭、学校各方面关怀教育儿童。晚年,他题词"一切为儿童、一切为教育、一切为四化",表示"愿为培育共产主义事业的幼苗再发一分光和热"。

第二,了解、研究儿童,探索和遵循儿童教育规律的求实创新精神。

他坚信"实践出真知"。在一生的教育活动中,他始终坚持理论和实际密切结合,一切经过实验并不断求进步的科学态度。他说:"只有了解儿童,才能教好儿童。"他坚持从实践中观察、发现、检验和总结教育科学的规律。他强调早期教育的重要性,主张"从小教起,从小教好",主张活的教育,反对脱离生活和实践的陈腐的、死板的、旧的传统教育,主张儿童素质的全面发展,建造"健全的人格","做人,做中国人,做现代中国人"。他提倡适合时代的、符合儿童身心发展和教育原理的新思想、新方法。他充满朝气,抬头乐干,改造环境,首创新事物。

第三,尊重、相信儿童,启发诱导儿童,倡导使儿童自立的民主精神。

他提倡要有正确的儿童观,要维护儿童应享受的权利,要尊重儿童独立的人格,要打破成人对儿童的成见,要爱一切儿童。他反对对儿童的歧视、压制、摧残,又反对对儿童的姑息、溺爱和纵容。他说:"没有教不好的儿童,只有不好的教育方法。"他坚信儿童的力量,主张积极的思想诱导。他说,要唤醒每一个儿童心中的狮子,让他知道自己生长的世界和自己的地位、责任及应有的贡献,从而自觉地发挥力量。他主张放手让儿童动手动脑,使儿童能愉快地活动和学习,培养独立的生活能力,锻炼思考的习惯,养成优良的品质,发挥创造的精神。

第四,开创了中国化、科学化、大众化的儿童教育理论。

(资料来源:陈鹤琴.一切为儿童——陈鹤琴儿童教育文选[M].南京:南京教育出版社,1992.)

用头脑和心灵去领会独一无二的每个孩子

"每一个孩子都是一个世界——完全特殊的、独一无二的世界。"苏霍姆林斯基的这段话,我们曾多次听到过。我们理解,这就是实质,这就是真理,因为,每一个孩子的确是一个完全特殊的、独一无二的世界。然而,在用头脑和心灵去领会这些话的含义时,又存在着多么大的差别啊!站在讲台上复述这番话是何等容易,而认识这个真理并将其付诸日常的实际行动又是何等困难!事实上,只有真正体验到每个孩子是一个独一无二的世界的人,才能同孩子们产生微妙的精神联系,才能理解和感受他们。只有这样的人才能担当教育者。苏霍姆林斯基写道:"我深信,能构成最精确的定义的是下列表述:教育过程表现在教育者与被教育者精神生活的一致性,即他们的理想、目标、兴趣、思想、体验的一致性之中。"

你对苏霍姆林斯基的著作读得愈多,就愈能深刻地理解到,他的全部著述贯穿着一个思想:为了实现人的和谐教育和发展,必须理智地选用各种恰当手段。

教育的一切方面——思想的、智力的、道德的、体力的、劳动的、伦理的方面——对孩子的精神世界产生多大的影响，它们对于苏霍姆林斯基来说就具有多大的重要性。苏霍姆林斯基写道："世界上没有什么东西比人的个性更复杂、更丰富的了。个性的全面发展和道德的完善，就是共产主义教育的宗旨，实现这一宗旨的途径就像人自身一样复杂纷纭。"

（资料来源：苏霍姆林斯基．教育的艺术［M］．长沙：湖南教育出版社，1983．）

学习活动

1. 以自己的典型事例来分析遗传、环境、个体有意义的生命实践三方面因素对自己成长的影响。

2. 找出你所在的学校对培养学前教育教师有积极影响的文化因素，并加以分析。

3. 请以图表的方式整理教育目的的层次结构。

4. 分小组讨论：实现"0—3岁婴幼儿早期教育专业人才培养目标"的难点以及突破难点的措施。

5. 分小组开展社会调查，完成关于某街道或乡镇0—3岁婴幼儿早期教育形式与特点的调研报告。

6. 收集0—3岁婴幼儿早期家庭教育的具体案例，选择所反映的价值取向差异明显的两例进行分析。

复习与思考

1. 请结合例子说明你对下列概念的理解：教育、学前教育、0—3岁婴幼儿早期教育。

2. 为什么说教育很重要？

3. 我国现阶段的教育方针是什么？请指明其中的各要素。

4. 请简述学前教育的性质和0—3岁婴幼儿早期教育的特点。

5. 什么是教育价值取向？你认为0—3岁婴幼儿早期教育应持怎样的价值取向？请阐述理由。

第二章　婴幼儿全面发展教育

学习目标

1. 理解全面发展教育和婴幼儿全面发展教育的含义。
2. 探讨婴幼儿全面发展教育的意义，树立婴幼儿全面发展教育的理念。
3. 了解婴幼儿早期综合发展项目和婴幼儿早期教育研究的新进展。
4. 正确理解儿童早期综合发展，并熟悉婴幼儿发展的一般历程。
5. 能以婴幼儿发展的一般历程为参照描述婴幼儿个体的发展状况，增强理论联系实际的意识和能力。

第一节　婴幼儿全面发展教育

一、婴幼儿全面发展教育的内涵

人的发展是个体生命过程中所发生的一系列生理、心理和社会适应的变化过程，是整个人的系统的、连续性的变化。人的全面发展是指人在具备一定的社会政治、经济、文化的条件下，通过实践认识到自我本质和发展规律基础上的平等、完整、和谐、自由的发展。人的多方面和谐发展还在于"人的内在与外在的各种关系状态上的发展，是指人自身、人与他人、人与社会、人与自然各方面的关系的协调与优化，这是人在社会关系及自然关系上的全面发展"。

0—3岁婴幼儿全面发展教育是指婴幼儿的养育者及教育者遵循婴幼儿身心发展的特点和规律，积极、适宜地影响和促进0—3岁婴幼儿德、智、体、美全面和谐而富有个性地发展，为其一生的成长奠定基础。这主要有四个方面的含义：一是唤醒婴幼儿个体内在的自然成熟的潜能，充分发挥其潜在的能动性；二是注重婴幼儿个体独特性、自主性的充分发展；三是注重婴幼儿个体与环境中的人、事、物的相互作用，通过有意义的生命实践活动内化为婴幼儿自身现实的全面发展；四是反对片面灌输知识、训练技能的急功近利的婴幼儿早期教育，坚持引导婴幼儿全面和谐而富有个性地发展。

二、婴幼儿全面发展教育的意义

(一)全面发展教育对个体发展的意义

学前儿童全面发展教育主要由体育、智育、德育和美育构成。不同学段的德、智、体、美、劳全面发展教育有不同的特点和规律。学前儿童,尤其是0—3岁的婴幼儿,因身体各组织系统发育还很不完善且生长发育迅速,这一阶段的教育必须融保育和教育为一体。劳动技术教育对于婴幼儿来说只能是学习一些力所能及的自我服务和对同伴等身边的人给予一些力所能及的简单帮助。这一方面的教育应渗透在体、智、德、美的教育中,培养婴幼儿的劳动意识和习惯,帮助其学习一些简单的劳动知识和技能。

1. 体育对婴幼儿个体发展的意义

体育是根据人体生长发育、技能形成和机能提高等规律,促进个体全面发育、提高身体素质、增强体质、提高运动能力、发展体能、改善生活方式与提高生活质量的一种有目的的、系统的教育。婴幼儿时期是个体身体发育的重要时期,婴幼儿的身体发展对其认知、情感以及个性发展都具有重要的影响。0—3岁婴幼儿体育旨在保护婴幼儿身体不受损害,帮助其发展基本动作,增强体质和体能,养成良好的生活卫生意识和习惯,提高身体素质和对环境的适应能力,为其一生的发展打好基础。

体育对婴幼儿的生长发育和基本动作的发展所产生的促进作用不言而喻。如,婴儿期的被动操、抓握练习、各种发展动作的体育游戏等都能够让婴幼儿的骨骼、肌肉得到锻炼,提高其动作和活动能力、感知觉能力和对环境的适应能力。

婴幼儿体育教育还有利于婴幼儿品德、审美和智力的发展。健康的身体和健全的心理有密切的联系。体育所建立的符合婴幼儿身心发展特点的生活制度,所培养的生活卫生意识和习惯,能让婴幼儿情绪稳定、轻松愉悦。另外,体育还能培养婴幼儿积极克服困难、坚强、自信、活泼开朗、勇敢坚毅的个性,增强大脑和身体的灵敏性,促进智力的发展。

2. 智育对婴幼儿个体发展的意义

智力是指人认识、理解客观事物并运用知识、经验等解决问题的能力,是由感知力、观察力、记忆力、想象力、思维能力和语言能力等组成的综合能力,其中,思维能力是核心。智育是全面发展教育的一个组成部分,是有目的、有计划地使受教育者掌握系统的科学基础知识和基本技能,促进受教育者智力发展的教育过程。0—3岁婴幼儿智育指有目的、有计划地让婴幼儿获得粗浅的知识技能,增强对周围事物的好奇心和求知欲,养成良好的学习习惯的教育。

婴幼儿期是大脑发育和身心发展最迅速的时期,具有巨大的发展潜力,同时也是智力发展和口语发展的敏感期、关键期。这一时期应引导婴幼儿与同伴、成人一起游戏,让婴幼儿在与人和物的互动中学习表达,积累经验,发展思维能力和交往能力。

婴幼儿智育有利于激发婴幼儿探索周围环境的兴趣,培养他们的好奇心和求知欲。比如:引导婴幼儿认识生活用品、花草树木、蔬菜水果、自然现象,人们的生活、工作等能够培养婴幼儿对生活和环境的兴趣,帮助他们积累丰富的生活经验;创设适于婴幼儿认知与探索的环境,并引导婴幼儿自主探索,有利于婴幼儿积累丰富的探索学习的感性经验和直接经验,养成爱探索的好习惯。

3. 德育对婴幼儿个体发展的意义

立德树人是我国教育的根本要求。德育是指有目的、有计划、系统地对受教育者施加思想、政治和道德的影响,以促进其品德的形成和发展,树立正确的世界观、人生观的教育活动。道德是人们共同生活及其行为的准则和规范,属于社会意识形态范畴。品德,也称道德品质,是道德在个体身上表现出来的较为稳定的特点和倾向,是道德观念、道德判断、道德情感、道德行为等构成的综合体。品德属于个体意识形态范畴。社会性发展是婴幼儿品德发展的基础,品德是社会性发展到一定程度的产物,也是社会性发展水平的标志。0—3岁婴幼儿的身心发展还很不成熟,只有当其有了自我意识之后,品德才会开始缓慢萌芽。因此,0—3岁婴幼儿德育要把品德教育与社会性教育相融合,发展婴幼儿的自我意识、社会性情感和适应家庭及社会生活的能力,为良好品德的形成与发展打好根基。

0—3岁婴幼儿德育对婴幼儿社会性发展和良好个性的培养十分重要。婴幼儿期是自我意识发生与发展的关键期。刚出生的新生儿并没有自我意识,养育者应重视其社会性的学习与发展,多与孩子交流,提供适宜的玩具材料,这样,婴幼儿就会在与亲人、同伴、环境材料的相互作用中逐步地认识到自身的作用和独特性,获得初步的社会自我观念,并做出相应的行为反应。这些行为或得到养育者的接纳,或受到批评,婴幼儿在这个过程中不断学习有意识地思考和调整自己,控制不良的情绪情感和行为。

这个阶段的孩子已能关心别人的情绪和处境,因他人高兴而高兴,因他人难受而难受。在成人的教育下,随着自我意识的进一步发展,婴幼儿对他人和自己的行为是否符合道德标准就产生了最初的体验。比如,当自己和别人的言行受到表扬时,婴幼儿便会产生高兴、满足、自豪的情感体验;当自己和别人的言行受到批评时,便会产生羞愧、难受、内疚的情绪体验。但婴幼儿的道德情绪体验还是比较肤浅的,道德判断也比较简单,具有很强的依赖性,一般来源于与成人的交往,还处于形成阶段。因此,成人的积极引导显得尤其重要。

婴幼儿的道德行为也处于原始状态,是极不稳定的,常常受情绪和周围环境的影响。教育者、养育者对孩子的行为品质不能妄下论断,而是要创造宽松的环境,经常予以提醒、鼓励,提出合理的要求,给予积极、适当的引导,使之发展成良好的道德品质。

4. 美育对婴幼儿个体发展的意义

美育是全面发展教育的重要组成部分,又称审美教育,是指培养人们认识美、体验美、感受美、欣赏美和创造美的能力,从而使人们具有美的理想、美的情操、美的品格和美的素养。美育的过程"是表现和升华情感、激发个体的生命活力、发展创造性、开启心智、养育性情的体验过程"。

美育的特点是通过美的、具体的、鲜明的形象来感染人,激发人的情感,以美感人,以情动人，使人在潜移默化中受到陶冶。美育的特点与婴幼儿的直觉行动性特点、具体形象性思维特点及以情绪情感占优势等特点相吻合，因而易于婴幼儿理解、接受，进而产生好的教育效果。0—3岁婴幼儿美育旨在通过符合婴幼儿年龄特点的美的事物、婴幼儿文学艺术形象和审美活动，激发和引导婴幼儿感受美、发现美、萌发美好的情绪情感体验和兴趣，使其心灵受到潜移默化的感染和熏陶，想象力和创造性得以启迪和发展，同时也使其审美情趣、审美观念、审美能力获得初步的发展。

婴幼儿对美有一种天生的敏感与兴趣。例如，把醒目、漂亮的物体或会响的玩具放在新生儿眼前晃动，他（她）就会追视物体，逐渐还会尝试用双手去触摸，一旦触摸到，就会流露出愉悦、快乐的表情，表现出人生最初的审美乐趣。如果人生最初的这种对美的敏感性和兴趣不被重视，就难以往审美的方向发展。养育者在日常生活中可以经常有目的地引导婴幼儿感知和领略自然美，用生活中漂亮的衣物、用品、图画，配合相应的语言引导婴幼儿感知美；经常让婴幼儿听欢快、优美的音乐，鼓励婴幼儿随音乐舞动身体，快乐地表现、表达自己对美的感受。

婴幼儿美育有利于婴幼儿身心愉悦、健康、健美地发展。美育离不开婴幼儿有意义的生命活动，不仅需要婴幼儿感知觉、认知能力、想象、思维等智力因素的参与，而且需要婴幼儿情感和身体活动的投入。另外，整洁的仪表、礼貌的行为、尊老爱幼、互助友爱等仪表美、语言美、行为美、心灵美等方面也都是婴幼儿美育的重要内容，有利于培养婴幼儿最初的道德意识和亲社会性行为。可见，美育对婴幼儿体育、智育、德育及社会性发展等方面都有积极的影响。

拓展资料

多元智能理论

多元智能理论是美国教育心理学家霍华德·加德纳在1983年提出的。他是哈佛大学"零点项目"研究所的主持人，从大量的人的潜能研究、个体的发展追踪研究中分析、整理出了自己对智力的独特理论观点，出版了《智力的结构：多元智能理论》，着重论述了多元智能理论的基本结构。他认为过去对智力的定义过于狭窄，未能正确反映一个人的真实能力，应把智能定义为：人在特定情境中解决问题并有所创造的能力。加德纳认为，我们每个人都拥有八种主要智能，它们是：言语-语言智能（Verbal-linguistic intelligence）、逻辑-数理智能（Logical-mathematical intelligence）、视觉-空间智能（Visual-spatial intelligence）、身体-动觉智能（Bodily-kinesthetic intelligence）、音乐-节奏智能（Musical-rhythmic intelligence）、人际交往智能（Interpersonal intelligence）、自知-内省智能（Intrapersonal intelligence）和自然探索智能（Naturalist intelligence）。

> 加德纳多元智能理论的要点：① 每个人都同时拥有相对独立的八种智能，但这八种智能并不是绝对孤立、毫不相干的，而是以不同方式、不同程度有机地组合在一起的，这就使得每一个人的智能各具特点；② 个体智能的发展方向和程度受环境和教育的影响和制约；③ 智能应该强调两个方面的能力，一是解决实际问题的能力，二是生产及创造出社会需要的有效产品的能力；④ 重视多维地看待智能的视角。

5. 正确处理婴幼儿"四育"之间的关系

（1）充分发挥"四育"各自的独特作用

婴幼儿时期是人生的开端，身心发展十分迅速，同时也是语言、智力、情感、社会性等发展的关键期。体、智、德、美"四育"在婴幼儿的发展中具有各自独特的作用和价值，不能相互取代。体育是婴幼儿全面发展教育中以发展身体为核心的生理素质教育，为婴幼儿智育、德育和美育提供了健康生理这一重要的条件保障。智育是婴幼儿全面发展教育中以发展智力为核心的教育，婴幼儿体育、德育、美育都离不开智育所提供的知识经验和智力基础。德育是婴幼儿全面发展教育的方向，是立德树人起始阶段的教育，具有导向和动力作用。美育是婴幼儿全面发展教育中的审美教育、情感教育，发挥着把体、智、德各个方面引向和谐境界的协调和整合作用，使婴幼儿乐学、身心愉悦、充满生命活力。可见，体育、智育、德育、美育构成了婴幼儿全面发展教育的整体，缺一不可。我们要充分发挥各育对婴幼儿全面和谐而富有个性发展的独特作用。

（2）实施"四育"要有机联系、渗透和有效整合

婴幼儿体育、智育、德育、美育必须统一于婴幼儿个体的身心结构之中，其中任何一方面的发展都与其他方面的发展相互促进、相互渗透、相互制约、不可分割。对婴幼儿的全面发展来说，不能偏废任何一方面，任何一方面的偏废都将影响其他方面的发展。实施婴幼儿体、智、德、美的教育要有整体观念，把"四育"有机地互相渗透和整合，使之形成整体性的教育合力，才能有效促进婴幼儿全面和谐而富有个性地发展，发挥教育的最大功效。

（二）婴幼儿早期教育对家庭和社会的意义

2019年5月，国务院办公厅《关于促进3岁以下婴幼儿照护服务发展的指导意见》指明，"家庭为主，托育补充"是3岁以下婴幼儿照护服务发展的基本原则。"家庭对婴幼儿照护负主体责任，发展婴幼儿照护服务的重点是为家庭提供科学养育指导，并对确有照护困难的家庭或婴幼儿提供必要的服务。"3岁以下婴幼儿照护服务是生命全周期服务管理的重要内容，只有保障婴幼儿健康成长才能促进广大家庭和谐幸福，为培养社会人才奠定基础，为经济社会持续发展提供保障。

1. 早期教育对婴幼儿家庭的意义

（1）早期教育有利于提升家庭教育质量

生命最初的1 000天是人一生中大脑发育最关键的时期。这一阶段为个体未来的健康、学习、生活及幸福感奠定基础，其影响贯穿人的一生。相关研究表明，中国家庭存在0—3岁婴幼儿早期养育能力薄弱的问题，很多家庭对婴幼儿早期教育知之甚少。有的家庭放羊式教养，任孩子自然成长；有的虽重视早期教育但不知如何科学养育，做不到对婴幼儿进行回应性照护，缺乏教养技能，导致婴幼儿发展状况不佳。不少家庭"望子成龙、望女成凤"，提早给婴幼儿灌输算术、识字、英语等内容，违背了孩子的身心发展规律，使教育效果适得其反。

全面的婴幼儿早期教育由早期教育专业工作者针对婴幼儿家庭教养存在的问题开展各种科学育儿知识的普及活动。通过婴幼儿的照护服务与家庭养育指导，帮助养育者树立科学的育儿观念，掌握早教知识与技能，并将其应用于早教实践，提升家庭育儿质量。

（2）早期教育有利于家庭和谐、提升幸福感

不少新组建的家庭在孕育新生命时幸福满满，但随着孩子的出生，家庭成员之间对于如何教育孩子往往存在不同的意见，有些家庭甚至会在教育孩子的问题上产生争吵。这种不和谐的家庭氛围直接影响婴幼儿安全感的建立，让孩子无所适从、情绪不稳定、焦虑、经常哭闹，久而久之，大大降低家庭的幸福感。早期教育由专业的早期教育教师和早期保教人员共同参与，帮助婴幼儿家长学习科学的育儿知识和技能，有利于家长提高科学育儿能力。早期教育不仅有利于提高家庭教育质量、促进婴幼儿身心健康发展、增进家庭和谐幸福，还能为家长解除后顾之忧，让家长安心学习和工作。早期教育为不同需求的家庭提供多元化的、灵活多样的婴幼儿照护服务，如居家上门照护，托育机构或早教机构服务，由社区或村委会提供的亲子活动、育儿咨询服务。这些服务还可以满足不同家庭对服务时间的不同需求，提供全日制、半日制、计时制或共同约定时间的服务，有针对性地解决不同家庭的育儿困难。因此，开展全面的婴幼儿早期教育不仅可以促进婴幼儿健康成长，帮助家庭成员统一教育思想和方法，还可以缓解家庭育儿困难，给全家带来和谐幸福的家庭氛围。

2. 早期教育对社会的意义

（1）早期教育为社会培养人才奠定基础

习近平总书记曾多次强调，"发展是第一要务，人才是第一资源，创新是第一动力"。发展的动力是创新，创新的动力是人才，人才是关键的关键。然而，人才不是凭空产生的，而是通过教育培养出来的。教育必须按照人才培养的内在规律把新生一代培养成德、智、体、美全面发展的社会主义事业的建设者和接班人。我国的早期教育落实"教育兴国"战略，遵循婴幼儿成长的特点和规律，促进婴幼儿体、智、德、美诸方面全面和谐而富有个性地发展，为造就我国新时代人才奠定重要基础。

（2）早期教育为社会提供更多的潜在劳动力

儿童是社会未来的潜在劳动力，但要把潜在的劳动力转化为现实的劳动力必须依靠教育。一个人要想获得一定的劳动技能和技巧，成为发达的专门的劳动力，就要接受一定的教

育和训练。潜在劳动力的转化工作实际上从个体出生就开始了。虽然完成早期教育的婴幼儿绝对算不上是现实的劳动力，但早期教育为婴幼儿今后进一步转化奠定了基础。一个接受过良好早期教育的婴幼儿会带着健康的身体、和谐的身心、初步的知识和经验、良好的行为习惯走进学前教育、小学、中学乃至大学，这对他们进一步的成长无疑有正面作用。

（3）早期教育对完善我国教育体系的作用

科教兴国，教育为本。科学全面的婴幼儿早期教育对教育事业乃至整个社会事业都具有非常重要的价值。促进婴幼儿健康发展是打破贫困代际陷阱、减少不平等、全面提高人口素质的重要举措。诺贝尔经济学奖获得者詹姆斯·赫克曼等的研究指出，平均而言，人力资本投资回报率随着年龄增加会逐步下降，0—3岁儿童早期人力资本投资的回报率最高。我国的0—3岁婴幼儿早期教育起步晚，还比较薄弱，政策、体系都还不够完善，各地重视程度和发展情况极不均衡，科学研究还不够系统、深入。2019年5月，国务院办公厅印发《关于促进3岁以下婴幼儿照护服务发展的指导意见》，明确了0—3岁婴幼儿照护的主管部门和相关部门的分工。0—3岁婴幼儿教育是国民公共教育体系中重要的、不可或缺的组成部分，亟须进一步规范化、专业化和体系化。0—3岁婴幼儿早期教育本身就是很重要的实践探索，在这一过程中应不断地加强理论研究，为早教师资培养提供实践现场。

3. 早期教育对改善人类发展的价值

（1）早期教育对家庭高质量持续发展至关重要

早期教育不仅对个体童年的快乐、幸福非常重要，对其人生后续的健康和幸福生活也有很大的影响。新生代自身潜能的实现所带来的发展红利有两方面的意义：一是成为家庭未来的人力资本的重要积累，二是成为下一代父母时实现高质量的代际相传。因此，我们也就能够深刻理解党和政府为什么要高度重视通过扶贫以消除贫困，为每个人创造公平的发展环境。发展教育是消除贫困的根本途径，国家把教育摆在优先发展的战略位置，出台了一系列扶贫要扶智、普及普惠高质量的学前教育等政策与措施。

（2）早期教育连接儿童早期发展与人类发展

随着脑科学、心理学、经济学、社会学等研究的新进展，关注早期教育和儿童早期发展已成为全人类的重要课题。不少学者还从劳动力素质、社会的公平稳定和贫困代际传递的角度研究儿童早期发展对社会稳定、经济发展和人类可持续发展的重要性。世界银行、教科文组织等国际组织也纷纷投入儿童早期发展与教育事业。2000年，世界银行召开了关于儿童早期发展的国际大会，有一个重要的共识是：人类发展与儿童早期发展密切相关，从儿童早期发展到人类发展的第一个路径就是教育，早期干预对儿童后续的教育投资具有"多重惠益"。2015年，联合国提出了一系列"可持续发展"目标。可持续发展更加关注儿童和青少年身体、心理和社会适应性等方面的健康发展。儿童全身心的健康发展是国家稳定和文明繁荣的保障，对一个国家来说具有重要的战略意义。不仅如此，随着全球化的深入发展，各国之间政治、经济、文化等的联系越来越密切，儿童作为人类社会的未来，是人类社会可持续发展的重要基础。

> **拓展资料**

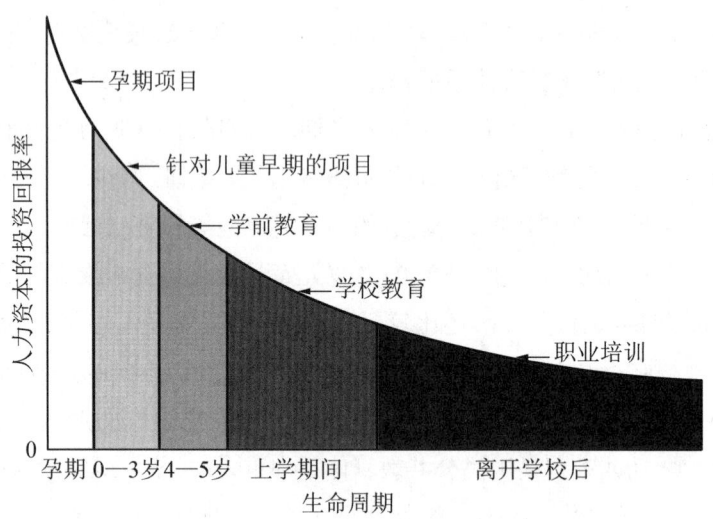

图 2-1　赫克曼曲线

赫克曼曲线是由诺贝尔经济学奖获得者詹姆斯·赫克曼提出的。赫克曼在研究政府在岗培训等项目的有效性过程中,对什么能够最大限度地拉动经济增长产生了兴趣。他通过大量的数据分析,加以深入的实证研究,基于分析的成果来判断政策是否有效可行。最终他得出应该投资弱势群体的幼儿教育的结论。

赫克曼认为,试图影响一个人的最佳时间是在 3 岁之前,那时的大脑仍在发育中,可塑性较强,是最佳的投资年龄。在 0—3 岁时对幼儿进行投资,每年的回报率可以达到 16% 左右,而 3—4 岁时投资的回报率就下降到 7%—10%,也就是说越早投资孩子教育,效果会越好。

第二节　全面发展教育与儿童早期综合发展

一、儿童早期综合发展的内涵

儿童早期综合发展是指整合多方资源,对 0—3 岁婴幼儿早期发展实施营养与安全、健康与保健、照护与教育、社会保障等综合服务,综合促进婴幼儿体格、智力、情感和社会适应性等方面发展的过程。

0—3岁是婴幼儿生长发育和心理发展的关键期,发展潜能大、可塑性强,其重要性越来越得到各个国家的重视,并在卫生、教育、心理等方面开展了众多的相关研究,为婴幼儿安全、健康和全面发展提供了科学依据。

(一)体智德美全面发展的身心结构

体、智、德、美是一个整体的儿童发展的各个方面,存在于每一个儿童统一的身心结构之中,是相互联系、不可分割的。儿童年龄愈小,身体和心理发展的相互联系愈密切。人的身心结构与功能非常复杂,但并不是杂乱无章。个体的各种生理现象之间、心理现象之间,以及生理与心理之间都是有机联系的,是一个有机的整体。人的身心关系表现为生理与心理的辩证统一:生理是心理的物质基础,心理又对生理具有能动的反作用。

在每一个人的发展过程中,生理、心理和社会实践三种活动及其相互作用是共时的、交融的。生理活动和心理活动既渗透在人的一切社会活动之中,又为社会实践活动的开展提供必要的支持。

(二)婴幼儿生存与发展的特殊需要

3岁前的婴幼儿还远未成熟,缺乏生存能力,如果营养、安全、卫生、保健等方面做不好,容易导致婴幼儿身心残疾,甚至夭折。同时,这一时期是大脑发育的关键时期,也是可塑性最强的时期,适当、有效的刺激会使婴幼儿大脑神经元突触的数量大幅度增加,如再配以适当的方法,儿童的智力潜能将得到充分的发展。

新生儿和婴幼儿不但需要获得充足的关爱和喂养,还需要社会的互动与培养以达到最理想的发展。0—3岁婴幼儿应得到生存和发展权利的保障,包括关爱、营养、特别的保护、精心的照顾、疾病预防与综合管理,以及科学的早期教育。这就需要建立与之相匹配的营养与安全、健康与保健、照护与教育、社会保障等综合性的公共服务体系,为年轻父母及婴幼儿提供综合支持和指导,优化婴幼儿生存与发展的微环境。

(三)儿童早期综合发展项目

随着我国经济和社会的快速发展,儿童经历了从求生存到谋发展的重要转型,0—3岁儿童早期教育工作进入国家决策层面。国家出台了《中华人民共和国宪法》《中华人民共和国母婴保健法》《中华人民共和国未成年人保护法》《中华人民共和国教育法》等一系列法律法规来保障儿童的权利。2001年,国务院批准印发了《中国儿童发展纲要(2001—2010年)》,提出坚持"儿童优先"原则,保障儿童生存、发展、受保护和参与的权利,提高儿童整体素质,促进儿童身心健康发展的总目标,并第一次提出要发展0—3岁儿童的早期教育。为了实现联合国千年目标和《中国儿童发展规划纲要》,2005年,我国卫生部、教育部、国务院妇儿工委办公室与联合国儿童基金会联合启动"儿童早期综合发展项目"(Integrated Early Childhood Development,IECD)。该项目首先在江西、广西、贵州、甘肃4省(自治区)的9个项目县开展,内容包括儿童健康、儿童营养、儿童教育、环境与水污染和儿童保护五个方面。项目通过跨部门合作与资源整合,因地制宜地创造优良的条件和环境,以社区为依托,家庭、社区保健和卫生部门共同参加,形成综合服务网络,开展科学的综合性干预活动,协助家庭有效保障儿童早期整体发展。

2011年，国务院发布《中国儿童发展纲要（2011—2020年）》，要求"最大限度地满足儿童的发展需要，开发、发挥儿童潜能，为儿童一生的发展奠定重要基础"，提出要"促进0—3岁儿童早期综合发展"。

2013年—2016年，在联合国儿童基金会的支持下，国家卫生部门与国务院扶贫办、民政部、全国妇联等部门合作，在山西和贵州的4个县开展"贫困地区儿童早期综合发展试点项目"。项目通过跨部门合作与资源整合，为孕产妇及0—3岁儿童提供基本的卫生与营养、早期启蒙、福利与转介等一系列综合服务与干预，建立起政府主导、多部门合作的综合协调机制，探索并形成了适合农村地区开展的以机构服务、入户家访、社区指导、小组活动、流动服务随访五个服务路径为依托的儿童早期发展服务模式。2017年，该项目的新一周期又在河北、山西、江西、河南和贵州5个省的14个项目县开展。

儿童早期综合发展项目建立并实施的儿童早期综合发展的"综合干预"模式被证明行之有效，值得推广。与此同时，教育部门牵头与联合国儿童基金会合作的早期儿童养育与发展（ECCD）项目的实施，以及全国各地（如北京、上海、福建、广东）由各部门牵头的关于0—3岁婴幼儿关怀、保健与教育项目，都将重点放在对妇幼保健、计生、社区、教育等多方资源的整合上，综合影响0—3岁婴幼儿的身心健康与发展。

二、婴幼儿早期发展的一般历程

由于0—3岁婴幼儿的生长发育与心理发展都与3—6岁的幼儿有很大的不同，所以，早期教育与幼儿教育的要求也会有较大差异。0—3岁婴幼儿期是人的一生中生长和发展最为迅速、变化最大的时期，年龄愈小发展愈快。在这快速变化的过程中，高质量的教育显得特别重要，它一定是与受教育者的身心发展特点和规律相匹配的。因此，全面了解与熟悉0—3岁婴幼儿的发展特点和进程是我们实施婴幼儿早期教育与指导的基础。

（一）0—1岁婴儿的发展水平

表2-1　0—1岁婴儿的发展水平

生长与发育	动作发展	认知发展	语言发展	情感与社会性发展
0—1个月				
• 满月增高2.5—4厘米 • 体重增加0.8—1千克 • 头围33—38厘米 • 胸围比头围小1—2厘米 • 皮肤饱满、红润 • 体温随温度变化而升降 • 视力模糊，但能看清眼前20—30厘米的物体 • 母乳喂养者大便为金黄	• 俯卧时会试着抬头，仰卧时向两侧摆头 • 觅食、吮吸、吞咽、握拳等非条件反射较完善 • 四肢能笨拙地活动，上肢活动多于下肢	• 对甜、咸、苦有不同的反应 • 对熟悉或新颖的听觉刺激有反应 • 能转向声源处 • 能注视红球	• 能发出细小的喉音 • 对说话声尤其是高音敏感	• 喜欢被爱抚、拥抱 • 看到人的面部表情、听到人的声音有反应，哭吵时母亲的呼唤声有安抚作用 • 喜欢看人脸，尤其是母亲的笑脸

（续表）

生长与发育	动作发展	认知发展	语言发展	情感与社会性发展
色、糊状，牛奶喂养者大便淡黄色、软膏状，母乳喂养者大便次数比牛奶喂养者多 • 每天睡16—22个小时 • 生理性黄疸出生后2—3天出现，5—7天达到高峰，10—14天内自然消失				
2—3个月				
• 体重约为出生时的2倍 • 平均身高：女孩约61.88厘米，男孩约63.51厘米 • 平均头围：女孩约40.30厘米，男孩约41.32厘米 • 平均胸围：女孩约40.74厘米，男孩约42.07厘米 • 视力标准为0.02左右，眼能追随活动的物体180度转动，具有聚焦的能力 • 大便次数明显减少 • 奶量差异开始明显，平均700毫升/天 • 每天睡16—18个小时，白天觉醒时间4—5个小时，夜晚睡眠时间变长	• 抱着时头能竖直向四周张望，头能随着看到的物品或听到的声音转动180度 • 俯卧时能够抬头45度 • 逐渐能从仰卧位变为侧卧位 • 手指能放开，能伸手摸东西 • 上肢能够伸展，两手能在胸前接触、互握	• 能感知色彩 • 对对比强烈的图样有反应 • 眼睛能立刻注意到面前的大玩具，能追随人的走动 • 开始将声音和形象联系起来，试图找出声音的来源 • 能注视自己的手	• 开始能辨别不同人说话的声音和语调 • 哭声逐渐减少，并开始分化 • 对成人的逗引会有反应，会发出"咕咕"声和类似"a""o""e"的音	• 能忍受短暂的喂奶间断 • 见到经常接触的人会微笑、发声或挥手蹬脚，表现出快乐的神情 • 对成人的逗引表现出动嘴巴、伸舌头、微笑或摆动身体等情绪反应 • 表现出对母亲的偏爱
4—6个月				
• 平均身高：女孩约68.17厘米，男孩约69.66厘米 • 平均体重：女孩约8.27千克，男孩约8.77千克 • 平均头围：女孩约43.31厘米，男孩约44.44厘米 • 平均胸围：女孩约43.57厘米，男孩约44.35厘米 • 视力标准约为0.04，能固定视物，看远约75厘米的物体 • 开始长出乳前牙 • 血红蛋白≥110克/升 • 流相当多的唾液 • 多数下半夜无需喂奶，能一觉睡到天亮	• 逐渐能从仰卧翻身到俯卧 • 独坐时身体稍微前倾，并能用手撑住 • 扶腋下能站直，双腿跳跃 • 能换手接物，稍显笨拙 • 能双手拿起眼前玩具，喜欢把东西放入口中 • 会撕纸 • 会玩手、扒脚	• 能注视约75厘米远的物体 • 会用较长的时间来审视物体和图形 • 喜欢颜色鲜艳的玩具或图卡 • 听到歌谣和摇篮曲会手舞足蹈 • 听到熟悉物品的名称会用眼注视 • 会寻找手中丢失的东西 • 听到自己的名字会转头看 • 能根据不同的声音找不同的家人	• 有明显的发音愿望，可以和成人进行相互模仿的发音游戏 • 咿呀学语，开始发辅音d、n、m、b • 无意中会发出"爸"或"妈"的音 • 能和成人一起"啊啊呜呜"地聊天 • 会听成人的语言信号	• 开始辨认生人、熟人，对生人会注视或躲避等，对熟人反应愉悦 • 开始怕羞 • 对亲切的语言表示愉快，对严厉的语言表现出不安或哭泣等反应 • 会对着镜中的影像微笑、发音或伸手拍 • 独处或别人拿走他的小玩具时会表示反对 • 对熟悉的人或物有观察意识 • 对教养者有明显依恋 • 会用哭声、面部表情和姿势与人沟通

(续表)

生长与发育	动作发展	认知发展	语言发展	情感与社会性发展
\multicolumn{5}{c}{7—9个月}					

生长与发育	动作发展	认知发展	语言发展	情感与社会性发展
- 平均身高：女孩约为71.20厘米，男孩约为72.85厘米 - 平均体重：女孩约为8.90千克，男孩约为9.52千克 - 平均头围：女孩约为44.38厘米，男孩约为45.43厘米 - 平均胸围：女孩约为44.56厘米，男孩约为45.52厘米 - 视力标准约为0.1 - 上颌、下颌长出乳旁切牙 - 需大小便时会有表情或反应 - 每天睡15个小时左右 - 会吃稀粥，能自己拿着饼干咀嚼、吞咽	- 独坐自如，自己坐起、躺下 - 扶双腕能站，站立时腰、髋、膝关节能伸直 - 开始会爬 - 用拇指、食指配合取物 - 能拨弄桌上的小东西，摇有声响的小件物品 - 能换手接物，双手拿两物对敲	- 会关注有吸引力的物体，并反复观察其特点和变化 - 注意观察大人的行动，模仿大人的动作 - 会寻找隐藏起来的东西 - 能分辨地点，喜欢熟悉的环境 - 能挑选自己喜欢的玩具	- 听懂成人对自己的召唤 - 开始发"ma-ma、ba-ba"等音，能重复发出某些元音和辅音 - 试着模仿成人的声音，发音越来越像真正的语言 - 会用自己的语音来表达不同的情绪 - 懂得一些常用词语的意思，会用简单的动作表示	- 对成人表示肯定或否定的面部表情有不同的反应 - 对教养者表现出依恋和喜爱，对陌生人会有害怕、拒绝等情绪反应 - 喜欢玩躲猫猫一类的交际游戏 - 喜欢镜子中自己的影像 - 会挥手再见、招手欢迎，玩拍手游戏 - 听到表扬会高兴地重复刚才的动作
\multicolumn{5}{c}{10—12个月}				
- 平均身高：女孩约为76.36厘米，男孩约为78.02厘米 - 平均体重：女孩约为9.64千克，男孩约为10.42千克 - 平均头围：女孩约为45.64厘米，男孩约为46.93厘米 - 平均胸围：女孩约为45.43厘米，男孩约为46.80厘米 - 视力标准为0.2—0.25 - 有规律地在固定时间大便，1—2次/天 - 上、下颌开始长出第一乳磨牙 - 每天睡14个小时左右	- 会用四肢爬行，且腹部不贴地面 - 自己能扶栏杆站立、坐下及蹲下取物 - 独自能站稳片刻，扶物会走，能独走几步 - 会从大罐子中取物、放物 - 喜欢扔东西 - 会将大圆圈套在木棍上	- 会分辨甜、苦、咸等味道和香、臭等气味 - 喜欢看图画 - 能指认耳、眼、鼻和经常接触的物品 - 关注比较细小的物品，喜欢摆弄、观察玩具及实物 - 能学习用工具帮助取物	- 能听懂与自己有关的日常生活指示语言 - 能说出几个词，会模仿叫"爸爸""妈妈"等 - 会用动作表示意愿 - 会自创一些词语来指称事物	- 理解成人的肯定或否定态度 - 喜爱家庭成员和熟悉的人，会伸出手臂要求抱 - 对陌生人表现出忧虑、退缩、拒绝等行为 - 喜欢各种交际游戏，喜欢重复玩 - 会注视、伸手去触摸同伴 - 会用动作等方式向成人索取感兴趣的东西，初步具有保护自己物品的意识 - 言行得到认可会高兴地重复表现 - 爱尝试、喜欢自己探索 - 喜欢情感交流活动，还能采取不同的方式 - 会表达愤怒、害怕、焦急等不同情绪

（二）1—2岁幼儿的发展水平

表2-2　1—2岁幼儿的发展水平

生长与发育	动作发展	认知发展	语言发展	情感与社会性发展
13—18个月				
• 平均身高：女孩约为82.51厘米，男孩约为83.52厘米 • 平均体重：女孩约为11.01千克，男孩约为11.55千克 • 平均头围：女孩约为46.76厘米，男孩约为48.00厘米 • 平均胸围：女孩约为47.22厘米，男孩约为48.38厘米 • 上下第一乳磨牙大多长出，乳尖牙开始萌出 • 会将食物嚼碎并能协调地搅拌后咽下 • 前囟门闭合 • 能控制大便，白天逐渐能控制小便	• 会独立行走，喜欢走路时推、拉、拿着玩具 • 不用扶物能蹲下、复位 • 在成人帮助下会上楼梯 • 会跑，但不稳 • 会做简单的手势 • 会滚球、扔球，但无方向 • 会用两三块积木垒高 • 能抓住蜡笔涂鸦 • 会用水杯喝水	• 喜欢用嘴、手试探各种东西 • 会长时间观察自己感兴趣的事物，并用手势和声音表示不同的反应 • 能根据感知方面的突出特征对熟悉的物品进行简单的分类 • 会指认某个身体部位 • 会模仿一些简单的动作或声音，开始自发地玩模仿性游戏，如用玩具电话玩打电话游戏 • 理解简单的因果关系	• 能听懂教养者发出的简单指令 • 开始说出自己的名字、熟悉的人名和物品的名字 • 会使用日常生活中常见的动词 • 会模仿常见动物的叫声 • 有时用表情、手势代替语言进行交流 • 对语言的理解能力超过语言的表达能力 • 开始知道书的概念，喜欢模仿翻书页	• 对陌生人表示新奇 • 在很短的时间内表现出丰富的情绪变化 • 能感觉到常规的改变或环境的变迁 • 认出镜子里的自己 • 自我意识开始萌芽 • 喜欢单独玩或观看别人游戏 • 开始对别的小孩感兴趣，能共同玩一会儿 • 会依附安全的东西 • 开始理解并遵从成人简单的行为准则和规范
19—24个月				
• 平均身高：女孩约为88.81厘米，男孩约为89.91厘米 • 平均体重：女孩约为12.33千克，男孩约为12.89千克 • 平均头围：女孩约为47.42厘米，男孩约为48.57厘米 • 平均胸围：女孩约为48.84厘米，男孩约为49.89厘米 • 视力标准约为0.5 • 第二乳磨牙开始长出，牙齿约有16颗 • 会主动表示大小便，白天基本能控制小便 • 每天睡12—13个小时	• 会自如地向前、向后走 • 自己扶栏杆能走几步楼梯 • 能连续跑3—4米，但不稳 • 能蹲着玩 • 能举手过肩扔球 • 能踢大球 • 能弯腰捡玩具 • 会用五六块积木垒高 • 能根据音乐的节奏做动作 • 绘画开始进入圆形涂鸦期 • 会随意折纸 • 会穿串珠 • 能够自己用汤匙吃东西	• 喜欢探索周围的世界 • 知道家庭成员以及经常一起玩的伙伴的名字 • 能集中注意力看图片、看电视、玩玩具、听故事等，但注意力集中时间较短 • 能记住一些简单的事，熟悉的生活内容 • 开始理解事件发生的前后顺序 • 对声音的反应越来越强烈，并且喜欢声音的重复 • 能感知、区分方形、三角形和圆形 • 认识红色	• 开始用名字称呼自己，开始会用"我" • 会说出常用东西的名称和用途 • 词汇量增加，能说3—5个字的简单短句，表达一定的意思和个人需要 • 喜欢跟着大人学说话、念儿歌，并且爱重复结尾的句子 • 会回答生活上的简单问题 • 喜欢看图书，指认、说出熟悉的事物	• 当教养者离开时会感到沮丧 • 能较长时间地延续某种情绪状态 • 需要时间适应新环境 • 自我意识逐步增强，喜欢自己独立完成某一动作，出现独立行为倾向 • 开始意识到自己是女孩还是男孩 • 会保护属于自己的东西 • 有了害怕的东西 • 交际性增强，开始与其他小孩共同参与游戏活动 • 喜欢帮忙做事，会学着收拾玩具 • 能按指示完成简单的任务 • 游戏时喜欢模仿成人的动作

(三) 2—3岁幼儿的发展水平

表2-3 2—3岁幼儿的发展水平

生长与发育	动作发展	认知发展	语言发展	情感与社会性发展
25—30个月					

生长与发育	动作发展	认知发展	语言发展	情感与社会性发展
• 30个月时,平均身高:女孩约为92.93厘米,男孩约为94.44厘米 • 平均体重:女孩约为13.41千克,男孩约为13.87千克 • 平均头围:女孩约为48.25厘米,男孩约为49.31厘米 • 平均胸围:女孩约为49.67厘米,男孩约为50.80厘米 • 20颗乳牙已全部出齐	• 能双脚交替走楼梯 • 能后退、侧着走和奔跑 • 能轻松地立定、蹲下 • 会迈过低矮的障碍物 • 能手脚基本协调地进行攀爬 • 能双脚离地跳 • 能滚球、扔球,会举起手臂有方向地投掷 • 会骑三轮车和其他大轮的玩具车 • 能用积木搭桥、火车等简单的物体 • 会转动把手开门、旋开瓶盖取物 • 会一页一页地五指抓翻书页 • 会自己洗手、擦脸	• 对周围事物或现象感兴趣,爱提问题 • 能基于形状、大小、颜色等做简单的分类 • 能感知并重复一些简单的韵律和歌曲 • 能感知物体软、硬、冷、热等属性 • 感知差异比较明显的"大、小""多、少""长、短""上、下" • 能跟着唱数 • 游戏时能用物体或自己的身体部位代表其他物体	• 咿呀学语声基本消失 • 会用日常生活中一些常用的形容词 • 开始用"你"等代名词 • 会念简单的儿歌 • 会说完整的短句和简单的复合句 • 能区分书中的图画和文字 • 愿意独自看简单的图画书	• 萌发初步的同情感 • 有简单的是非观念 • 喜欢参与同伴的活动,能和同伴一起玩简单的角色游戏,会相互模仿,有模糊的角色装扮意识 • 开始能表达自己的情感 • 开始意识到他人的情感 • 受到挫折会发脾气
31—36个月				
• 36个月时,平均身高:女孩约为96.28厘米,男孩约为97.26厘米 • 平均体重:女孩约为14.22千克,男孩约为14.73千克 • 平均头围:女孩约为48.65厘米,男孩约为49.63厘米 • 平均胸围:女孩约为49.91厘米,男孩约为50.80厘米 • 视力标准约为0.6 • 夜里逐渐能控制小便	• 能走直线 • 能双脚交替灵活地走楼梯 • 能双脚离地连续跳跃2—3次 • 能跨越一条短的平衡木 • 能单脚站5—10秒 • 能手脚基本协调地攀登 • 能将球扔出2—3米 • 能随口令做简单的操 • 会用积木(积塑)搭(或插)成较形象的物体 • 会穿鞋袜和简单的外衣裤	• 能区别红、黄、蓝、绿等常见的颜色 • 尝试画代表一定意思的涂鸦画 • 能记忆和唱简单的歌 • 能口数1—10 • 知道数字代表数量 • 会区分大小、多少、长短、上下、里外,能给物体归类 • 知道家里主要成员的简单情况	• 能回答简单的问题,会问"这(那)是什么"等问句 • 能说出物体及其图片的名称 • 词汇量增多,能说出有5个字以上的复杂句子 • 知道一些礼貌用语,并知道何时使用这些礼貌用语 • 理解简单故事的主要情节 • 会"念"熟悉的图画书给自己或家人听	• 能较好地调节情绪,发脾气时间减少 • 会用"快乐、生气"等词来谈论自己和他人的情感 • 有时会隐瞒自己的感情 • 对成功表现出积极的情感,对失败表现出消极的情感 • 会表现出"骄傲、羞愧、嫉妒"等复杂的自我意识 • 知道自己的性别及性的差异,能正确使用性别短语,倾向于玩属于自己性别的玩具和参加属于自己性别群体的活动 • 能和同龄小朋友分享玩具等 • 知道等待、轮流,有时不耐心 • 会整理玩具 • 能自己上床睡觉

注:以上表格内容引自《福建省0—3岁儿童早期教育指南(试行)》。

本 章 小 结

我国自新中国成立至今都坚持培养德、智、体、美全面发展的社会主义建设者和接班人的教育目的,而且贯穿学前教育、初等教育、中等教育、高等教育的全过程。本章对婴幼儿全面发展教育的内涵和意义做了较为详细的阐述,并探讨了0—3岁婴幼儿早期教育的独特性。婴幼儿体、智、德、美全面发展教育对婴幼儿的身心发展具有独特的作用,任何一方面的教育都不能忽视和偏废。早期教育对婴幼儿的家庭、社会和人类的可持续发展都具有十分重要的意义。婴幼儿早期教育备受国际社会的高度重视,吸引了多学科参与研究和众多国际组织的关注与投入。我国与国际组织合作历时十多年开展的"儿童早期综合发展"项目取得了良好的成效。

本章在最后提供了婴幼儿综合发展的一般历程,以帮助学习者全面了解与熟悉婴幼儿的发展。

延 伸 学 习

为3岁前后的孩子提供三个关键教育

孩子3岁前后,父母需要利用这个年龄段儿童的"敏感期"提供三个关键教育:一是语感教育,二是情感教育,三是感觉教育。

第一,利用语言的敏感期,为孩子提供语感教育。3岁前后是孩子语言潜能开发的最佳时期。如果错过了这个语言的敏感期,没有人陪伴3岁前后的孩子说话,那么,这个孩子就会很难学会说话。因此,父母最好多跟这个年龄段的孩子做游戏、讲故事、唱童歌,和孩子一起看儿童绘本。不仅应陪伴孩子说话,而且可以引导孩子认字。

第二,情感教育,和孩子建立亲密的情感关系。父母应亲自陪伴孩子,没有人能代替父母对孩子的陪伴。培养情感的最好途径是和孩子一起游戏、游玩。孩子希望父母给他们讲故事,更希望父母和他们一起做游戏。孩子在听故事的过程中会顺便领会什么是一个好人和什么是一个坏人的价值观,并因此而学会阅读和创作。孩子在游戏的过程中则可能变得心灵手巧,学会竞争和服从游戏规则,并在争取获胜的过程中学会接受可能的失败。可以对3岁前后的孩子适当纵容,不要有太多的规矩、规则、规范。父母要少"抱"孩子,但要多"拥抱"孩子,让孩子听到母亲或父亲的心跳,让孩子感受母亲或父亲的体温。

第三,感觉教育,让孩子亲自触摸世界。在孩子3岁前后,父母可以为孩子提供某种程度的早期智力开发。但这个时候,父母的主要任务不是开发智力,而是为孩子提供足够的自然教育。3岁前后的孩子依然处于动物阶段,需要过类似"自然世界""动物世界"的生活。父母应注意孩子的衣服、家中墙壁和家具的颜色,给孩子提供多种纯色的感官刺激。带孩子亲近自然,接近花草、山水、天空和大地,让孩子在自然中采天地灵气,集日月精华。

与感觉教育相关的是"灵感教育"或"灵的教育"。3岁前后的孩子接近原始人的自然状态。原始人的教育只是身体教育(手工劳动教育)。劳动原本只是为了获得食物,但劳动同时也使人类肌肉发达、四肢健壮、身手敏捷。而且,有关劳动的勇敢、无畏、豪迈、果断、竞争、合作、承认、尊重等"心"的教育(人格教育)就在劳动的过程中无声无息地悄然建立起来。更重要的是,有关默契、默会、感应、直觉、敏感的"灵的教育"(灵感教育或直觉教育)也在亲身劳动和默然体验中悄然发生、发展。"灵的教育"似乎看不见,但灵的教育最重要。它不仅使人手感发达、眼观六路、耳听八方、味觉丰富、嗅觉灵异,而且使人对知识和技能默然领会、融会贯通。

(资料来源:刘良华.新父母学校[M].北京:北京师范大学出版社,2013.)

学习活动

1. 请尝试给想要初步了解和把握0—3岁婴幼儿早期教育正确方向和理念的人们提出合理的指导意见。

2. 尝试设计:请分别设计适合成人与1岁、2岁、3岁小朋友一起玩的小游戏各1个,并说明各个游戏的意义。把设计的游戏提交小组,并进行交流、修改与优化。

3. 材料分析。

材料:

妈妈带着2岁的点点在小区的公园里玩。点点正摆弄着遥控小汽车,小汽车在草地上一会儿前进,一会儿后退,可有趣了。旁边一个1岁多的小弟弟看得很入迷,突然跑过来抱起点点的小汽车。点点一看自己的玩具被莫名其妙地拿走了,生气地要从小弟弟手里抢回小汽车。可是小弟弟拼命地将小汽车护在怀里,并不停地说:"我的,我的,这是我的。"点点也大叫:"那是我的!还给我,还给我!"两人你争我抢,不一会儿就缠到了一起。点点妈妈见状,迅速将点点抱在怀里,并将小弟弟手中的小汽车抢回来,生气地对他说:"你这小孩,怎么这样?"点点妈妈将小汽车塞到点点的手上,疼惜地说:"乖宝贝,不哭不哭,你的小汽车在这里呢!拿好了,不要再让小弟弟抢走了!"说完便带着点点回家了。

(案例提供:郑淑杰)

(1)请用学前心理学关于儿童自我意识发展的知识,指出点点和小弟弟这两个小朋友的行为特点。

(2)请分析点点妈妈的行为。

(3)如果你是点点的老师,在现场见到这一幕,你会怎么做?请运用专业知识进行阐述。

4. 假如你是一位0—3岁婴幼儿的家长,你希望得到哪些方面的服务以满足孩子生存与发展的需要?请详细列出并做需求分析。

复习与思考

1. 试述0—3岁婴幼儿早期教育的意义。
2. 请举例阐明0—3岁婴幼儿德育对促进婴幼儿社会性发展的意义。
3. 为什么说体、智、德、美"四育"既不可相互取代,又是相互联系不可分割的?
4. 你是怎么理解儿童早期综合发展的?
5. 0—3岁婴幼儿生存与发展较之其他年龄段有哪些特殊需要?

第三章　婴幼儿早期教育的基本要素

学习目标

1. 理解婴幼儿早期教育各要素的内涵、地位及各要素之间的关系。
2. 了解儿童观的演进，树立正确的儿童观，并能用于分析保教现象。
3. 理解婴幼儿身心发展的特殊性和学习的主要方式，并能应用于观察、分析婴幼儿的行为及保教实际，学习正确回应婴幼儿。
4. 正确认识父母、其他监护者和保教人员对婴幼儿成长的影响和应有的责任与作用。
5. 理解0—3岁婴幼儿早期教育内容的具体内涵和教养环境创设的意义与基本要求，并能应用于观察与分析保教实际。

　　早期教育是由教育工作者、保健保育人员共同参与，以家庭教育为核心，对0—3岁婴幼儿的身心发展施加有目的、有计划、系统的影响的总和。影响0—3岁婴幼儿早期发展的因素是多方面的。教育如何有效筛选、控制和利用各种因素，使之对婴幼儿的健康成长产生积极、正向的影响呢？把握好婴幼儿早期教育的构成要素，充分发掘、发挥各自应有的积极作用显得十分重要。构成0—3岁婴幼儿早期教育的因素主要包括婴幼儿、父母及其他养育者、教师及保教人员、教育内容及教育资源与环境等。

第一节　儿童观及婴幼儿发展

　　儿童观是指人们认识、看待和对待儿童的一系列观念的总和。主要涉及儿童的特质和能力、权利和地位、生长发展特点与规律、儿童期的意义与价值等。儿童观决定了成人对儿童的看法、态度和相应的行为。无论是养育者还是保教人员，树立正确的儿童观十分重要，因为儿童观是实施早期教育的思想基础和行为向导，并在一定程度上对教育观、教师观产生影响。

一、儿童观的演进

儿童观与人类社会的进化发展、文明进步一样,经历了漫长的变化过程,随着社会政治、经济、文化、科技的发展以及人类对自身认识的变化而变化。

（一）西方儿童观的历史演进

1. 古代的儿童观：儿童是小大人

在古代,人们尚未发现儿童和成人有什么根本的不同,因而也没有明确的儿童观。对于原始氏族来说,当时的生产力水平极其低下,原始人急切地希望儿童加入成人的行列,因此,他们没有把儿童当作儿童看待,而仅仅是当作氏族部落的未来成员,当作缩小的成人。即使在被后人认定为相当文明的古希腊,对儿童的社会存在也同样视而不见。这一阶段的儿童观普遍认为儿童只是成人的预备。

2. 中世纪的儿童观：儿童生而有罪

到了中世纪,教会成了维护封建制度的强大精神支柱,僧侣阶级获得了最高贵的地位,该阶段的儿童观也必然体现出教会的意志。教会认为人生而有罪,自然而然地便认为儿童也是具有原罪的。儿童体内的各种"毒素"是儿童犯罪的根源,容易导致儿童的错误行为,严酷的纪律则会减轻、甚至消除儿童的错误行为,因此,责骂、鞭打儿童,对儿童施行体罚都是应该的。这种观念下的儿童没有独立的人格可言。

3. 文艺复兴时期的儿童观：从新人类观推导出的新儿童观

文艺复兴运动使新的人生观沉重地打击了中世纪教会所谓的"儿童生而有罪"的儿童观,为现代儿童观的诞生铺平了道路。直到16世纪,才终于迎来散发着人文精神的全新儿童观。荷兰教育思想家伊拉斯谟认为,儿童的天性是纯洁的、善良的,不能想当然地认为儿童的兴趣与成人一样,儿童不是小大人,而是具有其自身的独特性。教育要研究儿童的自然能力和才智,对待儿童首先要有爱,以此使儿童获得对学习的爱。捷克教育家夸美纽斯于1632年出版的《母育学校》是世界上第一部学前教育专著。他在著作里把儿童比作"上帝的种子",认为在人的身上自然地播种知识、道德和虔诚的种子,通过教育便可以使它们生长出来。尽管这一时期的人们承认了儿童的兴趣和自由,但把儿童作为父母的所有物的儿童观依然占统治地位。

4. 启蒙时代的儿童观："白板说"与"儿童的发现"

17—18世纪,欧洲地区兴起一场知识及文化运动,即思想启蒙运动。其间,英国出现了一种新的儿童观和教育观,认为儿童生来是没有原罪的、纯真无瑕的存在,反对体罚,主张激励和竞争的教育。最有代表性的是哲学家、教育家洛克,他提出"白板说",认为儿童来到人世间时,其精神方面是一块"白板",有着巨大的可塑性。洛克在《教育漫话》中曾写道："我只把他（儿童）看成是一张白纸或一块蜡,是可以随心所欲地做成什么式样的。"他还主张不能阻碍儿童的特点,应该给儿童相应年龄的自由和自主。

法国著名的启蒙思想家、教育家卢梭并不认为儿童是"白板",他发表了令人瞩目的《爱弥儿》，提出了对儿童与儿童教育的见解。他认为儿童生来便有自然赋予的冲动，但这种冲动不是天生的罪恶，而是未经污染的纯洁的心灵。儿童期的存在是顺应自然规律的。大自然希望儿童在成人以前就要像儿童的样子，人们应当尊重儿童，尊重儿童期，不能打乱了这个次序。儿童具有独立的存在价值，儿童有其特有的看法、想法和感情，是真正意义上的人。卢梭被誉为"教育上的哥白尼"，他开创了西方现代儿童观的发展道路，指出儿童亦具有独立存在的价值。他的儿童观对后来的教育发展起到了极大的促进作用，人们常常把"儿童的发现"与卢梭联系在一起。

5. 19世纪的儿童观：教育心理学化

继卢梭之后，教育领域出现"教育心理学化"运动。瑞士教育家裴斯泰洛齐首次明确提出"使教育、教学心理化"的主张，认为教育应当与儿童的心理特点和人性规律相一致，使儿童在发展中处于主动地位。德国哲学家、心理学家和教育家赫尔巴特最先提出教育的首要科学是心理学。德国教育家、世界幼儿园之父福禄贝尔深受卢梭儿童观的影响，认为儿童的本性是善良的，对儿童的教育就是要循序渐进地使儿童善良的天性发展起来。他还认为，游戏是儿童的内在本能，对儿童的教育不应加以束缚、压制，也不应拔苗助长，而应让他们自然、自由地发展。

6. 20世纪：儿童的世纪

在19世纪向20世纪的过渡中，伴随着科学的儿童心理学的建立，尊重儿童的呼声愈益高涨，儿童成为全人类共同瞩目的焦点之一。瑞典教育家爱伦·凯在1900年出版了《儿童的世纪》一书，期待20世纪成为儿童的世纪，使儿童从传统的误解中走出来。这一世纪出现了许多著名的儿童教育家。美国的哲学家、心理学家、教育家杜威秉承卢梭"了解儿童""尊重儿童需要"的观点，进一步提出"儿童中心""儿童天性"等儿童观。杜威主张把儿童放在教育的中心，认为"这是和哥白尼把天文学的中心从地球转到太阳一样的那种革命"。意大利幼儿教育家蒙台梭利在《童年的秘密》中强调尊重儿童，坚信儿童的发展潜能，主张教育不可违背儿童的自然本性。同时，这一世纪呈现出空前的儿童研究盛况，出现了美国的格塞尔、瑞士的皮亚杰等著名的儿童心理学家。他们用科学的方法研究儿童心理，揭示儿童心理的内部机制和发展规律，创立了各具特色的儿童心理发展理论，为科学地认识儿童丰富的心理世界做出了贡献。

（二）中国儿童观的历史演进

中国儿童观的演进轨迹与西方的"直线式"明显不同，带有"曲线式""钟摆式"的变化特点，儿童观有主流也有支流，这与中国历史的纷繁复杂性有着密切的关系。

1. 中国古代的儿童观

自古以来，我们的祖先在社会生活、疾病诊治、文化教育中就对"童"有所观察和了解，并形成了相应的"孩童""学童""小儿""幼童""童蒙"等称呼。但是，受封建专制、传统道德观念的长期束缚和影响，古代儿童观和近代儿童观相比有着质的区别。古代的儿童观多以成人社会的眼光和立场为出发点，是不平等的、片面的、不系统的。

（1）工具主义儿童观

工具主义儿童观对儿童的禁锢和支配主要体现在以下几点：① "父父子子"，纲常伦理中的儿童。传统儒学认为，子女在父亲面前是没有自身权利的，子女是父母的私有财产，父母可以随意打骂子女，可以自由安排子女的命运。② 成人本位，蔑视态度下的儿童。在中国漫长的封建社会里，人们"对于儿童多不能正常理解，不是将他当作缩小的成人，拿'圣经贤传'尽量地灌下去，便是将他看作不完全的小人，说小孩懂什么，一笔抹杀，不去理他"。古人推崇的是"小时了了"的少年老成，儿童的天真无邪非但不被关注，还常受嘲讽，这使儿童备受折磨，不可能拥有健康的属于自己的精神生活，不可能充分享受童年的乐趣。③ 作为传宗接代与光宗耀祖工具的儿童。父母认为子女是他们身体和精神的后代，是自己的生命和权利得以传承的一种手段。同时，他们还将子女当作光耀门庭的工具，赞同"父以子贵"。养子防老既是中国一种传统的文化心理，也是父母抚育子女的一种主观愿望。所以，我们不难发现，传统的儿童观基本上是属于工具主义的，把儿童当作工具，儿童只能从属于成人，围绕成人运转。

（2）先秦时期的儿童观

先秦时期，社会大变革，百家争鸣，学术思想十分活跃，许多观念都反映出当时的儿童观。孔子说"性相近也，习相远也"，强调环境、教育对于儿童的重要影响。老子提出"自然人性论"，认为儿童乃天赋自然之人，其天性不仅体现为身体的柔弱性，而且体现为天赋的生命力及其思虑无邪和机敏聪慧。儿童因合于自然性而天然地具备德性，成人应向儿童学习，即所谓"常德不离，复归于婴儿"。墨子提出"素丝论"。他见染丝，感慨地说："染于苍则苍，染于黄则黄，所入者变，其色亦变。"他认为人的本性像没有颜色的丝一样，关键是放在什么样的环境中。"素丝论"较之西方洛克的"白板说"要早近2 000年。孟子主张"性善论"，认为"大人者，不失其赤子之心者也"。荀子则提出"性恶论"，认为"人之性恶，其善者伪也"。由此，他又提出"性伪之分"："性"是"不可学，不可事"；而"伪"是"可学而能，可事而成"。因此他认为，虽然人的自然本性是恶的，但只要后天努力修为，是可以成善的，即所谓"化性起伪"。东周的世硕提出"性各有阴阳，善恶在所养焉"，认为人性有善有恶，为善为恶的关键在于后天的教育。战国的告子提出："性犹湍水也，决诸东方则东流，决诸西方则西流。人性之无分于善不善也，犹水之无分于东西也。"他认为，儿童的天性既不是善，也不是恶，关键在于如何引导。

（3）"自然主义"和"童心说"

南北朝时期的颜之推认为，"人生小幼，精神专利，长成已后，思虑散逸"，应趁早及时施教。唐代柳宗元用"能顺木之天，以致其性焉尔"比喻儿童教育应该顺应儿童的天性，流露出一股清新的自然主义意蕴。明代思想家王阳明强调人人皆有良知，提倡"满街都是圣人"、不必盲从所谓"圣人"的平等精神。他在《教约》里强调"大抵童子之情，乐嬉游而惮拘检，如草木之始萌芽，舒畅之则条达，摧挠之则衰萎"。他认为万事万物从本性出发，因势利导，则无往而不利；如果揠苗助长，反而适得其反。这一新型儿童观、教养观意义非凡。继王阳明之后,李贽提出"童心说",强调创作要出自童心,要有自己的个性。他认为"童子者,人之初也;童心者,心之初也","若失却童心,便失却真心;失却真心,便失却真人。人而非真,全不复有初矣",强调追求个性自由的人本主义,对儿童教育也具有积极意义。

2. 中国近代的儿童观

鸦片战争之前,中国人民过着"天朝上国"的生活,对儿童的看法依然处于传统的观念。鸦片战争之后,西方的思想开始传入中国。中国的一些有识之士开始关注这个世界是到19世纪末20世纪初。康有为在《大同书》中提出了婴儿断奶后就可以实行公养公育的主张。梁启超认为儿童的教育是"新民"之始,他在《论幼学》中主张"春秋万法托于始,几何万象起于点,人生百年,立于幼学","故善为教者,必使举国之人,无贵贱无不学。学焉者,自十二岁以下,其教法无不同"。

"五四"新文化运动在力争解放"人"的同时也高度关注儿童问题。鲁迅在《狂人日记》中发出"救救孩子"的呐喊,提出儿童本位,引起强烈震撼;在《我们现在怎样做父亲》中批判了"以为父子关系,只须'父兮生我'一件事,幼者的全部,便应为长者所有"的观念,强调"父母对于子女,应该健全的产生,尽力的教育,完全的解放","长者须是指导者协商者,却不该是命令者",倡导父母应"各自解放了自己的孩子"。鲁迅的弟弟、儿童文学理论家周作人积极开创儿童新世界,翻译、创作了许多儿童文学作品,主张把童话定位于儿童。蔡元培说:"夫新教育所以异于旧教育有一要点焉,即教育者非以吾人教育儿童,而吾人受教于儿童之谓也。"凸显了"儿童本位"。

陶行知疾呼:"必须唤醒国人明白幼年的生活是最重要的生活,幼年的教育是最重要的教育。"他以儿童为教育的中心,主张"六大解放",即解放儿童的眼睛、头脑、双手、嘴巴、空间和时间,还生命和生活的世界于儿童。陈鹤琴创办南京鼓楼幼稚园,用实验法开展中国儿童与教育的研究,对儿子陈一鸣做了808天的观察研究,著有我国第一本儿童心理学《儿童心理之研究》。他强调儿童不是"小人",游戏是儿童的生命。1919年,陶行知的博士导师、美国"儿童中心主义"论者杜威受北京大学、南京高师等学校的邀请,在我国十几个省市巡回演讲,历时两年多,对我国儿童观的更新起到了积极的推动作用。

二、20世纪下半叶以来儿童观的基本内容

(一)儿童权利观

儿童是独立的人,与成人平等地拥有尊严,享有普遍人权;同时,儿童又是生理发育尚未完成,正在经历心智、情感与社会性发展的人。儿童的生存与发展依赖于成人,需要成人的关爱与呵护。儿童有着自己独特的生活世界、精神世界和文化,应受到足够的尊重和支持。

儿童作为具有权利主体的人,是受到法律保护的。1989年11月20日,联合国大会通过了《儿童权利公约》,该公约旨在保护儿童权益,为世界各国儿童创建良好的成长环境。它规

定了任何0—18岁的儿童均拥有一个人的全部权利,并将儿童的权利分为生存权、受保护权、发展权和参与权四大类。其中,生命权、姓名权、国籍权、受教育权、健康权、医疗保健权、娱乐权、闲暇权、隐私权、表达权等都是与成年人一样拥有的权利。同时,基于儿童发展的特殊性,还规定了儿童享有受父母照料权,确立了儿童保护的"最大利益原则",要求缔约国给予儿童最大的保护,还要"确认儿童有权享有休息和闲暇,从事与儿童年龄相宜的游戏和娱乐活动,以及自由参加文化生活和艺术活动",即儿童拥有游戏权。

1949年中华人民共和国成立后,儿童受国家的保护就被写入了新中国的第一部《宪法》。1954年的《宪法》规定,"中华人民共和国公民有受教育的权利","国家特别关怀青年的体力和智力的发展","婚姻、家庭、母亲和儿童受国家的保护"。在基本大法的基础上,《民法》《刑法》《婚姻法》《教育法》等都将保护儿童权利写进了法条,同时还有《母婴保护法》《未成年人保护法》《收养法》《义务教育法》等专门保障儿童权利的法规,儿童的社会地位与权利以政府庄严的承诺和法律保障的形式被确定下来。《儿童权利公约》于1990年9月在世界上正式生效,同年,我国就签署成为《儿童权利公约》的缔约国。1992年2月,国务院下发的《九十年代中国儿童发展规划纲要》在前言中指出,"儿童的健康成长关系到祖国的前途命运",要"在全社会倡导树立'爱护儿童,教育儿童,为儿童做表率,为儿童办实事'的公民意识"。而后,又相继实施《中国儿童发展纲要(2001—2010年)》和《中国儿童发展纲要(2011—2020年)》。国家不断加快完善保护儿童权利的法律体系,强化政府责任,提高儿童工作的法制化和科学化水平,改善和优化儿童生存、保护、发展的环境和条件,进一步保障儿童权利,使儿童得到更加充分的发展。

（二）儿童地位观

儿童是独立的人,是家庭和社会的主人,其生存和发展是家庭、社会存在和发展的第一要素。儿童是家庭的希望,是国家和人类的未来。儿童只有获得应有的家庭与社会地位,其生存和发展才有保证。

儿童是独立于成人的存在,拥有自己独特的生活世界和精神世界。但儿童的世界又是脆弱的,教育首先要保护这个精神世界,然后循着儿童成长的节律不断地丰富它。

由于儿童还不具备争取自己在家庭和社会中地位的意识和能力,家庭、社会对儿童的家庭地位和社会地位的落实就负有不可推卸的责任。家庭、教育机构、社会都要以儿童为本。父母要树立以儿童为中心的观念,恪守亲子平等的观念,要尊重、理解儿童,让儿童充分自主地表达自己的感受和见解。父母及其他养育者要以儿童为根本,充分满足儿童自主游戏和自由创造的需求。教育机构要以儿童为本,而不是以教师为中心、以知识为本位,应倾听儿童的心声,充分发挥儿童的主动性,多让儿童做选择、做决定,帮助儿童独立、自由地成长。社会要引领以儿童为本的文化发展方向,要在制度上保障儿童生存、发展的环境和条件,保障儿童都能享有平等的发展机会和快乐的童年。

总之,无论是家庭、教育机构还是社会,都应该致力于建设一个适合儿童成长的环境,保障儿童与成人一样拥有独立平等的地位,确保儿童的权利和尊严不受损害。

（三）儿童特质观

儿童出生时，生理发育远未完成却拥有巨大的成长力量，后天的环境和教育要尊重、顺应儿童的天性，促进其充分发展。

儿童天性是指儿童先天所具有的包含人类进化至此所普遍拥有的，以及家族遗传特征所构成的儿童个体的先天特质。儿童出生时不仅带着家族遗传特征，更蕴藏着人类进化至此所普遍拥有的人类天性，共同构成儿童个体独特的先天特质。生物学、遗传学，尤其基因科学、心理学、人类学等科学研究成果帮助我们更好地理解儿童天性这一自然法则。

儿童出生后就如同胚芽，既需要给予精心养护与培育，又必须顺应其内在的生长进程和节奏。教育作为有目的、有计划的系统活动，应该与自然法则相一致，满足儿童的生命诉求，为儿童的成长保驾护航。

父母等养育者和教师应当充分倾听儿童的心声，不遗余力地发现儿童个体的天性所在，要充分尊重个体的天性差异，为儿童守住一片自在生长的净土。

（四）儿童发展观

1. 儿童的发展是整体的、全方位的

儿童各方面的发展在儿童身上是相辅相成的、统一的过程。

成人不可功利性地对儿童进行智力开发、知识灌输和各种技能训练，造成儿童片面、畸形发展。儿童应是完整的、自由的个体，我们要创造条件支持儿童自由自在地充分游戏、探索与创造。我们要走进儿童的心灵，研究儿童的文化和需要，注重儿童内在情感体验与人格的全面滋养，使儿童的天性自由萌发、蓬勃生长。

2. 儿童的发展是有规律的

（1）儿童的发展具有方向性、顺序性和不可逆性

儿童发展的总趋势是由简单到复杂、由低级到高级、由混沌到分化，其发展顺序既不会倒退，也不能逾越。如，婴幼儿的生长发育遵循由上到下、由躯体中心到外围、由粗大动作到精细动作、由简单到复杂的发展规律，最先发育的是头，而后是躯干，最后是四肢。不同儿童之间虽存在个体差异，发展速度有快有慢，但每个个体发展的方向和顺序是一致的。又如，婴幼儿的思维遵循由行动性思维到具体形象性思维，再到逻辑思维的发展顺序，复杂高级的思维是在简单思维发展的基础上发展起来的。

（2）儿童的发展是连续性与阶段性的辩证统一

儿童的发展是一个连续的、不断积累的过程，而不是间歇式的、跳跃式的发展。如，婴幼儿从会坐到会站立、行走、跑跳，都是以前期的发展为基础，不断积累着向复杂、高级的方向发展的。儿童的发展又是一个阶段性的发展过程。当发展不断积累到一定程度产生质变的时候，就代表发展进入了一个新的阶段，显现出发展的新特点。质变的前阶段所呈现的是那个阶段婴幼儿发展的某些较为稳定的、共同的典型特点，质变后会出现与先前阶段不同的新特点。接着，新阶段的新特点又会稳定下来，经过持续不断的量的积累，最终引起新的质变，进入到下一个发展阶段。俗话说，"二抬四翻七会坐，八爬九立周会走"，说的就是这个道理。

婴幼儿的发展就是这样不断地从量变到质变的过程，每一阶段与它的前后阶段之间相互衔接，彼此关联。

（3）儿童的发展具有不平衡性

儿童在连续不断的发展过程中并不总是按相同的速度直线、匀速地发展，而是快慢交替、不平衡的。如生理发育表现为：不同系统的发展速度、起始时间、到达成熟的水平不同；统一机能系统特性在发展的不同年龄阶段，其发展速率不同。又如，儿童身高、体重的增长有两个突增阶段：第一突增阶段是出生后4个月至1年，其中，4—6个月身长增加最快，占整个胎儿期身长增加的二分之一；第二突增阶段是青春期发育早期，女孩一年可增长6—8厘米，男孩一年可增长7—12厘米。发展的不平衡性还表现在心理发展的速度上，如婴幼儿语言的发展很迅速，而逻辑思维的发展则较慢。

（4）儿童的发展具有关键期

发展的关键期，也称发展的敏感期，是指个体发展过程中环境影响能起最大作用的时期。关键期中，在适宜的环境影响下，行为塑造特别容易，个体发展特别迅速。但这时如果缺乏适宜的环境影响，则可能引起病态反应，甚至阻碍日后的正常发展。如印度被取名卡玛拉的"狼孩"，被发现时大约7岁，生活习性与狼一样，经过7年的教育，才掌握了四五个词，直到17岁去世时，其智力也只相当于三四岁的幼儿。这是因为她错过了心理发展的关键期，就造成了不可逆转的后果。

（5）儿童发展的叛逆期

从心理成长的角度来说，儿童发展存在着两个叛逆期：一个是3岁左右的幼儿时期，即"第一反抗期"；另一个是11—15岁的青春期，即"第二反抗期"。孩子在这两个阶段中的心理状态发展往往会对其将来性格的形成产生重大的影响。2岁左右的孩子，他们的自我意识逐渐加强，"我"的概念越来越清晰，智力明显发展，身心进一步成熟，对新事物有着浓厚的兴趣，独立行动的意愿日趋强烈，总想找机会试一试自己的能力。如果成人的行为或语言让孩子感到自己被约束，孩子就会以那些"令成人头疼"的方式来确立自己的独立性。这一时期，孩子的种种变化多源于自我意识的增强，并非本质上恶劣。成人要用耐心、平常心来对待孩子的变化，真心理解孩子的心理需求，了解孩子的心理发展特点，采取恰当的方法帮助孩子获得主体性和独立性的发展。

3. 儿童发展具有个体差异性

个体的成长既有规律性，又有特殊性。现代幼儿教育不是要求儿童整齐划一地发展，而是鼓励其在发展中体现个人的独特性和差异性。《3—6岁儿童发展指南》中指出要尊重幼儿发展的个体差异。幼儿的发展是一个持续、渐进的过程，同时也表现出一定的阶段性特征。每个幼儿在沿着相似进程发展的过程中，各自的发展速度和到达某一水平的时间并不完全相同。比如，在儿童发展过程中，我们看到他们有的长得高大，有的长得矮小；有的比较活泼，有的比较腼腆；有的好动，有的安静；有的观察力强，有的记性好；有的善于理性思维，有的长于形象思维；有的喜欢问问题，有的喜欢自己探索；等等。这些都体现了儿童个体差异。实际上，儿童间的个体差异远不止这些。儿童个体先天的遗传基因不同，出生后在不同的家庭环境下成长，形成的个体差异既十分复杂，又极为广泛且丰富多彩。美国哈佛大学霍华德·加德纳教授的多元智能理论认为，每个个体身上都相对独立地存在着与特定的认知领域或知识范畴相联系的八种智能，这八种智能是以不同方式、不同程度有机结合而存在的。个体之间的智能差异不是等级性的，而是结构性的，每一个人都有自己的优势智能和独特的智能组合，形成各自的特点和风格，是独一无二的。

父母和保教人员应该正确看待儿童的个体差异，充分认识、接纳儿童发展的差异性，不宜用一刀切的要求和方法对待所有的儿童。

无论是在生活中还是在教育的各种活动中，儿童间的个体差异是儿童相互激发、互动学习与发展的丰富资源。儿童间不同的思维方式、经验和观点相互启发、碰撞、冲突，有利于儿童在互动的过程中互相学习、取长补短。父母和教师要充分认识儿童个体差异的价值，努力为儿童创造交往、游戏、活动的机会，让儿童从差异中获益。

4. 儿童主体的能动实践是发展的现实性因素

儿童先天的遗传素质和外界的环境与教育因素是个体发展的基础和条件，但它们不会自动转化为儿童的发展，必须通过儿童有意义的生命实践才能起作用。个体的生命实践活动主要由生理活动、心理活动和社会实践活动三种层次和内容的活动构成，它是儿童发展的现实性因素。也就是说，儿童发展的可能性要成为现实的发展，必须通过儿童生命主体能动的、有意义的生命实践。父母和教师要为儿童创造和提供与发展相适宜的良好环境条件，以满足儿童多元发展的需求，激发儿童在与环境的相互作用中展开各种活动，鼓励儿童主动建构自己的认知与经验。

三、0—3岁婴幼儿的发展简述

（一）婴幼儿身心发展的独特性

1. 稚嫩、脆弱、充满生机

0—3岁是婴幼儿大脑神经系统和机体功能加速发展的时期，是依恋与安全感、秩序感与习惯、口头语言和智力等发展的关键期。如果哺育得当，婴幼儿的大脑和心理机能将得到高质量的发展。这是对人的一生有着重要影响的时期，然而又是容易被成人忽视、婴幼儿自己却全然不知其价值、全然不能把握其进程的时期；这是一个蕴藏着巨大发展潜力和可塑性但又非常脆弱、非常容易被错误定向的时期；这是一个稚嫩的、需要成人精心照顾和保护的时期，然而又是其对独立的需求日益增长的时期。

2. 诗意的生活和文化

儿童不是小大人，儿童有着自己独特的生活和文化。儿童生活世界的独特性在于，它是儿童自在游戏、尽情体验、自由创造的世界。儿童文化是诗性的、游戏的、童话的（或神话的）、梦想的、艺术的、好奇的、探索的，是从本能的、无意识的逐步迈向有意识的，是历史沉积的,因而是复苏的,是"转变的生长的"。儿童文化是儿童表现其天性的兴趣、需要、话语、活动、价值观念及儿童群体共有的精神生活、物质生活的总和,是儿童内隐的精神生活和外显的文化生活的集合。基于儿童独特的生活和文化,一摊水、一堆沙、一块空地都可以点燃儿童的激情。他们可以忘乎所以地在空地上嬉戏、追逐,痴迷地玩弄一摊水,沉迷于沙堆里的探究与创造。在此过程中,他们独立自主、完全开放。

婴幼儿的发展是在天性的基础上展开的,天性是自然赋予孩子的,非人力所能控制,文化和教育不应试图改变人的天性。教育应当不断改变和调适自己,以适合人天性的表达和成长的需要。

3. 图式行为

（1）先天性遗传图式

新生儿遗传所带来的非条件反射活动是婴幼儿与环境作用的起点。初生的婴儿具有吸吮、哭叫,及视、听、抓握等行为,这些行为是与生俱来的,是婴儿能够生存的基本条件。这些行为模式或图式是先天性遗传图式,所有这些构成了一个初生婴儿的智力结构。

新生儿并非被动无能的"白板"或"容器"。他们一出生就能辨别光明和黑暗,出生几小时就喜欢看人脸,不喜欢看奇形怪状的脸型图片,能对一定的图案有选择地注意,对不同的气味也会有不同的面部反应,洗澡水过冷或过热能引起婴儿哭叫,等等。遗传图式是人类在长期进化的过程中所形成的,是后续构建各种复杂图式的基础。

（2）有意义的图式

婴幼儿在自发游戏和探索过程中经常会表现出对一些动作的重复,我们称之为图式行为。瑞士心理学家皮亚杰认为图式范畴具有两层含义：一是行为、动作层面上的图式和认识,二是思维层面上的图式。他认为,动作图式就是动作在各种情况下经过多次重复所保持下来的共同部分。图式最初来自先天遗传,之后在适应环境的过程中不断得到改变,不断丰富起来,也就是由低级的动作图式经过同化、顺应、平衡而逐步构建出新的图式的过程。思维活动中的图式是指主体所具有的感知模式和思维模式,就是"用以指导人如何对原始材料进行采集、记忆和推理的理论或概念"。后来,英国的克里斯·阿西根据皮亚杰的理论深入观察研究婴幼儿的认知过程与图式,在《儿童早期基础阶段》中探讨了婴幼儿在游戏中表现出来的轨迹、定向、连接、旋转、围合、包裹、定位和搬运八种图式。她强调这种重复动作在改变婴幼儿对周围世界的理解时具有重要意义,图式行为是婴幼儿学习过程中必不可少的经历,有利于婴幼儿在大脑中对正在进行的事情进行有意义的建构,建立相应的认知结构。

举例来说,婴幼儿重复玩弄冰块,随着动作的不断重复,婴幼儿的心理图式和认知结构中关于玩冰块的经验就会发生微妙的变化,变得更有目的、更成熟、更丰富。婴幼儿每一次玩冰块,在重温其已有图式的同时,都会对冰块有更深入的认知,图式可能会变得更加复杂、精细。并且,婴幼儿可能会用图式来引导自己提问、预测、想象和推理。婴幼儿这种自发性游戏过程中的图式行为是在反射动作的基础上发展的,反射动作过程中偶然的动作使其有新的发现，进而会尝试重复这一动作，从而引发循环反应。循环反应是以动作效果为中心的动作图式的重复活动，体现了孩子的心理活动。动作图式具有内在的动机，是积极主动的实践，对婴幼儿的发展具有重要意义。在这一过程中，婴幼儿是如何学习的比学到什么更为重要。婴幼儿的主动互动、主动探索学习、创造性的行为表现都是父母、教师在观察婴幼儿行为时应该捕捉的信息，以便更好地为婴幼儿提供支持性的环境材料和有价值的指导。

> **拓展资料**
>
> ### 婴幼儿游戏和探索中常见的一些图式
>
> - 轨迹：喜欢从高脚椅或婴儿床上往下扔东西，或者爬上跳下。
> - 旋转：对旋转着迷，包括喜欢玩带轮子的玩具、荡秋千或骑旋转木马。
> - 围合：给自己画的图画加边框，用积木围合。如，用栅栏把动物围起来。
> - 包裹：完全盖住自己或物品，将物品包起来或放入袋子。
> - 搬运：自己在不同的地方移动，把物品从一个地方移到另一个地方。如，把物品拿给成人，或用袋子和容器来回搬运物品。
> - 连接：喜欢连接或拆分玩具火车的轨道，用胶或胶带把建构材料粘起来。
> - 定位：喜欢把玩具汽车、书籍、鞋子等排成一行，或者把它们分组。
> - 定向：表现为喜欢在不同的地方摆出不同的姿势，比如倒立、侧身等，或把物品放在不同的地方。
>
> 对图式的观察为早期教育工作者提供了另一种思考方式，让教育者能在适当的时间为婴幼儿提供适宜的活动，有助于婴幼儿尽可能地用多种方式去探索自己关注的事物，并得到充分的学习机会，获得满足感。
>
> 理解图式可以帮助早期教育工作者：
>
> - 更多地了解婴幼儿是如何学习的；
> - 观察和识别婴幼儿当前表现出的图式；
> - 制订适宜的计划支持图式的发展；
> - 采用婴幼儿偏爱的学习方式；
> - 支持和挑战婴幼儿的思维。

（二）婴幼儿学习与发展的主要方式

1. 探索与游戏

探索行为是婴幼儿主动与环境进行互动的表现，对其认知能力和自我意识的发展具有重要的意义。

婴幼儿在与环境的互动中，通过感知动作进行探索和游戏。当婴幼儿面对新事物时，采用抓握、啃咬、敲打、拉扯、扔等动作进行探索，带有嬉戏性，并满足于对动作图式的把控，从中体验到自主与好玩,产生胜任感、愉悦感。在此过程中,他们把自己从物体中分离出来,认识自我,体验自己的力量。婴幼儿的探索游戏是随着他们与环境的互动而自然产生的,并随着认知结构的发展而不断丰富和深化。

随着探索与游戏的发展,婴幼儿能够把已有的图式行为应用到新的情境中,动作的协调性和灵活性不断增强,认知结构得以发展。我们要在适当的时间为婴幼儿提供适宜的环境、材料和活动,激发他们用多种方式去探索,得到充分的学习机会,获得满足感。我们要不断了解婴幼儿的已有经验,帮助他们明确想法、拓展学习,促进其高效学习,以获得新的经验、体验和相关知识。

2. 模仿、假想与游戏

从1岁左右开始,婴幼儿在与父母、教师的社会性互动过程中产生角色扮演游戏,婴幼儿观察、模仿社会情境中的人与物、人与人的互动。进入这一时期后,游戏不再是原样重复,而是开始把原有的、不相关的动作图式构成新的组合来应用到游戏中,探索自己行动的结果,主动进行系统的探究。由于表象能力的发展,婴幼儿的游戏中开始出现象征图式。他们已经了解到物体的特征与不同事物之间的关系,积累了很多表象,通过想象把替代物应用于游戏。幼儿象征性游戏中出现的"以物代物"或"假装"动作有益于对符号的学习,它是婴幼儿理解和运用符号表征思维的最初形式。象征性游戏是思维开端的标志,是实践性感知运动智慧转化为内部思维活动的过渡环节。同时,在象征性游戏中,婴幼儿能表现出假装他人的行为,这对其社会性发展也有着重要意义。

游戏是婴幼儿的生活,是他们认识世界的基本方式。父母和保教人员要善于观察婴幼儿的游戏需求和游戏行为,接纳婴幼儿的游戏,为婴幼儿游戏的发生和顺利进行提供材料支持与互动指导,促进其身心健康发展。

拓展资料

儿童自己的"大纲"

维果斯基在其论文《学前教学与发展》中提出了儿童的"大纲"和教学的"大纲"两个概念,并依据二者在教学中的不同关系而提出了自发型教学、反应型教学、自发-反应型教学。他提出,学前教育应当是自发-反应型教学,而且应当更接近、更侧重于自发型教学。维果斯基认为,3岁前儿童的教学(按教学一词的广义理解,就像平常所说的儿童在1岁半到3岁之间学习语言)的特点是,儿童"按照自己的大纲进行学习",母亲的教学大纲与儿童自己的大纲相比,其作用是微不足道的。维果斯基将这类教学称为"自发型教学"。

在维果斯基看来,自发型教学是教学的一个极端现象,而教学的另一极端现象是"反应型教学"。所谓反应型教学,就是儿童自己的大纲与教学的大纲相比是微不足道的。例如，比较复杂的数学教学就是一种反应型教学，这类教学一般适用于高年级大年龄儿童的学校教育。而3—6岁的学前儿童的教学处于这两种类型的教学之间，所以维果斯基将这种教学称为"自发-反应型"。不过，值得注意的是，维果斯基指出，自发型和反应型教学在学前教育中不是固定地绑在一起的，二者的比重应当随儿童年龄的变化而发生变化，而且，从总体上来讲，学前教育应当更接近于自发型教学。

维果斯基指出，尽管3岁以后的学前儿童已有可能采用某种教学或教育的大纲，但是，"它在某种程度上仍然应当是儿童自己的大纲"；学前教育是否成功，取决于"教师的大纲变成儿童自己的大纲的程度"。维果斯基在《学前教学与发展》一文中反复强调了这一观念，其中有一处是这样说的："这个（教学的）大纲应该也是儿童自己的大纲，就是说，大纲实施的次序应符合儿童情感丰富的兴趣，符合他的与一般概念相联系的思维特点。"维果斯基认为，成人或教师的大纲如果偏离了儿童自己的大纲，是断然难以实现的。

（资料来源：刘晓东.学前教育的"大纲"应当符合儿童的"大纲"——从维果斯基到"方案教学"［J］.学前教育研究，2001〈12〉.)

第二节　养育者和保教人员

0—3岁婴幼儿的身心发展特点决定了早期教育是以家庭教育为核心的，早期教育工作者、保健保育人员作为社会教育、社会服务工作者为家庭提供早期保教的专业指导。

一、父母、祖辈等养育者

（一）父母是婴幼儿的第一任教师

教育始于家庭。家长的教育理念、教育方法、教育方式深深影响着孩子。父母是孩子生命中的第一任教师。家庭教育对一个人的发展起着举足轻重的作用。

儿童应得到父母的抚养和教育是受到法律保护的。我国《中华人民共和国未成年人保护法》第二章是家庭保护：第十五条要求"未成年人的父母或者其他监护人应当学习家庭教育知识，接受家庭教育指导，创造良好、和睦、文明的家庭环境"；第二十二条规定"未成年人的父母或者其他监护人因外出务工等原因在一定期限内不能完全履行监护职责的，应当委托具有照护能力的完全民事行为能力人代为照护"。联合国发布的《儿童权利公约》第十八条规定:"缔约国应尽其最大努力,确保父母双方对儿童的养育和发展负有共同责任的原则得到确认。父母、或视具体情况而定的法定监护人对儿童的养育和发展负有首要责任。儿童的最大利益将是他们主要关心的事。"

父母素养也对婴幼儿的发展产生影响。父母素养包括身体素质、心理素质、文化科学素质、思想道德素质。父母对婴幼儿的影响是潜移默化的。父母的素养会直接影响家庭教育目标和家庭教育方式,进而影响教育效果。过去,作为父母主要靠自己儿时的记忆、祖辈的经验传授来养育婴幼儿。现在,这种代代相传的早期教育已无法满足年轻父母科学育儿的愿望与需求。随着时代的变迁、科技的进步和社会的发展,人们越来越重视婴幼儿早期教育,因此,现代父母的文化科学素质还包括对婴幼儿早期教育的科学知识的掌握。党和国家越来越重视家长科学育儿知识的普及,旨在提高家庭的育儿能力。党的十九大报告把"幼有所育"作为重要的民生工程来加强。

（二）祖辈参与教养

家庭中祖辈参与婴幼儿的教养已经成为常见的家庭教育现象。年轻一代的父母由于工作忙碌,缺乏时间和精力,因而需要祖辈参与教育。

祖辈参与婴幼儿养育又有不同的情形:一是将孩子完全托付给祖辈养育,祖辈就接替了父母全面养育婴幼儿的责任,即隔代养育;二是祖辈与父母联合养育。父母上班时孩子由祖辈照护与教养,父母下班回到家再由自己继续照看。祖辈参与家庭教育确实减轻了年轻父母的负担,弥补了他们养育孩子方面的不足,也使得年轻父母可以继续参与社会工作,解除后顾之忧。

（三）聘请人员居家喂养或家庭托育

在父母迫于工作又得不到祖辈参与养育的情况下,有一部分家庭会选择聘请家政服务员:一种是居家服务;另一种是服务的时间根据父母的上下班时间由双方约定,在父母上班时由家政服务员照顾孩子。聘请家政服务员一定要考察其资质,最重要的是要考核其人品、爱心和责任心。对家庭托育服务也应全面考察所托付家庭的环境条件及托育人员的身体健康和养育孩子的经验等情况。

（四）其他监护人养育

《民法总则》第二十七条规定,父母是未成年子女的监护人。未成年人的父母已经死亡或者没有监护能力的,由下列有监护能力的人按顺序担任监护人:祖父母、外祖父母;兄、姐;其他愿意担任监护人的个人或者组织,但是须经未成年人住所地的居民委员会、村民委员会,或者民政部门同意。

中国社会历来重视血缘关系,讲究亲疏有序、内外有别。孩子的伯伯、叔叔、舅舅、阿姨等与孩子的血亲仅次于父母,在特殊情况下是养育孩子的较好人选。

无论是具有血缘关系的其他监护人,还是其他愿意担任监护人的个人或者组织,在抚养婴幼儿时都应该为孩子创设一个良好的家庭环境,尤其要给予其爱与关怀,必要时还应做好孩子的心理疏通工作。监护人要全面关怀孩子的生活、学习、交往,给予孩子足够的安全感和幸福感,让孩子全面和谐而富有个性地发展。

二、保教人员

（一）儿童保健医生的保健指导

儿童保健医生在医院保健科要共同负责辖区内儿童的保健及保健指导工作,包括掌握新生儿的基本情况,做好新生儿管理的各项登记,以及访视记录等。

儿童保健医生在幼儿园等托幼机构负责本园的卫生保健工作：包括制订适合本园的卫生保健工作制度和年度工作计划,严格执行工作人员和儿童入园及定期健康检查制度,做好晨午检及深入各班巡视等全日健康观察工作,定期开展儿童生长发育监测和五官保健,将儿童体检结果及时反馈给家长,做好儿童转园的健康管理工作；建立并执行儿童传染病预防控制制度,做好各项日常卫生和消毒工作的指导和检查,与卫生防疫部门配合,共同做好园所的传染病预防控制与管理工作；做好园所儿童日常出勤和健康跟踪、伤害预防控制等工作的管理。负责指导和监管园所儿童膳食营养和食品安全、人员健康卫生；做好幼儿卫生保健的全员定期培训工作；定期检查园所各项卫生保健制度的落实情况；按时参加妇幼保健机构召开的工作例会,并接受相关业务培训与指导,按时完成各项卫生保健工作记录、各种统计分析,并及时上报辖区妇幼保健机构。

新生儿出院一周内医护保健人员就要上门家访,一般由乡镇卫生院(或村卫生室)、社区卫生服务中心到新生儿家中进行母亲产后访视和新生儿家访,了解孩子出生时的情况和预防接种情况,了解新生儿在医院里进行的疾病筛查情况等。医护保健人员须观察家居环境,重点询问和观察新生儿的喂养、睡眠、大小便、黄疸、脐部情况等；为新生儿测量体温,记录其出生时的体重、身长,对其进行体格检查,同时建立《儿童保健手册》；根据新生儿的具体情况,有针对性地对家长进行母乳喂养、护理和常见疾病预防的指导。

（二）保育人员的照护与教育

0—3岁婴幼儿照护的工作人员主要有保育员和育婴员,他们都要经过人力资源和社会保障部门组织的岗前培训并获得相应的合格证书。

保育员是在托幼园所、社会福利机构及其他保育机构中从事儿童基本生活照料、保健、自理能力培养和辅助教育工作的人员。该职业设有三个等级,即初级(国家职业资格五级)、中级(国家职业资格四级)和高级(国家职业资格三级)。保育员的职业能力要求包括：人格健全、身心健康,热爱儿童,有一定的语言表达和组织能力,观察力敏锐,身体灵活。

保育员的主要工作包括：照料婴幼儿的基本生活,在保健人员的指导下执行儿童保健、卫生消毒制度和各项安全制度,执行婴幼儿的生活环境创设,教玩具、生活与活动用品的清洁与管理,协助儿童保健人员、教师开展工作。

育婴员的工作岗位主要是托育机构、早教中心,或通过家政服务公司、社区(村)服务中心等受聘于婴幼儿家庭,从事0—3岁婴幼儿的照料、护理,并做些协助性的教育工作。对育婴员学历的最低要求是初中毕业。育婴员有初级、中级、高级、技师、高级技师五个技术职业资格及职称等级。育婴员的主要工作包括0—3岁婴幼儿的生活照料、日常生活保健与护理;生活照料方面包括指导母乳喂养、正确冲调奶粉、准备用具、喂哺婴幼儿、制作泥糊状食品,按婴幼儿的营养需求正确选择、搭配、制作固体食物并正确喂食,给婴幼儿的餐具、用品消毒等;日常生活保健与护理方面包括为婴幼儿测量体重、身高,根据国家计划免疫要求,按时让婴幼儿接受预防接种,给患病的婴幼儿正确喂药并进行简易护理,做好疾病和铅中毒的预防,识别常见意外伤害的危险因素,防止婴幼儿发生意外伤害等。在日常生活照料和保健护理的过程中可渗透一些教育活动,如:选择适宜的玩具发展婴幼儿的小肌肉精细动作,给婴幼儿做些适宜的被动操,多与婴幼儿进行语言交流,让婴幼儿聆听音乐、做律动。

(三)早期教育教师的专业工作

《中华人民共和国教师法》第三条规定:"教师是履行教育教学职责的专业人员,承担教书育人,培养社会主义事业建设者和接班人、提高民族素质的使命。"该规定适用于我国各级各类教育中专门从事教育教学工作的教师。在0—3岁婴幼儿早期教育的基本要素中,早期教育教师是关键要素。

我国0—3岁婴幼儿公共早期教育起步较晚,研究还很薄弱,专业人员非常缺乏,0—3岁早教师资也是近些年才开始开设相关专业加强培养的。经过专业培养和训练的专业早期教育教师进入早期教育实践工作岗位后,要坚持工作的专业性和科学性,及时吸收婴幼儿发展与教育研究的新成果,用先进的、科学的婴幼儿发展与教育理论指导工作实践,在不断实践、研究、反思的过程中获得专业成长,不断提高早期教育工作的水平和质量。

早期教育教师作为婴幼儿早期教育的专业工作者,要全面了解婴幼儿的发展及家庭成长环境,充分发挥保健人员、保育人员的优势和作用,有针对性地指导父母等养育者拟订个性化的个体教育方案,并在具体的照护与教育中指导家庭早期教育的实施,提高父母等养育者的科学育儿能力。

第三节 早期教育的内容与环境

一、根植于婴幼儿生活的教育内容

实践是人的存在方式和发展动力,内在地包含着人与自然、人与社会、人与自我意识的关系,包含着物质变换、活动交换和观念的转换。早期教育内容要从婴幼儿的生活实践出发,引导婴幼儿积极主动地参与各种实践活动。早期教育内容是为实现婴幼儿发展目标而选择的生命实践活动内容。

0—3岁婴幼儿教育内容应是全面的、启蒙性的、相互渗透的,主要包括身体发展与健康的顺应与增进、探索学习的顺应与支持、语言学习的熏陶与交流、情感与社会性的充分体验、审美与创造的引发与欣赏几个方面。

(一)身体发展与健康的顺应与增强

1. 内容与要求

(1)关爱婴幼儿,建立亲子关系及婴幼儿与周围人之间的关系,让婴幼儿感到温暖、愉快,形成安全感和信赖感。

(2)精心护理婴幼儿的日常生活,根据婴幼儿的年龄特点和个体需求合理安排进食、睡眠、游戏等日常生活活动,建立科学的生活常规,培养婴幼儿良好的饮食、睡眠、排便、盥洗等生活和卫生习惯。

(3)在养育过程中对婴幼儿进行安全、营养、预防疾病、健康和自我服务的教育,培养婴幼儿的自我保护与自我服务的意识和能力,提高对环境的适应性。

(4)遵循婴幼儿生长发育和动作发展的规律,满足其好动、爱探索的需求和欲望,以婴幼儿感兴趣的方式发展其大动作和精细动作,提高动作的协调性、灵活性和机体的机能水平。

(5)开展丰富的适于婴幼儿动作发展水平的运动,培养婴幼儿爱运动、勇敢、不怕困难的品质,以及乐观、合作、积极向上的态度。

2. 指导要求

(1)必须把爱护婴幼儿的生命和促进婴幼儿的健康放在首位,树立正确的健康观念,在重视婴幼儿身体健康的同时,也要高度重视婴幼儿的心理健康。

(2)尽可能地用母乳喂养,尤其出生后头半年要母乳喂养。应为婴幼儿提供合理均衡的营养,保证其充足的睡眠和适宜的运动锻炼,满足其生长发育的需要。

(3)要让婴幼儿充分感受到亲情和关爱,形成积极稳定的情绪情感。要了解婴幼儿的各种声音、身体动作等表达方式,及时给予耐心温和的安抚,满足其需要,让婴幼儿在慈爱温暖的环境氛围中获得安全感。

(4)既要满足婴幼儿受保护和被照顾的需要,又要尊重和满足婴幼儿对独立性的需求,避免因过度保护和包办代替而剥夺婴幼儿自主学习的机会,要鼓励婴幼儿多多尝试。

(5)各种活动都要遵循婴幼儿生长发育的规律和特点,要循序渐进,注意控制活动的时间和活动量,注意动静交替及放松和休息。

(二)探索学习的顺应与支持

1. 内容与要求

(1)要充分满足婴幼儿的好奇心和探索欲望,提供丰富、安全、卫生的操作材料,激发婴幼儿运用多种感官、多种方式进行探索,发展认知能力、探索能力,积累认知经验。

(2)发现和保护婴幼儿的好奇心,在婴幼儿的生活活动、户外活动中有意识地引导婴幼儿通过观察、比较、操作、实验等方法发现问题、分析问题和解决问题。

（3）引导婴幼儿对周围环境中的数、量、形、时间、空间等现象产生兴趣，在日常生活和各种操作活动中初步感知数和数学的有趣。

（4）要结合婴幼儿的生活，引导和帮助婴幼儿了解自然、环境与人的生活之间的关系，培养婴幼儿的环境保护意识。

2．指导要求

（1）要充分认识婴幼儿的好奇心是天生的，应真诚接纳、多方面支持和鼓励婴幼儿的探索行为。

（2）应密切联系婴幼儿的实际生活，利用身边的事物和现象对婴幼儿进行科学和数学启蒙教育。

（3）要尽可能为婴幼儿提供与其年龄及发展水平相适宜的探索材料，通过多种多样的材料、工具和活动来支持婴幼儿获得新技能、新经验。

（4）引导婴幼儿通过直接感知、亲身体验和实际操作进行粗浅的科学和数学的探索学习。

（三）语言学习的熏陶与交流

1．内容与要求

（1）成人要做婴幼儿语言学习的支持者，与婴幼儿充分交流，并通过目光接触、重复、轮流说话等方式激发婴幼儿对语言交流的兴趣。

（2）成人要用婴幼儿能听得懂的语言与其交流，引导婴幼儿学会认真倾听，发展语言理解与表达能力；鼓励婴幼儿大胆、清楚地表达自己的感受和需求，发展语言表达能力和思维能力。

（3）引导婴幼儿接触优秀的低幼文学作品，帮助婴幼儿理解和体验作品，感受语言的丰富和优美，启迪智慧、滋养心灵；通过多种方式激发婴幼儿对书籍和生活中常见的简单符号的兴趣，培养其阅读兴趣和前阅读能力。

（4）帮助婴幼儿熟悉、听懂并学说普通话和当地方言。少数民族地区还应帮助婴幼儿学习本民族的语言。

2．指导要求

（1）婴幼儿的语言能力是在交流和运用的过程中发展起来的。成人要有意识地多跟婴幼儿讲话，用语言描述日常事物和正在做的事情，让其倾听和模仿，逐渐学说一些名词、动词，继而学习更多的词汇与短语。

（2）应为婴幼儿创设自由、宽松的语言交往环境，鼓励和支持婴幼儿与成人、同伴交流。

（3）婴幼儿语言的发展与其情感、思维、社会交往意识和能力等各方面的发展密切相关，应注重在日常生活和活动中多与婴幼儿交流，并通过多种活动拓展婴幼儿的生活经验，增强其理解和表达能力。

（4）对有语言障碍的婴幼儿要给予更多的关心，积极耐心地帮助其学习倾听和表达，提高其语言能力。

（四）情感与社会性的潜移默化

1. 内容与要求

（1）成人在养育婴幼儿的过程中，要及时满足婴幼儿的生理需要和日益增长的认知、情感与社会性等方面的需要，让婴幼儿与养育者建立安全的依恋关系。

（2）引导婴幼儿与同伴交往，帮助婴幼儿认识自己和他人，学习初步的人际交往技能。

（3）为婴幼儿提供解决问题和获得成功的机会，使其获得满足感、成就感，增强其自尊心和自信心。

（4）成人以身作则并引导婴幼儿尊重、关心长辈和身边的人，尊重他人的劳动成果。

（5）成人以多种方式引导婴幼儿认识、体验并理解基本的社会行为规则，体会规则的重要性，学习遵守规则。

2. 指导要求

（1）成人的社会性情感态度和行为是婴幼儿观察和模仿学习的对象。成人应充分关爱、尊重婴幼儿，在待人接物、为人处世等方面要为婴幼儿树立良好的榜样。

（2）要关注婴幼儿的感受，通过身体接触、眼神、微笑、语言等形式对婴幼儿的需求做出回应，使其获得安全感和信任感。

（3）成人要营造有利于婴幼儿情感与社会性发展的环境，将婴幼儿情感与社会性的发展渗透在婴幼儿的一日生活中。

（4）成人对婴幼儿的教育要有原则并保持一致，对婴幼儿表现出的亲社会行为要及时肯定，对其攻击性行为要及时制止，并予以纠正。

（五）审美与创造的引发与欣赏

1. 内容与要求

（1）引导婴幼儿关注、接触、欣赏周围环境中的人、事、物，丰富其感性经验，激发其表达、表现和创造的欲望。

（2）要为婴幼儿提供初步享受音乐、美术、舞蹈等艺术的机会和条件；与婴幼儿一起倾听音乐，学唱歌曲；支持婴幼儿涂鸦、绘画和制作等活动。

（3）营造安全、宽松的心理氛围，对婴幼儿的表达、表现和创造应耐心倾听、欣赏并给予积极的回应和鼓励，帮助其提高表现能力。引导婴幼儿展示自己的作品，鼓励婴幼儿用自己的作品布置环境。

2. 指导要求

（1）要重视引导婴幼儿在日常生活中感受美、发现美，获得审美体验，让幼儿经常接触各种形式的音乐、美术作品，丰富他们的审美感受。

（2）应支持婴幼儿富有个性和创造性的表达，不要用成人的标准评价他们的创作。

（3）可多带婴幼儿去美术馆、博物馆欣赏艺术作品，到剧场观看适合儿童的文艺表演等，使其获得丰富的艺术熏陶。

二、关爱、尊重和满足婴幼儿发展的环境

早期教育环境是指以婴幼儿为中心,影响婴幼儿身心发展的一切外部条件的总和。婴幼儿是在与周围环境相互作用的活动中学习与发展的。蒙台梭利曾说过:"在教育上,环境所扮演的角色相当重要,因为孩子从环境中吸取所有的东西,并将其融入自己的生命中。"以婴幼儿为中心,环境这一生态系统按照由近及远,以及与婴幼儿关系的密切程度可以划分为微观系统、中观系统和宏观系统。其中,婴幼儿生活所处的家庭、早教机构,其中的人、事、物及其关系构成早期教育环境的微观生态系统,直接影响婴幼儿的发展。

(一)营造良好的家庭教养环境

家庭是婴幼儿成长最自然、最重要的微观环境。家庭的人文环境、生活方式、文化氛围等均对婴幼儿的发展产生重要的影响。

1. 家庭的教养行为

(1) 父母的教养方式

关于父母的教养方式,国内外均有不少研究,比较有代表性的是美国加利福尼亚大学心理学家鲍姆林德的研究。她于20世纪70年代在对父母的教养方式与儿童人格发展的关系的研究进行整理分析后,从要求和反应性两个维度将教养方式分为四种类型:① 权威型。父母在孩子的心目中有权威,但这是建立在对孩子尊重和理解的基础上的。家长会表现出对孩子的爱,能耐心倾听孩子的所思所想,同时,他们也会给孩子提出合理的要求,为孩子设立恰当的目标,并对孩子的行为进行适当的限制。② 专制型。父母独断专行,有绝对权威,对孩子极为严厉,往往不顾及孩子的感受和想法,要求孩子按照自己的指令做事。孩子如果有抵触,家长就会采取强制或惩罚措施。③ 放纵型。父母对孩子的要求常常无原则地满足,不在乎孩子的行为举止是否得当;包办孩子的各种生活琐事,生怕孩子被欺负;对孩子几乎没要求,不加控制,或者即便提了要求,也不会坚持让孩子做到。④ 忽视型。父母更多地沉浸在自己的需要中,对孩子的成长既不关心,也不提什么要求,对孩子漠然、拒绝,亲子间缺乏交往、沟通。

我国也有关于父母教养方式的研究:有的把教养方式归纳为专制型、民主型和宽容型三种;有的从溺爱性、民主性、放任性、专制性、不一致性的角度揭示父母的教养方式,试图反映父母教养方式的整体特点;还有的把教养方式分为拒绝型、严厉型、溺爱型、期待型和分歧型五种。

(2) 教养方式对儿童发展的影响

关于父母教养方式对儿童发展的影响,鲍姆林德的研究表明:在权威型教养方式下成长的孩子,社会能力和认知能力都比较出色,比较乐观、积极向上、勤奋好学,具有较好的控制能力,成就感也比较强。在专制型教养方式中成长的孩子多缺乏主见,在学校中表现较好,但容易出现焦虑、退缩、不快乐等负面的情绪。在放纵型教养方式中成长的孩子多表现得不成熟、以自我为中心、自我控制能力差、固执、难以与同伴相处,做事缺乏恒心和毅力,对父母

不尊重却又十分依赖，会提出无理的要求，且当愿望得不到满足时容易冲动，比较霸道。在忽视型教养方式中成长的孩子多表现得不成熟、不自信，自尊水平较低，社交能力、自控能力比较差，与家庭疏远。

教养方式对儿童的影响是一种长期的、持续不断的影响，许多研究和现实生活都表明，儿童成年后的诸多问题都可以追溯到该儿童从小所接受的家庭教养方式。

(3) 对婴幼儿施以良好的教养行为

我们把父母的教养行为分为情感、照料等几个维度，从不同的维度来分析父母教养行为的适宜性。每个维度分三个程度来描述其典型的教养行为。亲子互动是双向的，包括父母发起的和婴幼儿发起的，因此，我们可以从父母发起的互动和婴幼儿发起的互动两个方面来分析父母的教养行为。具体分析见表3-1和表3-2。

表3-1 父母发起的教养行为

维度	程度及行为表现		
亲情	不爱	← 热爱并合理把握 →	溺爱
	对孩子缺乏爱心、冷漠；讨厌孩子，常打击孩子，伤害孩子的情感。	对孩子有着强烈、无私的爱，精心呵护、尊重、信任孩子，同时又对孩子有合理的要求与限制。	过于宠爱，由着孩子的性子行事，无原则地迁就孩子，娇惯、纵容孩子。
照料	贫乏	← 满足生长与发育 →	过度
	饮食营养、衣物用品提供不足，玩具缺乏，照顾不周，情感交流少。	努力了解和满足孩子各生长发育阶段的特点和营养需求，合理喂养；能做好不同季节的穿戴供给和保健；常陪伴孩子，与其互动交流、玩耍、游戏。	给孩子吃得过多、穿得过多；担心孩子受累、跌倒，对孩子过度保护。
期望	随意	← 基于现实的期望 →	过高
	忽视孩子的发展，对孩子不抱期望；不能有意识地为孩子的学习与发展提供环境和条件。	希望孩子优质地发展，注重分析孩子的发展特点，精心为孩子创设环境、条件，满足孩子学习与发展的需要，言传身教，为孩子做榜样。	望子成龙，脱离实际地对孩子要求太高，不顾孩子是否喜欢、能否接受，都要求孩子学习父母认为要学习的内容，给孩子造成极大的压力。
控制	放任	← 合理要求与控制 →	包办、严苛
	对孩子没有什么要求，多处于不管不问、放任自由的状态，不关心孩子，缺乏对孩子的积极回应，缺少沟通和互动。	注重了解孩子的特点和接受水平，对孩子设定行为规范和发展目标，引导、要求孩子积极做到；引导孩子参与家庭商议、家庭活动，激发孩子独立自主的意愿。	对孩子高度控制，不放手，包办孩子的一切，剥夺孩子在做中学的机会；不给孩子自主、自由的空间，把自己的意图强加给孩子，强行干预孩子的事情；要求孩子绝对服从，较多采用体罚和训斥等简单粗暴的手段。

表 3-2　婴幼儿发起的教养行为

维度	程度及行为表现		
	敷衍或迁就	← 倾听与合理回应 →	拒绝、惩罚
回应	不重视、不关心孩子的感受和想法，对孩子的请求、意见常常不予理睬或敷衍打发。对孩子有求必应，即使孩子的要求不合理，但只要孩子哭闹就会满足其要求。	关注孩子的感受，耐心、仔细，态度亲切、语气温和。对孩子合理的请求尽可能满足，不合理的予以耐心引导；赞扬、接纳孩子的合理意见和想法，鼓励孩子自主、独立；安抚和有效疏导孩子的紧张、不安、焦虑、愤怒等负面情绪，引导孩子管理好情绪，启发孩子积极应对困难；对孩子的不当行为多采取晓之以理的正面教育。	不重视孩子的感受和想法，对孩子的紧张、不安、焦虑、愤怒等负面情绪不予理睬；对孩子的请求、意见和想法多是冷漠拒斥；对孩子的不顺从、不听话和过失行为，多采取训斥和体罚等粗暴、强硬的措施。
	漠视	← 鼓励自主与创造 →	抑制
控制	不重视、冷漠对待孩子的自主探索、游戏和创造性表现。	精心为孩子创设自主探索、游戏和创造的环境，并提供计划和条件；支持、鼓励孩子的独特想法和创造性表现。	用成人的标准要求孩子，认为读书、写字才是学习，否定孩子爱玩、爱探索的天性，甚至予以训斥和禁止。

2. 家庭的文化环境

家庭文化是指家庭的物质文化和精神文化的总和。家庭文化属于社会科学范畴，指的是一个家庭在世代承续过程中形成和发展起来的较为稳定的生活方式、生活作风、传统习惯、家庭道德规范及为人处世之道等。家庭作为社会系统的子系统，是一个多向互动的复杂系统，其文化环境对婴幼儿成长的影响是任何环境因素所不可比拟的。

家庭文化同社会文化、企业文化、学校文化等其他文化相比，因有血缘关系做纽带，其粘合力、感染力、影响力更强。苏联教育家马卡连柯说："家庭是最重要的地方，在家庭面前，人初次向社会生活迈进。"

父母要不断提升自身的素养，为孩子的成长和家庭幸福创设美好的家庭文化环境。首先，要做好物质文化建设。家庭陈设实用、简洁、舒适、美观，家庭环境干净、整洁、有序，呈现出怡然的乐趣，给人以生机盎然、赏心悦目之感。其次，优化家庭心理环境。家庭主要成员在家庭中有安全感、幸福感，乐于与家人一起为家庭承担一定的义务，彼此之间互相关心、爱护、理解和尊重。再次，家庭衣、食、住、行以及闲暇时间的利用应健康、科学、文明。家庭经济生活务实、节俭，家庭精神文化生活丰富、奋发向上。家庭全体成员爱劳动、爱学习。最后，家庭应立有家训家规。家庭应重视对孩子的行为规范、道德品质的教育。父母应以身作则，言传身教，为孩子做出好的榜样。

3. 婴幼儿生活与游戏环境的创设

为孩子提供生活和游戏必需的物质条件，创设卫生、安全、舒适，充满亲情的环境和充足的活动空间是保证婴幼儿身心健康成长的物质基础。婴幼儿成长的不同阶段对生活与游戏环境的要求是有差异的。为 1 岁以前的婴幼儿提供生活与游戏环境要做到：提供充足的奶和水分，根据需要适量添加辅食和营养补剂；准备干净、卫生、适合婴幼儿使用的便器；创设温度适宜、空气新鲜、光线柔和的睡眠环境；提供保暖性好、透气性强、宽松适宜的棉织衣物；提供色彩鲜艳、对比明显、数量适当的挂件、玩物和图片，并经常移动变化；利用阳光、空气、水等自然要素开展户外游戏和体格锻炼；播放轻柔、愉快的音乐让孩子倾听、感受；收集适当的日用品、小玩具供孩子摆弄、游戏；设置家庭"儿童保健药箱"，及时处理婴幼儿遇到的医疗小事件。

当孩子会爬后，可以在家里摆一些工作柜，放一些孩子自己可以拿的东西。家庭环境里的教具并不一定要放在同一个房间，可以让孩子到不同的地方去探索。随着孩子慢慢长大，根据孩子的动作能力和发展需要，家中的环境也要随之而变化。每个孩子的成长节奏不同，家长要根据孩子的具体情况去调整。

（二）早教机构的教育环境

1. 房屋设施和设备

（1）以托育为主的早教机构的房屋设施和设备

2019年10月，国家卫健委颁发的《托育机构设置标准（试行）》规定，托育机构的场地应当选择自然条件良好、交通便利、符合卫生和环保要求的建设用地，远离对婴幼儿成长有危害的建筑、设施及污染源，满足抗震、防火、疏散等要求。托育机构的建筑应当符合有关工程建设的国家标准、行业标准，设置符合标准要求的生活用房，根据需要设置服务管理用房和供应用房。托育机构应当设有室外活动场地，配备适宜的游戏设施，且有相应的安全防护设施。在保障安全的前提下，可利用附近的公共场地和设施。

《托儿所、幼儿园建筑设计规范》也明确提出，托育建筑设计应满足适用、安全、卫生、经济、美观等方面的基本要求。窗户、门、楼梯、扶手、踏步、防护栏杆等均应符合设计标准。厨房、卫生间、实验室、医务室等使用水的房间不应设置在婴幼儿生活用房的上方。

托育机构按生活单元组合方法进行设计，各班幼儿生活单元应保持使用的相对独立性。生活单元应设置活动室、寝室、卫生间、衣帽储藏间等基本空间。服务管理用房应包括晨检室（厅）、保健观察室、教师值班室、警卫室、储藏室、园长室、财务室、教师办公室、会议室、教具制作室等房间。乳儿班应包括睡眠区、活动区、配餐区、清洁区、储藏区等。托小班应包括睡眠区、活动区、配餐区、清洁区、卫生间、储藏区等。托儿所生活用房应由乳儿班、托小班、托大班组成，各班应为独立使用的生活单元，并宜设公共活动空间。托大班生活用房的使用面积及要求宜与幼儿园生活用房相同。幼儿园生活单元房间的最小使用面积：当活动室与寝室合用时，其房间最小使用面积不应小于105平方米；活动室与寝室分开时，活动室面积不小于70平方米，寝室不小于60平方米，厕所不小于12平方米，盥洗室不小于8平方米。活动室、多功能活动室等室内墙面应具有展示教材、作品和空间布置的条件。在面积既定的情况下，要充分利用空间，尽量减少不必要的家具、设备，为婴幼儿腾出活动空间。

（2）以指导家长为主的早教机构的房屋设施、设备

以指导家长为主的早教机构，房屋设施、设备可接近家庭的设置，可创设较宽敞的公共

区域,便于孩子有活动的空间,同时设置供家长休息、等候的座椅、沙发。所有墙面、地面不应有尖锐凸起,应尽量平滑有圆角。场所内还应设置专门的哺乳室,为母亲哺乳提供私密的空间。楼梯扶手在成人扶手下方设置适合孩子身高的扶手。有成人卫生间,有条件的可设计亲子卫生间,或提供尿布台和盥洗台。一个结构良好的室内环境应符合以下标准:① 活动区的数量、面积适宜;② 各活动区的活动互不干扰;③ 安全、卫生;④ 婴幼儿有独处的地方;⑤ 对婴幼儿的行为具有控制作用。

2. 主要物质环境的创设

孩子一日活动的大部分时间是在室内度过的,所以,良好的室内环境对他们的发展尤其重要。适宜的室内环境有利于婴幼儿按照自己的能力和兴趣自主选择区域、玩具和伙伴,主动进行游戏、探索和交往活动;也有利于教师更好地观察幼儿,更好地组织班级活动,促进师幼良好互动。

(1) 足够的空间

足够的空间是婴幼儿在室内开展各种活动的必要条件。研究表明,过于拥挤的环境有可能增加婴幼儿的攻击性行为,减少婴幼儿的社会性交往活动,使观望、不主动参与活动的婴幼儿人数提高。

(2) 区角设置

科学、丰富的区角设置有利于促进孩子全面发展。室内环境一般包括角色游戏区、益智操作区、认知区、建构区、美工区等,也包括图书区、视听区、音乐区等。当然,这些活动区并不是固定的,需要根据活动主题和场地大小灵活调整。

(3) 教玩具、材料

托育机构应当配备符合婴幼儿月龄特点的家具、玩具、图书和游戏材料等,并应符合国家相关安全质量标准和环保标准。托育机构应当提供适宜的刺激,丰富婴幼儿的直接经验,支持婴幼儿主动探索、操作体验、互动交流和表达表现,发挥婴幼儿的自主性,保护婴幼儿的好奇心。

3. 精神环境的营造

早教机构是婴幼儿离开家庭,适应社会的第一个学习场所,为孩子创造一个温馨、适切的精神环境尤其重要。

(1) 整洁、有序

婴幼儿对环境、色彩、氛围很敏感,他们喜欢整洁有序的环境。如果环境中色彩繁杂、物品过多、空间窄小,容易让孩子产生烦躁、心神不宁、过度兴奋等情绪反应。在宁静、温暖的色调中,人物、玩具和材料会更加突显,有利于孩子探索和发现,减少不必要的干扰。

(2) 软性、亲肤的布艺制品

孩子喜欢席地而坐,因此,早教机构可设置柔软的地面或地毯。亲肤的布艺软垫、布绒玩具等都能给孩子带来舒适的触觉体验,从而增加孩子的安全感。同时,这些柔软的材料还能起到吸音的效果,保护那些听觉敏感、需要安静的婴幼儿。

（3）营造家庭氛围

早教机构中可设置家庭角，放置父母的照片、全家福和宝宝相册，营造孩子熟悉的环境，唤起孩子的生活记忆和经验，从而缓解分离焦虑。

（4）适宜的活动环境和材料

为孩子提供的活动环境和材料要与其年龄和学习特点相匹配。婴幼儿需要与他们的身高、能力相适应的家具、桌椅和游戏材料。合适的环境能增强他们的独立性，当他们发现可以依靠自己的力量解决问题时，就能感受到自己的能力，其自信心也会得到提升。

本 章 小 结

构成0—3岁婴幼儿教育的要素主要有三个方面：一是婴幼儿，二是父母等养育者及保教人员，三是教育内容与环境。

本章第一节主要阐述了中西方儿童观的发展演变与主要内容。儿童观是指人们认识、看待和对待儿童的一系列观念的总和，主要涉及儿童的特质和能力、权利和地位、生长发展的特点与规律、儿童期的意义与价值等。儿童观决定了成人对待儿童的看法、态度和相应的行为。0—3岁婴幼儿是构成早期教育的核心要素，是学习与成长的主体，其身心发展的独特性体现在稚嫩、脆弱而又充满潜能和生机，富有诗意的独特生活和文化，富有意义的图式的建立等方面。

本章的第二节重点围绕婴幼儿早期教育要素中的养育者和保教人员展开。父母是婴幼儿的第一任教师，其地位和作用是他人无法替代的。同时，祖辈、儿童保健医生、早期教育教师等也是0—3岁婴幼儿早期教育中的关键要素。

本章的最后一节重点阐述了婴幼儿早期教育要素中的教育内容与环境。教育内容主要包括身心健康、探索学习、语言学习、情感与社会性、审美与创造等方面；环境包括家庭教养环境、家庭文化环境、婴幼儿生活与游戏环境、早教机构的教育环境等。婴幼儿的发展是个体遗传因素、生活环境与教育、个体自身的生命实践活动等因素综合作用的结果。

延 伸 学 习

 拓展阅读

儿童是人，但不是"小大人"

儿童是人，这句话看似平凡，却意味深长。这涉及"人是什么"，涉及历史上"对人的发现"。

现代意义上的对人的发现始于西方的文艺复兴运动。文艺复兴运动唱颂自然和人的天性，因而自然主义和人本主义得以不断高涨。它的进一步发展促使人从对外部神灵的崇拜

转变到对自身神圣性的发现，在一定意义上推翻了宗教对人的压迫与奴役，从而导致宗教改革运动的出现。在此基础上，人又发现了自身理性的力量，从而追求政治自由，这便是启蒙运动。启蒙运动倡导人应当依靠自己的理性而自主自决，因而催生了法国大革命。然而，启蒙运动中的一员大将卢梭不满理性的独大，而主张亦应给予人的感性、诗性以地位，从而成为浪漫主义的先驱。卢梭对儿童的发现属于浪漫主义运动的重要成就，于是，从文艺复兴运动开始的对人的发现终于在对儿童的发现中实现了新的突破，人的发现在儿童的发现那里得以初步完成。

从历史上看，西方现代教育学始于对儿童的发现。儿童不是"小大人"，这种观念是卢梭在其著作《爱弥儿》中发表的关于儿童的基本观念，史称对"儿童的发现"或"发现儿童"。在卢梭以前，人类社会尚未系统地发现儿童与成人有什么根本的不同，因而儿童实质上只被看作"微型成人"，即小大人。

在《爱弥儿》原序中，卢梭提纲挈领地指出他的教育研究是从理解儿童开始的。"我们对儿童是一点也不理解的：对他们的观念错了，所以愈走就愈入歧途。最明智的人致力于研究成年人应该知道些什么，可是却不考虑孩子们按其能力可以学到什么，他们总是把小孩子当大人看待，而不想想他还没有成人哩。我所研究的就是这种问题……"

这段话既表明卢梭本人的教育研究是以理解儿童为方法论前提的，也表明此前的教育学往往是研究"成年人应该知道些什么"，而不是研究儿童"按其能力可以学到什么"；此前的教育学是研究成人的，"总是把小孩子当大人看待，而不想想他还没有成人哩"。也就是说，此前的教育学是以成人为开端的，而卢梭的教育学首先是从理解儿童开始的，从而隐含着这样的命题：教育学应以理解儿童为起点，教育应当以儿童为中心。可以说，在教育思想史里，人类是第一次如此显而易见地由卢梭扯起了儿童中心的教育学旗帜，一种不同于一切旧教育学的新教育学诞生了，这种新教育学就是现代教育学的另名。

卢梭对儿童的发现对后世产生了重大影响。对儿童的发现体现了时代精神，是时代精神借助卢梭树立起"发现儿童"的历史里程碑。现代意义上的儿童研究由此发源滥觞，以儿童为中心的教育学（现代教育学）也成为教育学历史发展的方向。由此可见，现代意义上的儿童研究是卢梭主义的，现代教育学也是卢梭主义的。

在中国，具有现代意义的对儿童的发现是周作人做出的。1920年10月26日，周作人在北平孔德学校以"儿童的文学"为题做演讲，其中有涉及儿童观的内容："第一，我们承认儿童有独立的生活，就是说他们内面的生活与大人不同；第二，我们又知道儿童的生活，是转变的生长的。"周作人有意无意中代表中国人对卢梭的"发现儿童"做出应和。

儿童是人，他享有人的尊严与权利。儿童不是小大人，他具有独立的不同于成人的生活与世界。

（资料来源：刘晓东.儿童是什么——儿童"所是"之多维描述［J］.
湖南师范大学教育科学学报，2020〈7〉.）

学习活动

1. 维果斯基认为儿童学习有自己的"大纲",如果成人或教师的教育大纲偏离了儿童自己的大纲,是断然难以实现的。这一论断对你从事0—3岁婴幼儿教育有哪些启示?请阐述你的思考。

2. 人出生时十分稚嫩、柔弱,无独自生存能力,甚至远不如动物,这是为什么?有什么意义?请充分查阅文献资料、撰写学习笔记或阐述自己的观点。

3. 请对"儿童观的历史演进"材料进行比较、归纳和整理,并填入表格,以便较深入了解儿童观的发展历程。

儿童观的演进(西方)

时期年代	儿童权利观	儿童地位观	儿童天性(特质)观	儿童成长观	儿童价值观

儿童观的演进(中国)

时期年代	儿童权利观	儿童地位观	儿童天性(特质)观	儿童成长观	儿童价值观

4. 请结合以下材料,从儿童观的角度,评析刘老师的教育行为。

材料:

小朋友分组活动时,刘老师正在关注一部分小朋友玩跳绳。小丽跑过来说:"刘老师,奕奕他们往滑梯上吐唾沫,不让我们滑。"刘老师朝滑梯那边一看,果然看见几个男孩围着滑梯议论着什么。刘老师急忙走了过去,刚要开口,忽然听到奕奕嚷道:"快看,唾沫往下滑了。"

刘老师把要说的话咽了回去,站到这群男孩的背后观察。"真的在滑,就是太慢了。"小明头也不抬地说。小强问:"唾沫为什么会滑下去呢?""这个问题提得好,谁知道为什么呀?"刘老师插话。听见刘老师说话,几个男孩转过头,懵懂地看着刘老师。见刘老师没有批评他们,孩子们活跃起来。小强说:"我知道,因为滑梯是斜的,很光滑,唾沫像水一样,所以就滑了下来。"刘老师摸了摸小强的头,说:"小强说得对。但是,你们往滑梯上吐唾沫,对不对呢?""不对!""随地吐痰不对,往滑梯上吐唾沫也不对。""不讲卫生。"小朋友们抢着回答,那几个男孩说:"我们以后不随便吐了,咱们把滑梯擦干净吧!"小明从口袋里拿出纸巾将滑梯上的唾沫擦干净。

滑梯前又排起了队。

5. 小莉莉坐在小车上,把放在面前的小铃铛推到地上,保育员捡起小铃铛递给她,小莉莉又把小铃铛推到地上,反复好几次,对此不亦乐乎。请分析小莉莉的行为及其意义。

6. 从婴幼儿出生到3岁,儿童保健医生在婴幼儿各个发展时期主要承担哪些工作?对婴幼儿及其家长发挥什么作用?请整理填写表格。

儿童保健医生的保健与指导

时 期	场 所	工作项目与主要内容	作 用
胎儿	医院		
新生儿	医院		
	家庭		
婴幼儿	家庭		
	托幼机构		

复习与思考

1. 试述中西方儿童观的历史演进。

2. 试述20世纪下半叶以来儿童观的基本内容。

3. 观察托育、早教机构中的婴幼儿保教活动,尝试评述保教人员的儿童观及其保教行为。

4. 试述0—3岁婴幼儿身心发展的特殊性、学习与发展的主要方式。

5. 试述父母或其他养育者和保教人员在婴幼儿发展过程中所承担的责任、所具有的作用和所呈现的特点。

6. 试述0—3岁婴幼儿良好的家庭教养环境应是怎样的。

第四章　早期教育机构与家庭、社区

学习目标

1. 了解早期教育机构的种类，理解早教服务的多样性。
2. 理解早期教育托育与早教服务的基础性工作内容与组织。
3. 理解早教机构与家庭共育的意义、内容与方式。
4. 了解早教机构与社区合作的意义、内容、方法和注意事项，体验面向社区（村庄）的婴幼儿早期教育宣传、咨询等服务工作。
5. 理解早教机构的管理理念，了解机构管理的主要内容。
6. 理解早期教育实施的基本原则，并能用于分析0—3岁婴幼儿早期教育的实际。

第一节　早期教育机构概述

0—3岁婴幼儿早期教育机构按照是否为全日制，分为全日制的早教机构、半日制的早教机构和钟点服务的早教机构；按照体制的不同，分为公办早教机构、民办早教机构、民办公助早教机构；按照是否独立设置，分为独立的早教机构，附设在幼儿园或机关、企事业单位或社区服务站等单位的早教机构；按照早教中心的职能和服务指向，分为以托育为主的早教机构、以亲子教育与指导为主的早教机构和以早期教育指导为主的早教机构。

一、以托育为主的早教机构

托育服务是指为补充家庭照顾儿童功能不足之补充性服务，在一天中的某段时间通过有组织且多样化的服务形式满足家庭的需求。

（一）以托育为主的早教机构种类

1.托育机构

根据家庭托付的时间，托育机构一般提供计时制、半托、日托和全托几种托育服务。其名称比较多样，如托儿所、托育中心、托班。

托育机构把幼儿的安全、健康放在首位,根据婴幼儿生长发育和心理发展的规律,创设适宜的养育环境,以游戏为主要的活动形式,合理安排婴幼儿的生活,悉心照料婴幼儿,包括喂奶、饮水、饮食、换尿布、如厕、盥洗、穿脱衣服、睡眠、室内游戏和室外活动等,注重婴幼儿整体的发展。托育机构也会为婴幼儿和家长举办亲子活动,进行养育活动评价,并建立业务档案、信息管理等制度。

2. 幼儿园托班

在幼儿园里开办早教班或提供早期教育服务,这种"园中园"的模式是以幼儿园为依托,充分利用幼儿园现有的基础设施和师资,通过资源合理配置,面向社区3岁以下的散居儿童及其家长实施的教育。亲子园教育实施的场地环境、组织人员、时间安排、教育对象相对固定,便于更加科学系统地安排各种日常活动、游戏和教育活动。通过各种家园合作与互动,能够促使家长和看护人在教师的指导和帮助下掌握更多的科学育儿知识和方法,促进婴幼儿身心健康发展,帮助婴幼儿初步完成从家庭向社会的过渡。托育中的保教工作通过教师精心准备的环境和专业、系统的指导,将家庭教育、机构教育和社会教育有机地结合在一起。

(二)婴幼儿发展与成长环境分析

1. 婴幼儿发展与成长环境分析的意义

婴幼儿个体的发展是生理过程、认知过程和情感社会性过程交互作用、共同发展的过程。研究、了解婴幼儿发展与成长环境是早期教育与指导的基础。作为早期教育工作者,不仅要学习理解儿童发展领域的研究成果,理解儿童发展的规律,而且要在儿童发展理论的指导下对婴幼儿的生长发育、动作、语言、认知、情感社会性等方面的发展做深入的了解和分析。我们对儿童发展的理解越深刻,对婴幼儿的发展现状就把握得越到位,对影响个体发展的可能因素和现实因素就把握得越准确,为个体拟订的教育方案就越科学。

2. 了解婴幼儿发展与成长环境的主要途径

(1) 访谈与家访

访谈与家访是了解婴幼儿发展与成长环境最常用、最主要的途径,该途径方便、易行,且能够获得较为深入的信息。访谈与家访之前,教师要做好计划和准备,包括访谈的目的、内容、提纲和指导语等。若要对婴幼儿个体进行发展测查,还要带好测量量表和材料等。访谈与家访过程要以人为本,要尊重家长和婴幼儿,与家长建立平等、尊重和信任的关系,围绕访谈提纲,对孩子的发展和教养环境做全面、深入的了解。

(2) 查阅婴幼儿出生以来的资料

以家访和访谈为基础,还可辅助查阅一些资料。如,查阅孩子在胎儿期、出生时及出生后的定期体检和预防接种的资料,以及父母做的孩子成长记录等。对于那些参加了医院儿童保健的婴幼儿,教师可通过儿保医生做的小儿生长发育趋势的评价来了解某个婴幼儿。

(3) 对婴幼儿的观察、互动及发展测查

为了婴幼儿早期教育与指导的持续性开展,应为每个个体建立成长档案,对孩子的生长发育、动作发展、语言发展、认知发展和情感与社会性的发展做进一步的观察和记录,作为早期教育与指导起始阶段的个体成长档案保存下来。如果教师、保健员具有儿童发展测查的专业知识和能力,还可以把测查的结果与分析保存在个体成长档案里。

（三）婴幼儿照护与保教工作的组织

1. 婴幼儿的分班与保教人员配备

早教机构要对入托前所开展的婴幼儿发展与成长环境的调研资料进行全面梳理和分析,以便对婴幼儿进行分班并开展有针对性的组织教养工作。班额数因教养难度而定。一般来说,年龄小的、教研难度大的班级,婴幼儿人数就少些。

（1）教养分班要考虑婴幼儿的年龄差异和发展差异

0—3岁幼儿个体发展的差异较大,因此,分班的月龄界限可以模糊些,更宜按照身体位移能力的实际发展水平为依据来划分教养阶段,因为这是婴幼儿逐步从被动、依赖到主动、独立地作用于外部世界的重要标志,比如怀抱儿（0—8个月）、爬行儿到学步儿（6—18个月）、学步儿到走步儿（15—36个月）,这种教养阶段的划分既体现了发展的阶段性,又体现了发展的连续性。具体分班就可以根据这一精神来进行。当然,分班的年龄跨度也可以更小一些。另外,需要特殊照护与教育的婴幼儿也应本着该原则将其安排到与其发展水平最接近的班级里。

（2）教养分班要考虑教养人员的配备

对1岁以内的婴儿要做到教养合一、保教融合,保教人员对每一名婴儿都要教养到位。当孩子进入学步阶段,照护任务加重,要让婴幼儿在充分生活和游戏中发展动作、认知、情感与社会性。如果一个班配备一教一保,1岁半前的婴幼儿,每班可以安排5—7人;1岁半到2岁的幼儿,每班可安排7—10人;2岁到2岁半的幼儿,每班可安排不超过15人;2岁半到3岁的幼儿,每班可安排不超过20人。

2. 婴幼儿照护与保教工作的组织

婴幼儿照护是照护者根据不同月龄婴幼儿的生理和心理特点对其日常生活,如饮食、盥洗、如厕、睡眠、游戏活动等给予合理安排,以保证其生活的规律性和稳定性。

科学合理的婴幼儿照护与保教工作要以养为主,教养融合,遵循"一日生活皆课程"的理念,制订明确的活动计划表,包括周计划和一日计划表。在保教工作中要顺应婴幼儿的身心特点和发展规律,通过有规律且稳定的一日生活常规帮助婴幼儿养成良好的生活习惯。注重创设适宜的环境,提供充足的玩具材料,满足和保护婴幼儿对周围世界的好奇心和探索欲,为婴幼儿提供成长不可或缺的关键经验。组织活动应以游戏为主,支持婴幼儿通过操作、探索、交往获得丰富的直接经验。活动组织方式可灵活多样,以个别、小组为主。即使是对2岁多的孩子,每日集中统一的活动时间也不宜超过15分钟。照护人员要多与婴幼儿进行面对面、一对一的交流互动,让他们在启发式、激励性的互动与游戏中学习与发展。应保证婴幼儿每日户外活动不少于2小时,寒冷、炎热季节或特殊天气情况下可酌情调整。要定期与婴幼儿的监护人沟通孩子的发展情况,为婴幼儿家长提供正确的生活照护、心理保健等方面的指导。

3. 家庭协商性指导工作的组织

家庭是婴幼儿主要的生活场所，父母作为婴幼儿的养育者，对其生活起居、生活习惯、发展情况更为了解。因此，家长和照护者应成为教养合作伙伴，家园合作，协商共育，促进家园一致性。早教机构与家庭协商性共育应本着平等协商的原则，注重双向沟通、取长补短。家园共育的内容应随着入园时间、孩子的成长表现、早期教育重点、家长关注焦点的变化而变化。一般说来，家园协商性共育可以围绕以下几方面展开：

（1）组建家委会

家委会成员有权参与早教机构的民主决策，代表家长与早教机构保持联系，协助早教机构收集家长的意见和建议，挖掘各方保教资源等。

（2）组织家长会和开设讲座

组织召开新生家长会，定期组织专家讲座，分享0—3岁婴幼儿生理成熟与心理发展规律，帮助家长形成科学的儿童观和教养观，树立正确的教养意识。

（3）开展沙龙和线上交流活动

不定期组织开展家长沙龙、工作坊等活动，与家长分享婴幼儿行为观察、记录，分享互动策略，分享亲子游戏、亲子阅读、亲子涂鸦等创意，还可利用现代信息技术及时传递和分享先进的育儿理念和方法。

（4）家园及时沟通交流

客观、及时的信息沟通是教育有效性和一致性的保障。家长和照护者都要关注孩子的行为，相互沟通孩子的兴趣、习惯、表现以及身体状况。交流沟通的方式有很多，有家访、线上沟通与家园联系册等。

（5）家长参与活动设计与实施

发挥家长资源优势，组建家委会，定期听取家长对保健保教、课程的意见和建议，与家长一起设计、优化各种方案。

二、以指导家长为主的早教机构

（一）以指导家长为主的早教机构种类

1. 亲子园与早教中心

亲子园、早教中心是专门为婴幼儿及其父母提供早期教育指导和服务的机构。0—3岁婴幼儿由父母或家人带着参与活动，一般每周1—2次。有的早教中心还为已怀孕的准父母提供孕期保健、父母角色准备和出生3个月婴儿养育的培训与指导服务。亲子园和早教中心的功能在于：依据婴幼儿生理、心理发展特点创设安全、卫生、温馨、童趣的环境，提供开放式、互动式的活动空间；通过组织和实施0—3岁婴幼儿教育活动、亲子活动等激发婴幼儿的潜能，为儿童多元智能和健康人格的发展奠定良好的基础；为家长提供有针对性的早期教育指导服务,帮助家长树立正确的教育观念;提供婴幼儿个体发展诊断与指导、家教指导课程、早教资讯服务等多元化、综合性的早期教育与指导服务。

2. 早教咨询指导服务机构

这是为家长提供婴幼儿科学喂养知识、保健知识、教育咨询、亲职教育培训等服务的早教指导服务机构。不少地方把早期教育的指导服务列为社区为民服务项目,在社区图书室或老人活动室等公共服务场所设立社区早教指导站。此外,还有医院儿童保健科举办的儿童保健与教育咨询指导服务,高校或科研机构和其他社会力量举办的儿童教育咨询指导服务中心等。

社区早教指导站是在政府部门和有关职能部门的监管和指导下,为社区0—3岁婴幼儿及其家庭设置早期教育设施,提供多层次、多种类的社区早教服务。社区早教指导站属于政府提供的公共服务,一般不收费。通过政府机构、社区与家庭的资源共享、良性互动,逐步提升社区服务家庭早期教育的能力,进而探索低成本、高质量与可持续的社区儿童早期教育指导服务的有效方法和模式。社区早教指导站的设立注重传播科学育儿理念,普及系统的早期教育方法,为婴幼儿家庭提供更全面、更科学、更便利的早教指导与服务。

(二)婴幼儿早教需求调查与早教服务工作的组织

1. 辖区内婴幼儿早教需求调查

对早教机构所在地的0—3岁婴幼儿分布和家长早教需求进行调查是以指导家长为主的早教机构不可或缺的基础性工作。早教机构要与街道、社区的相关部门协作,建立起针对当地居民的早期教育服务机制,共同推进0—3岁婴幼儿科学养育的普及。

通过家长问卷和入户访谈的形式获取信息并对信息进行整理分析,形成对辖区0—3岁婴幼儿基本情况、成长的微环境以及家长的早教需求的全面认识,为早教指导服务提供依据。

案例1

0—3岁婴幼儿家长对早期教育需求的问卷调查

尊敬的家长:

您好!

为了更好地为大家提供0—3岁婴幼儿照护与早期教育服务,我们特开展本次问卷调查,希望能得到您的支持,填写本问卷反映您的真实情况和想法,以供我们研究、策划更有针对性的良好服务。

请您如实选择和尽可能详细地回答以下问题。衷心感谢您的支持与合作!

×××社区早教中心

1. 您家宝宝的月龄是 _____ 个月,性别是:_____
   A. 男　　　　　　　　B. 女
2. 您家宝宝是家里的:
   A. 独生子　　　　　　B. 二宝　　　　　　　C. 三宝
   D. _____
3. 您是孩子的:
   A. 父亲　　　　　　　B. 母亲　　　　　　　C. 爷爷/外公
   D. 奶奶/外婆　　　　 E. 其他
4. 您的最高学历为:
   A. 高中及以下　　　　B. 大专　　　　　　　C. 本科
   D. 研究生及以上
5. 您家宝宝的主要带养人是:
   A. 父母　　　　　　　B. 祖父母　　　　　　C. 保姆
   D. 其他:_____
6. 主要带养人平时陪伴孩子的时间每天有:
   A. 1小时以下　　　　 B. 1—2小时　　　　　 C. 2—3小时
   D. 3小时以上
7. 您觉得宝宝需要进行早期教育吗?
   A. 非常有必要　　　　B. 有必要　　　　　　C. 完全没必要
8. 在早期教育中,您比较关注哪一方面的内容呢?(可多选)
   A. 早期智力开发　　　B. 身体健康与运动技能　C. 动手操作能力
   D. 语言理解与表达能力 E. 交往能力及良好情绪　F. 自理能力
   G. 生活卫生习惯　　　H. 其他:_____
9. 在教养过程中,您感到困惑的是:(可多选)
   A. 身体发育　　　　　B. 营养饮食　　　　　C. 保健常识
   D. 习惯养成　　　　　E. 行为解读　　　　　F. 认知能力
   G. 玩具选择　　　　　H. 亲子游戏　　　　　I. 其他:_____
10. 您平时和宝宝互动的方式:(可多选)
    A. 亲子阅读　　　　　B. 益智游戏　　　　　C. 运动游戏
    D. 语言游戏　　　　　E. 扮演游戏　　　　　F. 其他:_____
11. 您觉得您目前掌握的家教知识可以满足孩子健康成长的需要吗?
    A. 完全可以　　　　　B. 比较能满足　　　　C. 一般
    D. 不太能满足　　　　E. 完全不能

12. 您会通过哪些渠道获取育儿知识？（可多选）

  A. 互联网平台　　　　　　B. 微信公众号　　　　　　C. 微博

  D. 育儿书籍、杂志等读物　　E. 家教讲座及沙龙活动　　F. 早教机构

  G. 社区入户指导　　　　　H. 其他：_____

13. 您一般会希望获取哪方面的家庭教育知识呢？（可多选）

  A. 科学教养理念　　　　　B. 健康保健知识

  C. 运动及动作发展　　　　D. 认知能力发展

  E. 语言智能的培养　　　　F. 生活卫生习惯的培养

  G. 社交能力及情绪管理　　H. 身心发展规律

  I. 亲子游戏　　　　　　　J. 个性培养

  K. 其他：_____

14. 您愿意接受的早期教育指导方式是：（可多选）

  A. 社区人员入户指导　　　B. 家教讲座及沙龙活动　　C. 家教咨询

  D. 早教机构举办的亲子教育与指导活动

  F. 其他：_____

15. 您对早教中心0—3岁婴幼儿早期教育服务的希望和建议有：

_____

_____

2. 婴幼儿早期教育家长指导工作的组织

（1）亲子教育活动与指导的组织

早教机构面向辖区婴幼儿家庭可定期开展亲子教育活动与指导活动，可通过社区、街道发布课程信息，征集家长在固定的时段到指定的早教机构参加亲子活动。早教机构选取家庭中易获得的教玩具，以亲子活动的形式向家长做出示范，并对家庭教养提出具体建议。活动后，可针对孩子的发展情况和家长的困惑与家长进行个别交流和互动。

（2）咨询指导和家长培训的组织

可通过家教讲座、家教咨询、入户指导等形式组织开展家长培训。家教讲座可选择家长普遍关注的问题为主题，例如儿童保健护理、儿童发展、特殊行为的发现和干预等，邀请相关领域的专家围绕这些问题进行宣讲和解读。家教咨询可选择在社区人流较密集的场所或社区创建的"妈妈小屋"内进行，由儿童保健、儿童教育、儿童心理等方面的专家面向社区家长进行面对面的交流互动，为家长答疑解惑，普及教养常识。入户指导可由社区负责科学育儿的小组人员携带宣传资料、测评工具和适龄教玩具进入社区家庭开展指导工作。

三、早期教育机构的领导与管理

早期教育机构的管理强调管理者制订详细的议事日程,安排周密的计划,分配必需的资源,以实现组织目标。早期教育机构的领导指管理者确定大的目标与方向,构建愿景,制定战略以引起组织的变化。领导更多是从宏观角度来看,而管理更多是从微观角度来看;或者说,领导更多是愿景目标,管理更多是具体行为。

作为现代早期教育机构,领导指引和影响着组织和个人,体现的是早教机构的民主、开放、沟通、合作、发展的办学新理念。早教机构的管理则是将早教机构的愿景通过具体的管理制度、管理行为的落实、管理行为的评价反馈来检验早教机构的宏观愿景与管理理念、办学质量和效益。

（一）全面规划早教机构的发展

1. 以章程建设引领早教机构高质量发展

党的十九大报告明确提出要在"幼有所育"上取得新进展。2019年,国务院办公厅下发《关于促进3岁以下婴幼儿照护服务发展的指导意见》;同年,国家卫建委颁发《托育机构设置标准（试行）》和《托育机构管理规范（试行）》。早教机构作为0—3岁婴幼儿早期教育与指导的专门机构,应认真学习领会、贯彻实施上述政策文件精神,并根据自身的优势和特点准确定位,科学规划,更好地服务区域,促进适龄婴幼儿健康幸福地成长。

办学机构的章程是指在国家有关法律规定的权限以及职责以内,针对影响本机构发展和依法自主管理与运行等重大问题制订纲领性文件。它规定了机构性质、办学宗旨、办学规模、主要任务、财产制度等基本问题,是办学机构建设各项管理制度的基础和前提,是机构自主管理、运行的重要依据,确保机构在法律框架下自主管理,高质量发展。章程是办学机构不可或缺的一部内部"法律",在机构中具有"基本法"的首要地位。

（1）早教机构章程建设内容

早教机构章程应当规定的事项主要包括:早教机构的名称、地址、网址,机构的性质、定位和宗旨,早教服务形式与规模,举办者及其与机构之间的权利、义务,内部管理体制与组织结构,成员的条件、权利与义务,婴幼儿及其家长的权利与义务,经费来源、财产和财务制度,章程修改程序,其他必须由章程规定的事项。

机构章程还应该具有个性化的内容,尽可能彰显自己的办学特色。如果机构是有一定历史的,可以对此予以梳理和分析,以显示其文化底蕴。机构可将上述规定作为章程的基本内容,进一步阐述机构对0—3岁婴幼儿早期教育的使命担当。内部管理体制与组织结构可以体现自身独特的制度文化,还可以设计机构的标志符号和话语体系等,以彰显自身的办学理念、发展目标、办学品质和价值追求。

（2）早教机构章程的制定

1995年,国家颁布的《中华人民共和国教育法》明确规定,章程是每个学校及其他教育机构的必要条件,还规定学校有按照章程自主管理的权利。2012年,《全面推进依法治校实施纲要》又进一步明确规定了学校章程制定的程序及有关要求。如今，我国高等教育的每一所高校都已制定、核准和实施学校章程，一校一章程的格局已全面形成，其重要作用正逐步发挥出来。基础教育（包括幼儿园、小学、中学）的学校章程建设也逐步开始实施。

制定与实施学校章程及"按照章程自主管理"是依法办学、自主管理、民主监督、社会参与的现代学校制度的要求。章程是办学机构依法办学和自主办学的重要依据，也是实现机构高质量发展的有力保障。我们认为，0—3岁婴幼儿早期教育机构的章程也应该提上议事日程。0—3岁婴幼儿早期教育机构应积极行动起来，制定机构章程，取得主管部门核准并实施，使早教机构办学从制度管理步入法治化轨道，充分发挥早教机构办学的自主性和能动性。

早教机构章程的制定应由机构负责人主持成立章程起草小组，组织机构各利益方参与起草章程草案，也可委托具备学龄前保教机构管理知识与理念的专业人士协助起草。拟订机构章程草案后要向机构内外各有关利益方征求意见。起草小组将章程草案、起草说明以及征求意见的情况等提交机构决策层审议，而后还要提交机构教职工代表大会进行审议、修改并作出决议，最后上报主管部门核准、备案后实施，以此来指引机构未来的发展方向，提升办学质量。

2. 研制早教机构发展规划

早教机构发展规划是依照国家和地方儿童发展纲要的目标，制订与机构章程和自身发展相适应的发展蓝图与计划。发展规划是早教机构发展的行动指南，体现机构的价值追求。早教机构发展规划一般以五年为一个周期进行研制，为机构年度或学年工作计划提供明确的目标和内容。

早教机构发展规划一般包括机构的办学理念和总体发展战略规划、0—3岁婴幼儿照护与教育指导服务质量追求与品质特色打造规划、队伍建设规划与机制创新、机构建设的发展规划等方面。

0—3岁婴幼儿照护与教育指导服务、教师和保健保育队伍建设显然是早教机构发展规划的核心内容。在婴幼儿照护与教育指导服务方面，机构应思考：能否创造条件突破原有的亲子活动中心这种单一的早教服务模式，增加半日制、日托制等灵活、多样的照护与教育指导服务？师资保健保育人员、环境条件和保障如何跟上多元化的规划？在师资队伍的建设方面，机构可根据教师的年龄、学历、教龄、职称等具体情况，通过"青年教师合格培养工程""骨干教师培育工程"等系统规划教师的专业发展。

早教机构发展规划要与机构章程和自身发展实际相契合，体现举办者稳定的办学理念和持续的发展目标。首先，机构应组织人员学习党和国家的有关法律法规及本行业的政策，细致钻研早教机构建设、教师和保健保教人员专业发展以及婴幼儿照护与教育指导质量的相关标准。其次，机构要对自身发展所具有的原有基础进行全方位梳理，拟定所规划阶段的发展方向和前进目标。再次，在整体规划的基础上，以集中攻关、以点带面推动办学水平和婴幼儿照护与教育指导服务质量的全面提升。最后，要全面考虑实施策略和保障措施，并把目标、任务进行分解,明确各部门的落实责任要求,建立实施过程的督查、评价和改进机制。

(二)以科学先进理念为引领

1. 坚持儿童为本、儿童优先

1989年11月20日,《儿童权利公约》在联合国大会正式通过,这是第一部保障儿童权利且具有法律约束力的国际性公约。《儿童权利公约》是儿童权利保护的宪章,其以儿童独立的权利主体地位为中心,以儿童的最大利益为出发点,对儿童权利保护的基本原则做了系统规定。其中,儿童最大利益原则是纲领性的原则。

(1)无歧视原则

无歧视原则是指每一个儿童都平等地享有公约所规定的全部权利,儿童不应因其本人及其父母的种族、肤色、性别、语言、宗教、政治观点、民族、财产状况和身体状况等受到任何歧视。

(2)儿童最大利益原则

涉及儿童的一切事物和行为都应首先考虑以儿童的最大利益为出发点。最大利益的标准是,能够使儿童在健康和正常的状态下增加发展身体、心智、道德、精神和社会方面的机会和便利。

(3)确保儿童的生命权、生存权和发展权的完整

所有儿童都享有生存和发展的权利,应最大限度地确保儿童的生存和发展。婴幼儿作为国家的公民,与所有的公民一样应享有公民的一切基本权利,应具有普遍、独立和平等的法律地位。同时,婴幼儿又是未成年人,我国《未成年人保护法》规定未成年人享有生存权、发展权、受保护权、参与权等权利,国家根据未成年人身心发展特点要给予特殊、优先保护,保障未成年人的合法权益不受侵犯。教育机构实施未成年人教育,应保护和保障儿童的安全,关心爱护儿童,尊重儿童的人格尊严。

(4)尊重儿童意见原则

尊重儿童意见原则又被称为儿童的参与权。虽然儿童正处在发展中,但是作为独立的个体,他们有自己的感情和对事物的意见,他们在表达自己的需要时是最有发言权的。给予儿童适当的尊重和支持,他们将可能做出合理的、负责任的决定。

2. 重视婴幼儿的发展关键期

0—3岁婴幼儿阶段是人的大脑和各种机能发展最迅速的阶段。研究表明,婴幼儿期是多个方面发展的关键期。首先,婴幼儿期是神经系统发展的关键期。新生儿刚出生时脑重为350克—400克,相当于成人脑重的25%。1岁时脑重大约翻倍,到3岁时会增加近4倍,7岁左右就已基本接近成人的脑重了。婴幼儿期,大脑神经系统的快速发育需要外界足够的感官刺激。其次,婴幼儿期是各种感官发育的关键期,主要包括触觉、味觉、视觉、听觉、嗅觉等感官的发展,同时也是认知发展的关键期。意大利著名儿童教育家蒙台梭利特别重视感官教育,认为0—3岁是儿童的吸收性心智阶段。再次,婴幼儿期是儿童语言发展的关键期。人类进化的结果决定了个体一出生就具备了语言学习机制,这种机制就像成人的语言

机制一样在"工作"了。神经基础决定了孩子具有先天的语言学习能力。最后，婴幼儿时期是动作和运动能力发展的关键期。如果这时的训练方法不正确、不科学，就会阻碍婴幼儿运动能力的发展。成人在这个阶段若对婴幼儿过多包办或限制，会让婴幼儿失去很多学习的机会。成人在这个阶段应对婴幼儿进行安全、科学、合理的引导，让其运动能力得到有效的提升。

（三）制度建设与科学管理

要办一所高质量的早教机构，需要建立科学的规章制度和管理体制。一套行之有效的工作制度是各项工作平稳、有序进行的有力保障。建立以章程为核心的制度体系是新时代早教机构落实依法办学、推进机构发展和办学质量提升的重要保障。

1. 建立健全的管理制度

早教机构应该建立起包括机构章程、工作管理制度、部门工作规范等在内的全面、系统、规范的制度体系和科学有效的运行机制。早教机构的工作管理是一项系统的工作，采用科学、有效的管理措施，运用现代管理理念和技术，对机构内的人、财、物、时间、信息等因素加以计划、组织、领导和控制，调动各方面的积极性，优质高效地完成各项工作任务，全面提高保教质量。

早教机构除了建立机构章程，还要建立工作管理制度和部门工作规范。工作管理制度主要包括安全管理制度，安全与卫生保健制度，早期教育与指导的管理制度，房舍、设施设备、玩教具管理制度，经费管理制度，督导与评价制度和档案与信息管理制度等。部门工作规范包括各部门工作权限与规范以及教职员工岗位职责与工作规范要求等。

安全与卫生保健制度和早期教育与指导的管理制度直接关乎婴幼儿的生命安全和早期教育质量。科学的规章制度应遵循合法性、针对性、可操作性等原则，使各项工作有章可依、有据可循，切实保障早教机构管理工作的有效开展。

2. 加强办学的过程管理

（1）严格执行早教机构的各项管理制度

在执行制度的过程中，如发现有不合理、不完善的地方要及时予以修订。再好的制度也需要贯彻执行才能落实到位。早教机构实行负责人责任制。负责人的管理工作主要包括：机构的全面管理和工作，确定办学定位、功能、目标，主持制订机构工作计划和各项规章制度，教职工的聘任，全面了解婴幼儿照护与教育、家园共育、教育教学等工作的开展和管理情况，全面掌握员工的思想动态，开展政治和业务学习，定期召开家长会等。

（2）早期教育工作全过程管理

早期教育工作管理一般由拟订工作计划、实施工作计划、阶段总结分析三个环节构成。拟订工作计划包括工作目标、工作重点、工作方法措施、步骤等。实施工作计划是达成预期工作目标的重要环节，在实施的过程中应根据实际情况及时做出协调和反思，使计划的实施朝着工作目标的方向进行。阶段总结分析指学期或学年末对照计划对工作进行全面评价、肯定成绩，查找差距和问题，总结经验和教训。

（3）加强学习型文化建设

建设学习型文化要以教师专业发展和保教人员工作质量提升为导向，加强民主管理，强调教师等专业人员的主体性，鼓励研究与探索，加强教研活动与团队建设，充分发挥教师个体与群体的智慧力量，以教师专业发展带动全体教职员工共同成长。

（四）队伍建设与指导

早教机构的师资发展水平是衡量其发展质量的重要尺度。教师和保健保育人员队伍的建设是早教机构的重要工作，人员都要进行相应的岗前培训才能正式上岗。上岗后，早教机构应结合实际情况、教师能力、课程需要等对教师和保育人员持续开展相应的培训，以不断提升人员的岗位责任意识。在日常工作中，机构负责人、教研人员要经常深入教养一线开展相应的活动研讨，对教师、保健保育人员进行业务指导。

四、实施早期教育的基本原则

（一）儿童教育的一般原则

1. 爱与尊重

育人之道，爱心为先。热爱与尊重儿童是作为教师首要的基本要求。没有对儿童的爱与尊重，就谈不上真正的教育。儿童首先是一个独立的社会成员，从一出生就具有人格尊严，必须将其作为具有独立人格和尊严的人来对待，尊重他们的思想、兴趣、爱好，耐心倾听和尊重他们的想法，多正面引导、赞赏、鼓励和信任，以增强他们的自尊心、自信心和自豪感。

2. 保障和维护儿童的合法权益

儿童虽和成年人一样同属社会成员，但由于其身心发展阶段的特殊性，使得他们享有许多不同于成年人的特殊权利，如受抚养权、受教育权、受监护权等。儿童的这些权利确保了其在整个社会中的重要地位，也反映了人们对儿童这一群体的认可和尊重。但是，儿童因其身心发展水平的局限性，还没有形成独立的世界观、人生观和价值观，没有辨别是非的能力，因此，儿童对自己权利的行使必须通过成人的教育和保护才能实现。家庭、学校（包括早教机构）、社会应当保障未成年人的合法权益不受侵犯。

3. 基于儿童发展实际

教育的出发点和归宿都是促进每一个儿童在现有的水平基础上获得充分的发展。一方面，教育要充分把握儿童发展的特点和规律；另一方面，教育要了解其现有的发展水平，所提出的教育目标、教育内容的选择，以及教育过程的实施都应基于儿童发展的实际，要找准每个儿童的"最近发展区"，使每个儿童都能在原有的基础上获得提高与发展。

4. 促进儿童全面而富有个性地发展

个体发展包括生理发展、认知发展、情感和社会性发展三个方面。教育不仅要促进儿童在这三个方面的全面发展，还要尊重其在发展水平、能力、经验、学习方式等方面的个体差异，因人施教，努力使每一个儿童都能获得满足和成功。

（二）婴幼儿早期教育的特殊原则

由于0—3岁婴幼儿身心发展的特殊性，早期教育还应遵循以下特殊原则。

1. 顺应天性与尊重差异的原则

"人类天性是自然史赋予人类物种的先天倾向性。"婴儿出生时既带着家族的遗传特征，又蕴藏着人类进化至此所普遍拥有的人类天性。虽然婴儿出生时身心发育还远未完成，但却拥有巨大的生命智慧潜力和成长力量。教育就是要对婴幼儿自然天性中的"胚芽"给予精心"养护"，顺应其内在的生长进程和节奏，而绝对不能任意灌输。

儿童的生长发育虽有一定的普遍规律，但受遗传、环境等因素的影响，个体间存在着相当大的差异。因此，在评价个体发展情况时，所谓的正常范围并不是绝对的。每个人的生长轨迹不同，我们要充分理解和尊重儿童发展进程中的个别差异，切忌用一把"尺子"衡量所有儿童。儿童发展是共性和个性并存的过程。

2. 教养合一与保教融合的原则

婴幼儿的身心健康是发展的基础。在开展保教工作时，应把婴幼儿的健康、安全及养育工作放在首位。坚持保育和教育紧密结合的原则，保中有教，教中有保，自然渗透，教养合一。"只养不教""重养轻教""重教轻养"都是片面的教养，不能使婴幼儿的身心得到充分的发展。

第二节 早期教育机构与家庭、社区

一、早期教育机构与家庭共育

早期教育机构与家庭协同共育主要是指早教机构和家庭双方积极主动地相互协作、配合，共同促进婴幼儿身心健康发展。2019年，国家卫健委颁布的《托育机构管理规范（试行）》第十三条指出："托育机构应当建立与家长联系的制度，定期召开家长会议，接待来访和咨询，帮助家长了解保育照护内容和方法。托育机构应当成立家长委员会，事关婴幼儿的重要事项，应当听取家长委员会的意见和建议。托育机构应当建立家长开放日制度。"

1. 早期教育机构与家庭协同共育的意义

早期教育机构与家庭都是婴幼儿重要的生活环境，通过开展协同共育，使两者对婴幼儿施加的教育影响保持一致，实现合力最大化。如果早期教育机构与家庭之间缺乏沟通和理解，就会削弱各自的教育影响，甚至给儿童的成长带来负面影响。

家长作为重要的教育力量和教育资源，参与到早期教育机构的教育中，与教师共同制订有针对性的教养合一、保教融合的方案，有利于孩子快速适应早期教育机构中的生活与学习。此外，家长来自各行各业，是早期教育机构得天独厚的教育资源。

早期教育机构为家长提供各种育儿资讯,组织、引导家长交流教育经验,指导家长积极利用身边的资源改善家庭教养环境,提高育儿能力和水平,优化教育对婴幼儿的影响。

2. 早期教育机构与家庭协同共育的内容

(1) 达成教育理念与方法的共识

家庭教育个性化特点鲜明,不同的家庭其教育理念、内容、方法各异,且家长或多或少都存在望子成龙、望女成凤的观念,不少家长在教育理念与方法上都存在一定的误区。早期教育机构应对家长的教育理念、目标、内容与方法等进行正确的引导,促进家长对早期教育规律的认识,树立科学的教育理念,学习科学的育儿方法。

(2) 与家庭有效沟通和互动

早期教育机构要争取家长的理解和支持,双方积极主动地进行沟通。《托育机构管理规范(试行)》第二十二条指出:"托育机构应当建立照护服务日常记录和反馈制度,定期与婴幼儿监护人沟通婴幼儿发展情况。"双方通过有效的沟通,全面了解儿童,共商教育策略,从而达到预定的教育目标。

(3) 鼓励家长参与早教机构的教育

早教机构应该引导家长关心和支持早期教育,直接或者间接地参与到早教机构的教育过程中,共同提高保教质量。家长参与的方式可以是多种多样的,如:家长开放日、助教等活动形式,共同制订早教机构的教育方案或个别照护计划,监督早教机构的保教质量,提供力所能及的支持及信息服务。

3. 早期教育机构与家庭协同共育的方式

(1) 集体方式

集体方式主要包括家长会、家长学校、家长开放日、家长接待日(咨询日)、宣传栏等。

家长会是面向全体家长召开的会议,其内容多集中于早教机构和家长都关心的问题。可按年龄段或按班级开展;可定期召开,也可视需要不定期召开。家长会一般在学期初、学期中和学期末开展。学期初的家长会一般介绍早教机构的教育工作、计划及双方相互配合的有关内容等;学期中家长会由各班级举行,有针对性地交流开学以来孩子的生活、学习与发展情况,分析需要进一步改进的工作以及下半学期的共育要求和建议;学期末的家长会多是向家长汇报和展示教育成果,提出假期教育要求等。相对来说,班级家长会更具针对性,在早期教育机构开展得更为普遍。

家长学校是早期教育机构以提升家长的家庭教育素质为直接目标,以提高家庭教育水平为最终办学宗旨,对家长施以有目的、有计划的教育和培训,为家长提供有效指导与服务的学校。其内容和形式可依据早教机构的具体情况而定,如邀请学前教育专家、学者和早教机构或幼儿园教师举办讲座或报告。

家长开放日是指早教机构定期或者不定期地面向家长开放,邀请家长观摩和参观早教机构的教育活动。家长在观摩或参观活动的过程中可以了解早教机构的工作内容和方法,了解孩子在早教机构中的生活和活动情况。

（2）个别方式

个别方式主要有家庭访问、个别谈话、联系手册、电话与网络交流等。

家庭访问是家园沟通常用的一种方式，主要指的是入户家访。它是家园合作的重要形式，是教师与家长达成教育共识的桥梁，是教师取得家长对工作支持的催化剂。它能增进教师对幼儿的全方位了解，增进早教机构与家庭之间的密切合作关系，有利于动员家长参与对幼儿进行正面教育的过程，有利于挖掘和利用家庭教育这个重要的资源。

个别谈话是家园协同最简便、最常见的一种方式，包括事先约定好的个别谈话和家长接送孩子时的随机交谈。家长接送孩子时的随机交谈是一种便捷、灵活的指导和沟通方式，主要用来反馈婴幼儿的情况，商讨解决办法。这种交谈时间比较短，谈话内容也不宜过多。

家园联系手册用来记录婴幼儿的成长，由家园双方共同记录，以文字和图片为载体，记录婴幼儿的成长事项。家长从联系手册中可以了解孩子在早教机构中的生活和活动状况、孩子的进步和存在的问题、早教机构对家庭配合的要求等；教师可以在联系手册中获得孩子在家中的情况、教育效果的反馈、家长的意见等。

电话联系是一种较为传统的联系方式，能够让教师与家长进行及时的沟通。网络联系是现今早教机构与家长使用较为频繁的沟通方式，包括邮件、短信、qq、微信、钉钉以及其他交流软件。在2020年的新型冠状肺炎疫情严峻的时刻，教育部等部门鼓励学校、幼儿园等教育机构通过网络与家长及时联系，开展"停课不停学"的空中课堂，在一定程度上弥补了因重大疫情不能开学的遗憾。

4. 家庭参与早期教育机构教育活动

（1）参与早期教育机构的各项活动

家长可以参与早教机构的亲子活动、郊游、参观、运动会、毕业典礼等活动，可以参与早教机构的环境创设，也可参与这些活动方案的讨论和设计。

（2）家长作为助教参与早教机构的保育与教育

无论是接受早教机构的邀请也好，还是自我推荐也好，家长都可以直接在早教机构组织教学活动。比如，机构邀请当医生的家长开展爱护牙齿的活动，向孩子介绍口腔、牙齿构造、如何保持卫生等知识。

（3）作为家委会参与早期教育机构的管理

家委会是家长参与早教机构管理的主要形式。家委会帮助家长了解教育工作计划和要求，协助早教机构的保教工作，及时反映家长对早教机构工作的意见和建议等。一般选择关心早期教育、能密切联系教师、有一定组织能力和沟通能力的家长作为家委会成员。

二、早期教育机构与社区合作

1. 早期教育机构与社区的关系

社区是构成社会的基本单位，主要是指居住在同一区域或者地域范围内的若干社会群体或社会组织所结成的相互关联的社会区域共同体。社区中的人际关系、风土人情、建筑、自然环境、活动设施、人文景观等都会对儿童产生潜移默化的影响。社区是早期教育的背景和依托,也是早期教育机构取之不尽、用之不竭的教育资源。

2. 早期教育机构与社区合作的意义

早教机构应坚持开放办学,引导婴幼儿与社区内的环境和人员充分接触、互动,获得身心的全面发展。早教机构专业的师资力量、有计划有组织的教育活动能够带动社区早期教育的发展。早教机构与社区的深度合作能够更有效地宣传科学育儿理念和家庭教育知识,使社区成员更加关心婴幼儿的成长与教育。作为社区文化环境的组成部分,早教机构可以为社区输送文化活动节目,为社区创设良好的教育环境,推动社区精神文明建设。

3. 早期教育机构与社区合作的内容和方法

(1) 挖掘、整合社区资源

社区的自然环境、人文风貌、公共设施都是早教机构宝贵的教育资源。因此,早教机构要主动与社区合作,挖掘、整合并利用这些教育资源,引导儿童观察社区环境、感受社区文化。

(2) 将社区人力资源请进来

早教机构可以采用"请进来"的形式,将社区里不同工作岗位的人员请进早教机构。如,请交警叔叔为儿童讲解交通手势和交通标志的含义,增强孩子的交通规则意识。社区成员参与早教机构的教育活动,可以拓宽儿童的知识面,开阔儿童的视野。

(3) 发挥早教机构优势服务社区教育

早教机构在利用社会资源的同时,还应发挥其作为专门教育机构的优势来为社区服务。早教机构拥有经验丰富的专业师资队伍,是社区非常重要的智力资源。早教机构可以为社区居民举办教育讲座,开设科学育儿宣传栏,开展儿童发展测评等,提高社区居民的育儿水平。

4. 早期教育机构与社区合作的注意事项

在选用社区的可用资源时,应该首先考虑对婴幼儿的健康是否有益,是否安全;与社区合作不要增加教师和孩子的额外任务,而要将合作的活动巧妙地纳入教育工作之中;加强与社区和家长的联系,使其能够了解活动的意图、内容和要求,得到他们的理解,实现真正意义上的合作。

本 章 小 结

0—3岁婴幼儿早期教育是当今社会日益重视且需要家庭、早教机构和社区协同推进的一大任务。本章主要从早教机构、早教机构与家庭、早教机构与社区三个方面展开。第一节围绕早教机构的主要职能类型、领导与管理、实施的基本原则等方面展开具体阐述。早教机构从职能定位来看,可以分为以托育为主的早教机构和以指导家长为主的早教机构,两者在主要的工作与活动组织方面是有所区别的。第二节主要从意义、内容、方式等方面分别对早教机构与家庭、早教机构与社区的共育、合作进行了充分的论述。

延 伸 学 习

 拓展阅读

玛利亚·蒙台梭利的"儿童之家"

1906年和1907年，玛利亚·蒙台梭利开始教育工人家庭的60名儿童，在圣·洛伦萨（罗马城最糟糕的贫民区之一）建立了"儿童之家"。

在这个"儿童之家"中，蒙台梭利建立了一种能够使儿童自己开发活动的教育机构。她很快意识到，儿童能够在自己的环境中吸收信息；她感觉儿童都是在自己教自己。她开始教育年龄稍大的孩子，让他们每天运用能够促进感知发展的材料来完成日常任务。她发现儿童学习非常容易，活动的结构给儿童一种自我价值感，这种感觉是他们以前从来没有体验过的。蒙台梭利的工作产生了一个成果：她研究出了后来被证明是非常成功的教育方法和教育材料。

当时对待教育的普遍态度与今天完全不同。那时给所有儿童布置的任务都是一样的，儿童没有被看作有特殊需求的个体。他们的能力常常被低估，也不被理解。与此形成对比的是，蒙台梭利开始理解儿童，致力于了解儿童如何理解周围的世界。

她意识到儿童通过自己的感官可以学习很多东西，她设计的很多教具都考虑到了这一点。她设计的训练能够刺激运动教育、感觉教育和语言发展。她鼓励儿童参加正常的日常活动，例如准备餐桌、餐后清理。与此同时，环境的利用得到大大加强，特别设计的材料重量很轻，便于儿童操作。

为了改善她所教的贫民区里儿童的生活，蒙台梭利还和他们的家长建立了联系，鼓励他们认识到他们的孩子是特别的。

蒙台梭利于1952年去世，享年82岁，但是她的工作传统得到了延续。今日遍布世界各地的蒙台梭利学校和主流课堂上都可以见到她的工作传统。在蒙台梭利学校，可以看到使用蒙台梭利教育哲学和教学方法的教育环境：在儿童、家长和教师共同组成的社区中，对一名儿童的教育是与众不同、量身定做的。

蒙台梭利阐明的基本理念确保了：

◆ 教师受到儿童的引导。
◆ 儿童按照自己的节奏发展。
◆ 使用想象性的教学材料。
◆ 教学材料能够控制错误，以便儿童发现自己的错误。

（资料来源：戴利 M，拜尔斯 E，泰勒 W. 早期教育理论的实际应用［M］. 王海波，译. 南京：南京师范大学出版社，2010.）

早期教育中的瑞吉欧·埃米莉亚方法

瑞吉欧·埃米莉亚是意大利北部的一座小城市,它因为自己的早期教育方法而闻名于世,全世界的人都来这里观摩教育活动。有一个名为"儿童100种语言"的展览走遍全世界,向人们展示在教师的帮助下儿童所完成的惊人成绩。

瑞吉欧·埃米莉亚方法肇始的故事很简单。第二次世界大战让一片废墟中的意大利陷入贫困。瑞吉欧·埃米莉亚人把留在城里的一件军事装备卖掉,筹集了一小笔款项。他们经讨论后决定,这笔钱要投入到教育中,为儿童成长创造一个更好的社会环境。他们占用了一座废弃的建筑,把这座建筑变成了幼儿园,后来,城里人建造的其他幼儿园也效仿这一案例。小城人民的努力和意志得到了一位年轻有为的教师的指导,他的名字叫洛里斯·马拉古奇,他倾注了一生的心血,致力于发展瑞吉欧背后的哲学。洛里斯·马拉古奇受到维果斯基、皮亚杰、布鲁纳观点的影响,他认为,通过与教师之间的特别的互动关系,儿童在自己的学习中是积极的参与者。他深信社区和利用表现艺术这一学习载体的重要性。

目前,在瑞吉欧·埃米莉亚有13个0—3岁的婴幼儿中心、21个3—6岁的学前机构。人们认为儿童学习的环境非常重要,称之为第三教育者,排在父母和教师之后。这些教育机构反映儿童的发展需要。它们都有一个露天的广场,是儿童团聚、游戏、聊天的中心会场;它们都有一样典型教具,就是用镜子做成的供儿童在里面爬行的四面体。不管是成人还是儿童,如果有幸爬进这样一个四面体,都会惊奇于这种体验——从每个角度都会看到无数的自己。这可激发人们思维、谈话和联想的无尽可能性,因为只要你稍微改变一下位置,就会从不同角度看到自己和朋友。

这一建筑反映了光和空间。数个空间相互联结,就像是空间之间的自然流动,儿童可以在里面自由活动。其背后的哲学思想就是鼓励儿童参与其中进行互动,还反映了儿童、教师、社区的不同给整个体验带来的差异。瑞吉欧的环境设计非常灵活,随着年龄变化而改变,所有家具都是多功能的,还会用屏风对空间进行不同的隔断。对儿童开放的游戏器材都装在透明的容器里,便于儿童找到。同时,广泛地使用镜子,使儿童能够理解自己和环境的关系。多感官活动刺激儿童关注颜色和质地。建筑里面的颜色是由儿童通过自己的艺术品和衣服带来的。

(资料来源:戴利 M,拜尔斯 E,泰勒 W.早期教育理论的实际应用[M].王海波,译.南京:南京师范大学出版社,2010.)

学习活动

1. 分小组开展婴幼儿照护与教育的需求调查,提出有针对性的照护与教育服务的建议,并在大组进行交流。

2. 深入了解一两个婴幼儿的发展与教养情况,并为之拟订一个机构与家庭为期两个月的协同共育的具体方案。

3. 以小组为单位开展社区（村庄）0—3岁婴幼儿早期教育和3—6岁幼儿教育的普及情况调查，形成调研报告并在大组进行交流。

4. 在调研的基础上，由班级策划并开展面向社区（村庄）的婴幼儿早期教育宣传、咨询等服务活动。

5. 结合婴幼儿家庭教养调研和在早教机构中的实习经历，深入分析其家庭教养、早教机构保教工作遵循（或违背）早期教育原则的典型事例。

 复习与思考

1. 现时期的早期教育机构有哪些功能？能为0—3岁婴幼儿的早期发展提供哪些服务？
2. 简述早教机构如何组织开展家庭协商性的指导工作。
3. 简述早教机构与家庭共育的意义、内容与方式。
4. 简述早教机构与社区合作的意义、内容、方法和注意事项。
5. 简述早教机构管理的主要内容。
6. 实施早期教育应遵循的基本原则有哪些？

第五章　婴幼儿早教课程与教育指导

学习目标

1. 理解0—3岁婴幼儿早教课程及其特点与构成。
2. 理解0—3岁婴幼儿早教课程的计划、组织与实施。
3. 理解针对不同群体的支持婴幼儿综合发展的课程设计与实施原理，并尝试应用于分析案例。
4. 理解支持婴幼儿个体发展需求的课程设计与实施原理，并能应用于案例分析。
5. 结合在托育机构实习的经历，初步以所学理论为指导，撰写半日活动带班计划，实际带班并撰写带班反思。
6. 了解0—3岁婴幼儿亲职教育的内涵、功能、目标、内容与组织实施，以及各月龄段亲职教育的侧重点。

第一节　婴幼儿早期教育课程概述

　　课程是教育的核心，它是关于教育目标、教育内容、教育方法和教育评价的一个系统，是教育思想、教育理论转化为教育实践的中介和桥梁。一直以来，关于课程的定义可谓五花八门，莫衷一是。事实上，每一种课程定义都隐含着某种哲学假设和价值取向，隐含着某种意识形态以及对教育的某种信念，从而表明了这种课程最关注哪些方面。

一、婴幼儿早期教育课程的特点

1. 生活性

　　婴幼儿生活经验是婴幼儿早期教育课程的本质属性。早期教育的课程是以婴幼儿的生活为基础，课程实施贯穿于婴幼儿一日生活的各个环节，因此，生活性是婴幼儿早教课程的一个重要特性。教师要指导父母等养育者、照护者在婴幼儿的生活中发掘有价值的教育资源,与婴幼儿展开互动,引导婴幼儿观察、思考与探索,让婴幼儿在生活中学习与发展。值得一提的是,早教课程的生活性并不意味着要把教育与日常生活等同起来,而是要合理地加强教育与生活的联系。

2. 游戏性

婴幼儿拥有自己独特的生活世界和精神世界。婴幼儿世界的独特性在于它是婴幼儿游戏、体验、创造的世界。婴幼儿天生喜欢游戏,游戏是婴幼儿重要的学习方式,因此,婴幼儿的课程必须以游戏为基本形式。教师要指导父母等养育者、照护者为婴幼儿提供自主活动的空间,保证其自主游戏的时间,创设游戏环境,提供与婴幼儿游戏发展水平相适应的材料,发挥婴幼儿游戏的学习与发展功能。

3. 直接经验性

婴幼儿的思维是形象的、直观的,所以,对他们来说,最感兴趣的学习是他们可以感知的、具体形象的内容。婴幼儿只有在现实生活中通过与大量的人、事、物的相互作用,通过交往、参与、探究才能获得知识,习得态度,体验情感,形成个性。教师、父母等养育者、照护者在日常生活中要让婴幼儿成为自己生活的主人,不要剥夺孩子"自己来"的机会,还要创设条件激发婴幼儿自主游戏与学习,让婴幼儿在生活和游戏过程中积累有益的经验,优化婴幼儿成长的环境,充分发挥一日生活和游戏对婴幼儿发展的作用。

二、婴幼儿早教课程的实施

游戏是幼儿的天性,课程的内容来自婴幼儿的生活和游戏,课程的实施要贯穿于婴幼儿的一日生活之中,以游戏为主要方式自然地展开。

(一)婴幼儿早教课程计划

1. 合理安排日常生活活动

0—3岁婴幼儿早期教育是渗透在婴幼儿一日生活之中的,早期教育课程应遵循教养合一、保教融合的原则。因此,编排日常生活秩序和分配作息时间是课程计划的重要部分,要符合婴幼儿的身心发展特点和规律,与婴幼儿发展的实际水平相适宜,使之有利于婴幼儿健康生活与学习。

(1)作息时间的分配

新生儿由于脑神经系统发育尚未完善,因此很容易疲劳,每天通常要睡20个小时。随着月龄的增长,婴幼儿大脑皮层的功能逐步增强,睡眠时间逐渐减少,活动时间逐渐增多。睡眠充足是保证婴幼儿健康成长的重要条件之一。婴幼儿睡眠不足会影响其精神状态,使之容易哭闹、食欲不振,直接影响其健康。

大多数新生儿白天、夜晚都是睡着的时间多,醒着的时间少。他们每天吃奶6—8次,每次相隔时间约3小时。一般到了两三个月大之后,可以每隔4小时喂食一次。按照大多数2个月至3岁婴幼儿的睡眠情况,每日作息时间的分配见表5-1。

表5-1　婴幼儿作息时间的分配

月龄（月）	睡眠				游戏活动	饮食（主食）	
	日持续（小时）	次数	夜间（小时）	合计		次数	相隔（小时）
1—3	1.5—2	4—5	10	16—20	1—2	6（应按需）	3—4
4—6	2.5—3	2	10	15—16	1—2	6（应按需）	3—4
7—12	2—2.5	2	10	14—15	2—4	5（应按需）	4
13—36	1.5—2	1—2	10	11.5—14	4—5	3—4	4

（2）常规生活秩序的安排

常规生活活动是指婴幼儿在托育机构进食、睡眠、排便、盥洗、户外活动等生活活动。

① 入园和离园

日托的婴幼儿每天早晨由家人送到托育机构，下午再接回家。早晨入园是婴幼儿在托育机构一天生活的开始。保教人员要亲切接待，使婴幼儿和家长有安全感，可以自然地引导婴幼儿问好。保教人员与家长做简短的沟通交流，了解孩子在家中或在托育机构里的情况，以便协同共育。

新入托的婴幼儿往往会因分离焦虑而哭闹，保教人员应根据婴幼儿的具体情况予以安抚，帮助婴幼儿安定情绪，较快地适应托育机构的环境。保教人员每天应对每个入园的婴幼儿进行健康检查（简称晨检），如果发现婴幼儿有病症，应让家长尽快带孩子去诊治或回家休息。晨检能及时发现疾病，使婴幼儿尽早得到治疗，还能有效防止某些传染性疾病在托育机构内传播。傍晚，家长到托育机构接孩子回家时，保教人员可以向家长介绍婴幼儿当天生活、游戏的情况。

② 进食和睡眠

婴幼儿生长发育迅速，需要营养丰富的膳食以满足生长发育和身体活动的需求。婴儿期以母乳喂养最为理想，4—6个月以后应及时添加辅食。在托育机构中的怀抱儿需要由保教人员抱着喂哺，学步儿可以自己捧着奶瓶喝，走步儿可逐步学习在保教人员的辅导下自行进食。进食过程中要培养婴幼儿良好的饮食习惯，如进食前后要洗手。睡眠对婴幼儿的生长发育和健康十分重要。婴幼儿对睡眠时间的需要除了受年龄的影响外，个体差异性也很大。衡量婴幼儿的睡眠是否充足，不要机械地强调要睡多少时间，而是要看其精神是否饱满，是否有胃口进食，心情是否愉快，体重是否正常增加。

③ 排便和盥洗

新生儿不会控制大小便，排便次数较多。一般8—9个月时可以使用便盆、婴儿马桶。坐便盆的时间不宜超过10分钟。婴幼儿一般要到1岁左右才能逐渐养成不随意便溺的习惯。在婴幼儿进食前后、排便后、游戏后、睡前、醒后等时间要安排盥洗。日托的婴幼儿一般不安排洗澡，全托的则要安排洗澡。盥洗不仅可以帮助婴幼儿保持卫生，减少疾病，增进健康，还可以使婴幼儿养成良好的生活卫生习惯。为婴儿换尿布也是日常常规生活程序的一部分。婴儿全天都穿着尿不湿，更换的时间和次数要因人而异。一般来说，婴儿早晨醒来、睡觉前和每次洗澡后为固定更换尿布的时间；另外，在婴儿每次大便、小便后要及时更换尿布，以免对婴儿的皮肤造成刺激。每次为婴儿换尿布前都要认真洗手，将婴儿臀部擦干净，再用洗液清洗。

2. 创设适宜的环境，引导婴幼儿在游戏中发展

（1）重视和支持婴幼儿的自发游戏

游戏能够满足婴幼儿身心多方面的需要，使其获得愉悦与享受。游戏既是婴幼儿的天性，又是婴幼儿学习的重要途径。我们可以在婴幼儿的各种游戏中观察到大量的学习。当婴儿可以抓握物品时，其动作能力就足以支持其开展游戏，如玩手指、脚趾，通过碰、踢、抓、咬、舔等动作玩弄物品。随着动作能力的发展，还会用敲打、扔、推等动作玩物品，并自得其乐。

在生命的第一年，游戏性的活动对大脑发展和后续很多基本能力的发展都具有积极影响。未满6个月的婴儿还不会坐，他们对游戏的需要很容易被人忽略。而这个阶段的婴儿身心发展非常迅速，游戏的欲望不断增强，创设适合婴儿游戏的环境有利于促进其动作、感知觉等各方面的发展。

游戏材料和玩具构成了婴幼儿生活和游戏必不可少的组成部分，婴幼儿在操作和使用材料、玩具的过程中，积极主动地、富有个性地建构自己的学习经验，获得多方面的发展。因此，婴幼儿早教课程计划要考虑创设适宜的环境，提供利于其自主游戏的材料、玩具。游戏材料和玩具应是安全、卫生的，是婴幼儿可操作、可控制且富有变化的。

表 5-2 婴幼儿最基本的自发性游戏举例

月　龄	游戏材料与环境	自发游戏行为
新生儿 （0—1个月）	1. 把带柄、会响的玩具放到孩子手中；鲜艳的、色彩对比度大的玩具放到孩子眼前慢慢移动，孩子伸手能碰到；托住孩子的头抱起，便于孩子注视环境；用温柔的、富有变化的声音与孩子互动。 2. 提供的玩具材料应是柔软无棱角的、轻的、可清洗的、易于婴幼儿抓握的物品。	反射活动与练习；对各种感官进行练习性的游戏；喜欢重复某一项活动。
怀抱儿 （1—8个月）	1. 同新生儿。 2. 提供会移动的婴儿床，缓慢推动；床顶上可悬挂玩具；给婴儿的手或脚套一个色彩鲜艳的袜子；放适合婴幼儿听的音乐等。 3. 随着婴儿的发展，提供一些能够发声、发光、活动的玩具。	练习身体动作，用碰、踢、抓、摇、咬、舔等动作玩弄物品；尝试让物品发声；随着逐步发展，婴儿还会通过敲打、扔、推、拉、摇动、拨动、按压等动作来探究材料。 常出现微笑、愉悦的表情；随着年龄增长，还会发出高兴的声音，身体兴奋地跃动。

(续表)

月　龄	游戏材料与环境	自发游戏行为
爬行、学步儿 （6—18个月）	1. 前阶段玩的，只要婴幼儿还乐意玩，便可由其自行选择。 2. 有利于婴幼儿抓握、捏、抓、摇、撕、挤、扔、丢、敲的各种材质的材料和玩具，如积木、积塑、摇铃、滚筒、小琴、小鼓、套圈、小木槌等，以及盖子与杯子、盖子与瓶子等物品。 3. 爬行垫（毯）、扶桌（椅）、缓慢移动的玩具、球等。 4. 玩水玩沙的材料和玩具，如塑料铲子、耙子、桶、水、沙堆等。 5. 户外器械，社区、公园等公共场所。	对所提供的材料、玩具进行操作。喜欢抓东西摆弄，通过拍打、拉、推、拨动、抠、拔、扔等动作将材料弄得咣当作响；旋转、拧、滑动、填充、倒空、敲、压、搬运等。乐于反复某些动作。 　　喜欢爬上爬下，会走路后喜欢到处走，看见东西就伸手抓、拽、拉来玩。 　　充满好奇，喜欢玩水、沙，表现出自我意识，喜欢"自己来"。
走步儿 （15—36个月）	1. 之前的材料与玩具，只要幼儿还乐意玩的，便可由其自行选择。 2. 插孔、匹配、嵌槽、拼图、排序等玩具材料，磁铁钓鱼、玩具钢琴、电话、机械小动物、遥控汽车等玩具。 3. 象征性（装扮）游戏的玩具和材料；涂鸦、画画、粘贴、编织等工具材料。 4. 建构游戏的积木、积塑、安全卫生的废旧物品。 5. 编织等材料；玩沙、玩水、玩泥的环境和材料。 6. 适合攀爬、跑、跳、投、钻爬、平衡等运动游戏的各种器械，拖拉玩具、三轮车、各种球等。	乐于探索匹配、镶嵌、排序等益智游戏。 　　喜欢玩机械小动物、遥控玩具，能在动作和表征层面上理解简单的因果关系。 　　喜欢装扮玩具，开始出现装扮行为，如给娃娃喂饭、盖被子等。随着发展，能够扮演爸爸、妈妈、宝宝等角色，出现替代行为，如把杯子当成锅。 　　喜欢低结构的材料和玩具，如用积木、积塑进行建构游戏；喜欢玩沙、玩水、玩泥。 　　喜欢攀登、跑、跳、钻、爬、平衡、扔、拖拉等。 　　乐意有同伴一起，但通常各玩各的。

（2）亲子游戏

在托育机构中，亲子游戏是指保教人员充当父母的角色与婴幼儿一起游戏。支持成人参与儿童游戏的学者认为，成人参与游戏可以丰富儿童的游戏经历，更好地促进儿童智力和社会性的发展。反对成人参与儿童游戏的学者则认为，成人参与游戏会破坏或抑制儿童的游戏活动，减少儿童在游戏中学习的机会。我们认为，成人参与儿童游戏还是很有必要的：一是由孩子的依恋及其社会性发展需要决定的，孩子渴望成人陪伴；二是因为成人参与儿童游戏能够增加儿童注意的广度、认知的复杂性和丰富性，成人通过创设"最近发展区"支持儿童自主游戏，其影响是正向的、充分的。成人参与儿童游戏的关键在于成人要理解儿童的游戏，要充分尊重和支持儿童的想象和创造，真正成为儿童的玩伴，站在儿童的视角观察、理解他们，而非干扰他们。只有以婴幼儿为主体，才能真正发挥游戏的价值。

表 5-3　婴幼儿亲子游戏举例

月　龄	游戏目标与准备	游 戏 玩 法
新生儿 （0—1个月）	游戏名称：在这儿 游戏目标：发展听觉、视觉和触觉，体验交流的快乐。 游戏准备：婴儿处于吃饱、睡足的状态，摇铃。	游戏玩法： 　让婴儿躺着，妈妈俯下身子靠近孩子说："宝宝、宝宝好！"抓着孩子的手触碰妈妈的脸："妈妈在这儿呢！"妈妈手指触摸孩子的脸："宝宝、宝宝在这儿呢！"反复几遍。 　将摇铃放在孩子手心，说："摇铃在这儿，给宝宝玩。"轻轻摇着孩子的小手说："摇摇摇，沙沙沙。" 　平时，妈妈可以给孩子扮演各种表情，用手去触碰孩子的手，给孩子握，让孩子用手触摸成人的脸、头发等。
怀抱儿 （1—8个月）	游戏名称：娃娃不见了 游戏目标：培养观察力，知道玩具并没有消失。 游戏准备：娃娃（也可以是别的小玩具）、一块布。	游戏玩法： 　成人与孩子一起找娃娃的眼睛等身体的各个部位。 　成人巧妙地用布把娃娃罩上，只露出一只脚，说："哦，娃娃不见了，到哪儿去了？宝宝快来找一找，我们要把娃娃找出来。"当孩子找到后，成人应给予其鼓励。可反复玩，还可以增加难度，把娃娃全罩住让孩子找。
爬行、学步儿 （6—18个月）	游戏名称：照镜子 游戏目标：认识自己，发展自我意识；培养观察能力、语言能力和交往能力。 游戏准备：镜子。	游戏玩法： 　成人和孩子在镜子前，指认镜子里的宝宝和妈妈（或其他人）："请宝宝指一指，镜子里的妈妈在哪里？""宝宝在哪里？"请宝宝自己边指认边说："这是宝宝，这是妈妈。" 　还可以增加说和指认的内容，如"这是妈妈的鼻子"，"这是宝宝的眼睛"等。
走步儿 （15—36个月）	游戏名称：走走停停真好玩 游戏目标：练习走，培养身体的控制力、注意力、灵敏性，提升语言能力。 游戏准备：大客厅或平整宽敞的场地。	游戏玩法： 　成人带孩子认识场地："这个地方真宽敞，我们在这里玩'走走停停真好玩'的游戏。" 　一起念儿歌："走走走，爸爸跟着宝宝走……"当爸爸说"停一停"的时候，孩子和爸爸都要马上停下来。 　游戏可反复多次。

（二）婴幼儿早教课程的组织与实施

1. 婴幼儿早教课程的组织形式

（1）个别活动

个别活动是婴幼儿在成人创设的游戏环境里独自进行的自发、自主的活动。无论是在早教机构还是在家庭环境里，成人都要注意孩子的安全，保证孩子的活动始终在自己的视野内,根据孩子的活动情况适时提供支持。

(2) 小组活动

小组活动是保教人员组织部分婴幼儿开展的分组活动。小组活动为婴幼儿提供了与同伴交往的机会,帮助其积累集体活动的经验。

2. 婴幼儿早教课程的实施途径

(1) 生活活动

生活活动是婴幼儿早期教育中特殊的、极其重要的课程实施途径。日常生活活动中蕴含着个体生命成长与发展的机制,是婴幼儿发展课题的主要内容,对婴幼儿非常重要。进食、睡眠、排便、盥洗等内容是婴幼儿日常生活的主要内容,在这些生活中蕴含着大量的教育契机。

在早教机构中,最好把早期教育当作生活本身来看待。早教机构中的活动是教育,也是生活;是生活,也是教育。一日生活中的各个环节,没有必要去区分是教育还是生活,因为对儿童来说,远离了生活的教育不可能是真正适宜的教育。对于儿童来说,不存在没有教育价值的生活,生活中充满了教育的因素。因此,早期教育要更多关注婴幼儿的需要和爱好,不要过多的集体活动,不要过多的规训,不要过多的一致性行为,更不要让婴幼儿过多无所事事地等待。对于婴幼儿来说,教育最重要的不是获取知识,而是情感的交流,是动手能力、交往能力、生活自理能力的提升,而这些必须依赖于生活本身。

(2) 游戏活动

游戏是婴幼儿基于自身身心发展的水平及需要,以感知动作为中心,在一定程度上借助成人提供的环境,全身心地、主动地与周围的人、物及环境客体相互作用的活动,活动过程伴随着婴幼儿主动、愉悦、自由或严肃的体验,并促进他们的认知、情感、社会性等方面的全面发展。游戏活动是婴幼儿天性智慧展开的主要方式,它贯穿婴幼儿发展的整个阶段。《幼儿园工作规程》提出"游戏是幼儿园的基本活动"。所谓基本活动,即意味着重要的和不可缺少的。游戏活动对于3—6岁的幼儿而言是不可或缺的,那么对于0—3岁的婴幼儿来说也是意义非凡。因此,游戏活动是婴幼儿早教课程实施的重要途径。早教教师和家长通过为婴幼儿提供游戏空间和丰富多样的材料,帮助他们发现兴趣所在,充分提升婴幼儿的游戏质量,为婴幼儿缔造美好的幸福童年。

3. 亲子教育与指导活动

亲子教育指导活动是面向家长和婴幼儿开展的,为家长在家庭中开展亲子教育提供现场指导和支持的活动。教师设计游戏活动并创设游戏环境,激发亲子互动并观察亲子互动行为,随时指导家长,向家长传递科学的育儿理念和育儿技巧。指导的方式有讲解、示范和互动交流等。在指导过程中,家长也可与教师沟通交流,提出自己的理解与困惑,以获得教师的支持和帮助。通过教师、家长、婴幼儿之间展开的三方互动,影响和促进婴幼儿的学习与发展,提升家长的教养水平。

> **案例1**
>
> ### 2—3岁幼儿怎样坐椅子
>
> **案例呈现：**
>
> 2—3岁的幼儿坐椅子时，总是首先面对着椅子爬上去，然后再转过身子坐下去，而不能像成人那样背对着椅子坐下去。
>
> **案例分析：**
>
> 他们为什么要这样坐椅子？
>
> 这是因为3岁前幼儿的思维受具体知觉情境的束缚。他们思维的直觉行动性决定了他们的行动不能脱离眼前看到的东西或知觉情境的支持。所以，他们必须看着椅子坐下去。
>
> 当幼儿在游戏中用棍子当马骑时，他眼前看到的是棍子，但是他做出的却是骑马的动作。这时，幼儿游戏的动作来自观念而不是来自物体，游戏使幼儿的思维摆脱了具体事物的束缚，游戏标志着幼儿思维的进步。
>
> （资料来源：刘焱.幼儿园游戏与指导[M].北京：高等教育出版社，2012.）

（三）婴幼儿早教课程评价

课程评价是婴幼儿早教课程的构成要素之一，是对婴幼儿课程价值的判断，包括对课程目标、课程方案、课程组织与实施的适宜性、有效性做出判断与分析的过程。简单来说，课程评价就是要探索课程的编订和实施是否符合教育目的和婴幼儿特点的要求；通过课程的学习，是否收到了预期的效果；课程在什么方面需要改进；等等。

1. 课程评价的目的

婴幼儿早教课程评价的目的在于发挥评价的导向、诊断、反馈与改进以及鉴定等功能，激励和促进教养人员提高教养水平。针对婴幼儿早期教育的特点和组成要素，通过了解婴幼儿学习与发展的实际状况与需求，诊断课程目标、内容组织、方案计划与实施过程的适宜性和有效性，以修正、调整、改进和优化课程，促进教师专业发展，优化父母等有关人员的教养行为，不断提高教养质量，让每一个婴幼儿都能够全面和谐而富有个性地充分发展。

2. 课程评价的内容

（1）对课程方案的评价

所谓课程方案，就是指导课程实施的文本，是对课程内容、资源及时间、空间等各种要素的一种规律性安排。对课程方案的评价就是对照婴幼儿发展的阶段水平和实际状况，对课程方案的针对性、适宜性和可行性进行评价。

（2）对课程实施的评价

① 课程的定期评价

一是在课程实施过程中，定期对照教养计划中的教养目标和教师平时观察、记录、分析婴幼儿的材料，检查、分析教养目标、内容、实施过程的适宜性；二是对照教养计划和方案中的教养目标，检查、分析教师、父母、保育人员协同共育的情况；三是定期对照教养计划和方案中的教养目标，评估分析婴幼儿身体、动作、语言、认知、情感与社会性的发展情况。

② 教养过程的评价

一是评估分析具体的教养计划、亲子活动计划、亲子教育与指导活动计划的目标、内容和实施过程的适宜性；二是评估分析活动环境的创设是否能反映活动目标和内容，是否有利于激发婴幼儿活动的兴趣，活动过程能否营造宽松、自由的氛围，能否关注活动过程中婴幼儿的反应、表现、差异和需求，能否提供支持和适宜的指导；三是评估、分析教师对活动准备、活动过程与指导等所进行的反思与评价是否符合实际，是否有利于改进早期教育与指导工作，能否促进自我成长和婴幼儿的发展。

③ 促进家长科学育儿的评价

一是评估教师与婴幼儿父母是否建立起协商性指导服务关系；二是评估教师对婴幼儿父母的指导情况，包括指导内容和方式方法的针对性、适宜性和有效性。

3. 课程评价的方法

课程评价是一个收集课程的计划、实施、结果等各要素的信息并做出判断的过程。婴幼儿早教课程评价是围绕着促进婴幼儿发展而开展的，因此，课程评价以婴幼儿发展评价为核心，伴随着教养过程持续评估早教课程的适宜性和有效性。由于婴幼儿年龄的特殊性，所以收集信息的主要方法有观察、对话交流、婴幼儿作品分析、婴幼儿成长资料分析等。其中，对话交流和观察还适用于收集家长、保教人员的保教观念和行为等信息。婴幼儿早教课程评价就是在收集这些评价信息的基础上，判断、分析婴幼儿的发展情况、课程实施的效果、保教人员的教养情况等，适时调整和优化保教方案，促进婴幼儿发展。

第二节　支持婴幼儿综合发展的课程

婴幼儿早教课程必须以满足婴幼儿的全面发展需要为根本，满足婴幼儿动作、认知、语言、情感与社会性等方面发展的需要。只有理解了发展、学习与经验之间的相互关系，才能为婴幼儿提供高质量的照护与教育。早教课程同时要尊重和关注家长的教养需求，为家长在家庭中开展亲子教育提供指导和支持。

一、课程目标与内容

课程目标是指课程本身的意图和要实现的具体目标。课程目标的确立为制订活动计划提供了导向和依据，它是确定课程内容和教学方法的基础。目标越具体、明确，越便于操作、评价。早教课程目标的制定既要遵循婴幼儿的年龄发展特点，又要符合婴幼儿的身心发展水平。早教课程目标应包含婴幼儿发展目标和家长指导目标两方面。

早期教育的内容选择应是全面的，涉及婴幼儿的生长发育、动作发展、语言、认知、情感与社会性等各个方面。课程内容应该适应婴幼儿发展的个体差异和文化差异。课程形式应该丰富多彩，生动活泼，以游戏的形式为主。

二、课程设计

婴幼儿个体需要在不同群体中获得丰富的经验。早教机构开展婴幼儿及亲子早期教育的课程主要有以下三种。

（一）面向相同月龄阶段婴幼儿的早教课程

婴幼儿的生长发育有一定的顺序性与阶段性，因此，早教课程的设置要在充分了解婴幼儿身心发展规律的基础上，同时关注个体的发展水平与差异来设计活动。课程的设计包含生活活动、区角活动、游戏活动，既有集中式的小组活动，又有个别活动。

案例2

婴儿爬行课程设计

婴儿月龄： 7—9个月

设计依据：

7—9个月的宝宝是练习爬行的关键期，爬行运动对宝宝的发展具有重要的意义。宝宝在爬行的过程中，全身性的协调运动能够刺激大脑的运动神经细胞，促进宝宝骨骼和肌肉的发育。爬行让宝宝获得探索环境的主动权，可以全方位地感知周围的世界，发展身体运动智能和视觉空间智能。同时，爬行还能锻炼宝宝的意志和胆量，对培养宝宝未来解决问题的能力及自信心等个性培养均具有积极的作用。爬行经验不足或者未经过爬行就直接走路，会对宝宝未来的身体机能及动作发育产生不良的影响，甚至影响宝宝的认知能力和注意力。

宝宝学会爬行一般要经历三个阶段：匍匐爬（旋转爬）、手腹爬（倒退爬）、手膝爬。相同月龄阶段的宝宝在爬行能力上会呈现一定的差异和发展节律。因此，在环境创设和指导策略上，针对不同发展水平的宝宝应采取不同的方式。

环境创设：

合理调整活动空间，为宝宝提供充足的爬行空间，铺设软垫、地毯，创造一个安全、适宜的环境。在宝宝爬行的区域摆放一些不同质地的玩具，让宝宝通过爬行去抓取，感受爬行探索的乐趣，也可摆放钻筒、隧道等，让宝宝在爬行的过程中感受到新奇和刺激。

指导要点：

对处于不同爬行水平的宝宝给予个性化的支持和引导：

1. 匍匐爬（旋转爬）：可用浴巾包裹宝宝腰腹部的位置，轻轻提拉，让宝宝腹部离开地面，体验手膝着地、腹部悬空的动作经验，尝试手膝爬行的动作。

2. 手腹爬（倒退爬）：宝宝手臂已能支撑起上半身，但由于缺乏腿部膝盖的支撑，腹部仍然贴合于地面，手臂越使劲，身体反而越后退，呈现倒退爬的情况。此时，照护者可以用手掌抵住宝宝的脚部，让宝宝获得支撑，从而通过蹬腿实现身体向前移动。

3. 手膝爬：当宝宝会用手膝爬行后，就可以开展各种爬行游戏了，如爬直线步道、爬上下斜坡、爬阶梯、爬过枕头等，或者用小拖车、小皮球等吸引宝宝追随，练习连续爬行的动作，增加爬行的趣味性和多样性。

（二）混龄课程

混龄儿童在一起互动、生活，有利于增强他们的自我意识，促进其社会性的发展。早期教育常开展混龄教育，设计混龄课程，让不同年龄阶段的婴幼儿在一起共同生活、游戏和学习。在这样的空间里，年龄大的婴幼儿可以带动和帮助年龄小的婴幼儿，从而获得成功的体验；年龄小的喜欢模仿年龄大的来获得发展。随着年龄增长和身心发育，婴幼儿的心理、社会角色也在不断发展变化。混龄教育为婴幼儿的这种发展变化提供了有利的条件，尤其是在促进婴幼儿的社会化进程方面。混龄教育的活动室应考虑不同年龄婴幼儿的需求，设置不同的活动区域，投放适合不同年龄婴幼儿的教玩具。桌椅的尺寸也要符合不同身高的婴幼儿使用。混龄教育的成败往往取决于教师的教育水平，在混龄的教育模式下，教师需要选择不同的教育内容和教育方式以满足不同婴幼儿的发展需求。

案例3

混龄班婴幼儿活动课程观察记录

地点： 活动室

环境：

1. 围栏区：用儿童护栏围起，并铺设软垫。装有一些小球、三条丝巾的小篮子。

2. 阅读区：柔软的地毯、布艺小沙发、小桌子、小椅子、书柜及婴幼儿图书。

3. 娃娃家：婴儿床、灶台、娃娃等玩具。

4. 建构区：

（1）幼儿6人操作桌椅，靠墙的玩具材料柜及积塑、积木等。

（2）靠墙的玩具材料柜旁叠放大块积塑。

5. 自由活动区：玩具柜及玩具材料、组合阶梯器械、大藤篮、拉链大袋、小三轮车等。

观察记录：

围栏区里，一个婴儿仰躺在地毯上，挥舞着胳膊东张西望。另一个婴儿爬到护栏边试图扶着护栏站起来。一名照护者坐在他们身边，将色彩鲜艳的小球和柔软的丝巾放在宝宝们能注意到的地方。

自由活动区空间更为宽敞，3个学步儿在组合阶梯器械上爬来爬去，还有一个扶着旁边的学步栏缓慢站起，尝试扶着扶栏迈步，脸上露出开心的笑容。有个孩子正在从玩具柜的篮筐里寻找东西，他找到一顶帽子戴在头上，然后继续把里面的东西一样一样拿出来。接着，他把篮筐拿下来并翻转过来，把剩余的东西都倒出来。最后，他把篮筐翻转回来，发现里面空了，就爬了进去，坐在里面玩起了帽子。在他身边还有两个同伴，捡起地上的棉球走到护栏边，把棉球扔到护栏里面的婴儿身旁，他似乎对此项活动乐此不疲，来回地搬运东西往护栏里送。

4个孩子正在挤压一个大拉链袋，袋中装满了不同的东西。坐在一旁的照护者对他们说："你们很喜欢这个软软的拉链袋，是吗？"孩子们玩得更开心了，一个接一个地探索这些拉链袋。

阅读区里，3个孩子正在看书。一个刚才还在玩拉链袋的孩子跑来，趴到老师的腿上，拿了老师手上的书，指点着要和老师一起看书。

娃娃家中一个孩子在哄娃娃睡觉，另一个孩子在烧饭做菜。

建构区域里，2个孩子在桌前玩积木，一个孩子在堆叠大块的塑料泡沫积木，她把积木一块一块地垒高后，再一次性推倒，推倒的一瞬间，她满足地拍起了手。

从上述案例可见，混龄课程可以分区域安排婴幼儿自主游戏，创设相应的环境，提供充足的玩具材料，使婴幼儿能自由选择。教师引导婴幼儿在不同区域自由玩耍与探索，并在旁边观察，及时给予婴幼儿回应、支持和指导。

（三）亲子教育与指导课程

亲子教育与指导课程是面向家长和婴幼儿开展的，为家长实施亲子教育提供现场指导和支持的课程。具体来说，即在专业人员指导下，由婴幼儿和他们的父母或其他看护者共同参与的一项具有指导性、互动性的教育活动。亲子教育与指导的教师在真实的情境下参与指导。教师在设计和组织相关活动时,要精心选择适合婴幼儿和家长共同参与的游戏,鼓励他们举一反三,将活动中蕴含的方法应用到实际的教养中。亲子教育与指导活动的各个环节应科学合理,做到动静相宜,活动量适当。避免活动内容单一、形式单调、任务过重等问题。

> **案例4**
>
> **"喂娃娃"亲子教育与指导活动**
>
> **活动目标:**
>
> 1. 尝试使用汤匙,锻炼宝宝手部动作的灵活性及手眼协调能力,培养自我服务的能力。
>
> 2. 家长学会利用生活物品,引导宝宝进行舀的动作练习。
>
> **活动准备:**
>
> 自制娃娃脸、小汤匙、装有木珠的小碗。
>
> **活动过程:**
>
> 教师用孩子喜欢的方式激发孩子对活动的兴趣。
>
> 1. 教师出示小汤匙,示范正确的抓握方法。
>
> 2. 教师出示自制娃娃脸:"娃娃肚子饿了,我们喂她吧!"教师重点示范手握小汤匙,从小碗里舀起一个木珠子,倒进娃娃的嘴里。
>
> 3. 宝宝尝试用小勺舀起木珠喂娃娃。
>
> **家长学习:**
>
> 1. 用游戏的口吻设计一定的情境,激发宝宝拿勺子舀东西喂娃娃吃饭。
>
> 2. 家长讨论如何利用生活中的废旧材料自制玩具。如将牛奶箱、可乐罐做成不同小动物的脸,并提供相应的"食物",供宝宝游戏使用。
>
> 3. 婴幼儿的学习与发展:1岁多的宝宝已具备了一定的独立动手能力,很多时候会强烈要求自己动手做事情,如自己吃饭。尽管宝宝笨拙地拿着勺子,吃得杯盘狼藉,却吃得很香,因此,平时应多给宝宝提供使用小汤匙自己进食的机会。

三、课程实施与教育指导

在课程实施过程中,教师应该尊重和了解每个婴幼儿的发展水平,为每个婴幼儿提供适宜的教育活动,鼓励家庭积极参与早期教育课程。在亲子教育与指导活动中,教师尤其要注意教育对象的双重性和互动性,既要指导婴幼儿,又要指导家长。需要注意的是,教师面对家长进行现场指导时,需要向家长介绍亲子活动的内容和目标,活动的注意事项和相互配合的方法,评估婴幼儿的发展水平等。教师要努力积累科学育儿知识,不仅要在早期教育的方式方法上给予家长具体、专业、系统的指导,还要帮助家长掌握科学的早期教育理念和方法,和家长形成伙伴关系。

四、早教指导课程的反思

　　课程反思是课程实践体系的重要组成部分,其目的是了解课程实施的成效,进而调整完善课程建设。教师可以从课程目标的适宜性、组织策略的有效性、活动实施的成效性等方面进行反思,比如:所提供的环境和材料是否适宜?婴幼儿在活动中获得了什么经验?他们的需要和兴趣是否得到满足?教师要善于从婴幼儿的行为举止和语言态度中感受他们的需要、兴趣和困惑,判断他们的收获与发展。课程反思应建立在教师对婴幼儿的已有经验水平相当了解的基础上,这样才能形成进一步促进婴幼儿发展的策略。在课程反思中,教师除了应关注婴幼儿的发展之外,还应关注家长的发展:家长是否在教育观念上得到了提升?是否获得了有益的经验?是否掌握了有效的亲子互动方法?充分有效的反思为进一步推进课程提供依据,也能帮助教师以研究者的心态和角色,对出现的问题进行探究,梳理有效的经验,形成规律性的认识,从而进一步提升自己的专业水平。

> **案例5**
>
> 0—3岁亲子早教课程适宜性的思考与实践
——以"我和青菜交朋友"为例
>
> 　　0—3岁婴幼儿的发展具有特殊性。首先,相对3—6岁的幼儿而言,3岁前的婴幼儿注意力持续性短,缺乏目的性。因此,我们组织亲子课程时更需要生动有趣的形式、形象鲜明的道具,以及家长的直接参与作为支持,才能形成教师、家长、婴幼儿三方的良性互动。我们在设计亲子教育与指导课程时,不仅要面向不同发展水平的婴幼儿,让课程追随他们的发展需求而延伸与拓展,同时也要向家长介绍课程设置的理念,提供建议,帮助家长找到行之有效的教养方式,真正做到"眼中有孩子、心中有目标、口中有家长"。从现状上看,亲子中心每周设有1—2次的课程,受时间、空间的限制,我们不可能面面俱到地开设早教课程,因此,每次呈现给家长和孩子的课程可以说是浓缩性的,既是家长们可以借鉴实施的,又具有家庭不易达到的教育功能与作用。另外,我们需要与家长形成共识:早教亲子课程所要传授的并不是知识点,而是方法,所要追求的不是短期效应,而是用发展的眼光关注孩子,满足孩子对世界的好奇。正如蒙台梭利所说:"激发生命,让生命自由发展,这是教育者的首要任务。在进行这样一种细致的工作时,需要有高度的艺术,要把握

时机和恰到好处,不致造成干扰和偏差。孩子们的心灵正在充分发展,他们的生命依靠自己的力量,而我们只能是帮助他们。"

在以下案例中,我们选择了与婴幼儿日常生活与生理发展需要相关的内容——"我爱吃青菜"(19—24个月)作为课程探究与尝试。

一、活动的由来与分析

我们在与家长的交流中了解到,有不少小宝宝不喜欢吃水果与青菜,让妈妈们很是头疼。所以,我们决定设计"我和青菜交朋友"的亲子活动。为了了解宝宝的实际状况,在设计课程前我们又针对宝宝在家吃青菜的情况对妈妈进行电话回访。小天的妈妈说:"宝宝可以接受把菜剁碎拌在饭里,但是单独的就不吃。"小溢的妈妈说:"宝宝不爱吃青菜,家里一点办法也没有。"小涵的妈妈说:"宝宝好像吞不下去,所以不吃,怎么说都没用。"当然也有成功的例子,小京和小骏的妈妈就反映宝宝能够很自然地接受青菜。还有小君宁的妈妈谈道:虽然宝宝的吞咽能力不好,但是自己坚持给宝宝喂相对碎一点的青菜,所以宝宝并不排斥吃各种各样的蔬菜。她还分享了炒青菜时放几滴香油味道会很不错。通过调查,我们发现,宝宝的饮食情况与添加辅食是否得当及家长的喂养方式有着很大的关系。我们觉得在对宝宝实施课程之前,首先应该帮助妈妈们重新建立科学合理的喂养方式与信心。在设计、实施课程之前,了解宝宝和家长的实际需求是很有意义的,能让我们对课程真正做到有的放矢、心中有数。

二、指导的实施

指导一:家教沙龙"宝贝吃青菜"

指导目的:

通过教师、家长之间的交流,分享在喂养上的成功经验,集思广益,解决部分家长的喂养困惑。

指导重点:

1. 爸爸妈妈要用积极的情绪来感染孩子,允许孩子对饭桌上的菜肴有一个从适应到喜欢的过程。当孩子拒绝某些青菜时,家长不应就此放弃,以免造成宝宝的挑食、偏食。

2. 由于宝宝的咀嚼能力还不是很强,因此,家长烹调青菜的方式应该花样多一些,比如可做成饺子、蔬菜肉饼、造型可爱的蔬菜切片等,激发宝宝对食物的兴趣。

3. 多与宝宝进行一些有关食物的表演、操作游戏,让宝宝感知饮食、饮水与排泄的关系。

4. 请家长分享在喂养宝宝吃青菜方面的心得与成功经验,并相互推荐适合宝宝口味的青菜烹饪方法。

思考与推进：

妈妈是孩子的主要养育者，平时积累了许多直接、有效的喂养经验。家教沙龙提供了一个平等、宽松的氛围，让妈妈们可以自然地说出育儿困惑，大家一起畅所欲言、出谋献策。家教沙龙缓解了一些妈妈们的育儿压力，也为我们下一步早教指导奠定了良好的基础。

指导二：情境表演"大便怎么了"

指导目的：

通过情境表演，引导宝宝在游戏中体验健康饮食（吃青菜）与排泄的关系，激发宝宝了解自己生理现象的兴趣。

活动准备：

1. 小兔手偶（面前挂一个小袋子）和兔妈妈的手偶各一个。
2. 自制健康与不健康"大便"挂图。

指导重点：

1. 情境表演"小兔大便怎么了"，帮助宝宝理解不吃青菜就会引起便秘。
2. 出示挂图，引导宝宝认识健康和不健康的大便。
3. 通过和宝宝玩"小兔上洗手间"的游戏，加深宝宝对饮食与排泄之间关系的理解。

手偶情境表演："我爱吃青菜"

情境一：洗手间

小兔子对妈妈说："妈妈，我要去大便啦！"兔妈妈帮助小兔坐到小马桶上。"哎呀，怎么拉不出来啊？"小兔子的脸都憋红了，不管怎么用力还是拉不出来，着急得要哭了。兔妈妈安慰小兔："别着急，最近宝宝不爱吃青菜，大便就不想从肚子里出来了。再用用力，一二、一二！"小兔子好不容易拉出了干干、黑黑的大便。

情境二：饭桌上

兔妈妈说："宝宝吃饭喽！"饭桌上除了有鱼和肉，妈妈还特地准备了红色的胡萝卜、绿色的青菜。小兔说："妈妈，宝宝要吃青菜。"兔妈妈高兴地看着宝宝吃青菜，兔宝宝开心地唱起了歌："好吃的青菜我最爱，好吃的青菜我最爱。"

情境三：洗手间

兔宝宝又坐到了小马桶上，这回它轻轻松松地拉出了健康的大便，妈妈竖起大拇指："宝宝真棒，爱吃青菜，噗通一声，大便出来了。"

思考与推进：

2岁的宝宝已经具有一定的倾听能力和理解能力，我们用情境与游戏的方式引导宝宝感知与体验，还对故事中小兔子终于顺利排便的部分进行了一定的情绪渲染,同时也激励妈妈们常常肯定宝宝的点滴进步。

指导三:团体活动"大家一起尝"

指导目的:

1. 通过营造欢乐的集体进餐氛围,激发宝宝品尝青菜的兴趣。

2. 培养宝宝的观察能力,鼓励宝宝自己说一说。

活动准备:胡萝卜数根、香油炒胡萝卜丁、桌布、小勺等。

指导建议:

1. 选择宝宝较为熟悉的胡萝卜,避免宝宝品尝时因为对食物陌生而产生排斥行为,同时进一步引导宝宝观察与了解胡萝卜。

2. 教师可用兔妈妈的口吻引导宝宝观察胡萝卜的外观,请宝宝触摸胡萝卜并描述其主要特征,比如胡萝卜是红的、长的,鼓励宝宝自己说一说。

3. 教师可演示削皮、切片的过程,进一步激发宝宝的观察兴趣与专注力。

4. 教师出示事先已做好的香油炒胡萝卜,请宝宝闻闻香味,看看色泽,并亲自品尝。最后请宝宝自己用小勺品尝,并鼓励宝宝与妈妈一起分享。

5. 可在桌子上铺上漂亮的桌布,营造温馨的进餐环境。

活动反思:

宝宝不爱吃青菜是许多妈妈头疼的问题,家长在教养方式上应以鼓励为主,避免让宝宝产生逆反心理。通过生动形象的情境表演,让宝宝在游戏的情境中与故事中的小兔产生共鸣,产生品尝胡萝卜的愿望。教师应启迪家长在与宝宝的日常互动中尊重宝宝的个性与心理,激发宝宝的兴趣,用耐心与智慧去促进宝宝的成长。

(案例提供:福建幼儿师范高等专科学校附属第二幼儿园　何圣予)

第三节　支持婴幼儿个体发展需求的课程

一、个体发展的诊断与分析

(一)个体发展诊断与分析的功能

每一个婴幼儿都带有自身独特的先天特质,其发展受到不同文化背景和生活经历的影响,有着各自不同的发展历程、速度和特点。只有深入了解每一个婴幼儿的真实发展水平,才有可能做到因材施教。婴幼儿个体诊断与分析是指以促进婴幼儿的发展为目的,关注婴幼儿发展过程中的表现，诊断婴幼儿的发展状况并提出合理化建议。对婴幼儿个体的发展评价，除了观察，还可借助一些测评工具。

个体发展诊断与分析为进一步促进婴幼儿发展提供指导依据，对婴幼儿的全面发展具有导向和调控作用。教师通过观察、诊断、分析，进而提出促进婴幼儿发展的具体建议和指导策略，设计具有针对性、适宜性的教育活动。婴幼儿发展的诊断与分析倡导方法和手段的多元化，尤其重视质性评价方法的运用。所以，通过诊断和分析可以清晰、全面地记录婴幼儿个体成长的点点滴滴，为科学育儿和教育活动调整提供充分的依据。

（二）个体发展诊断与分析的基本原则

1. 建议性原则

诊断与分析的功能不是为了给婴幼儿的发展进行排序或贴标签，而是要为婴幼儿的进一步发展指明正确的方向。也就是说，诊断与分析不仅仅是为了了解婴幼儿的现有发展水平，还要针对婴幼儿的现有发展水平提出进一步发展的、有意义的指导建议，促进婴幼儿的发展。

2. 过程性原则

婴幼儿发展的诊断与分析基于婴幼儿发展过程中的点点滴滴，强调通过观察与记录来关注婴幼儿的发展过程，如，坚持在一日生活中观察婴幼儿的动作、语言、情绪情感、参与活动的积极性等各个方面，对其进行记录、分析与评价。

3. 多元性原则

对婴幼儿发展的诊断与分析过程中应运用多元的评价工具、评价指标、评价方法和手段。要客观地诊断和分析婴幼儿的发展状况，需要借助有效的评价方法和评价手段，使用不同的评价指标。如，评价婴幼儿的生理发展水平时应更多地参考医学领域的婴幼儿发展指标，而评价婴幼儿的心理发展水平时则要更多地依据心理学研究中的婴幼儿心理发展特点和规律的指标。最终应将不同的评价方法和手段获得的评价结果加以整合，综合评析婴幼儿的发展现状。

4. 全面性原则

个体的身心发展水平指个体各个方面发展的综合水平，评价者不应用婴幼儿某一方面的发展水平代替其整体的发展水平，也不能用某一方面的优势发展代表其全面发展水平。婴幼儿是一个完整的个体，评价者应该遵循全面性原则，发现婴幼儿发展中的强项和弱项，在鼓励其强项发展的同时也关注其弱项方面，并有针对性地提出改进措施和教养建议。

二、支持个体发展优势的课程

（一）分析个体发展中的优势

教师通过个体观察评估、家长问卷、访谈等方式对婴幼儿个体发展做出诊断、分析和评价，深入了解其动作、认知、语言、情绪情感与社会性等各个方面的发展情况，从多元智能的角度，分析个体的优势智能和个性特点，发掘个体包括感知能力、理解能力、表现能力、拓展能力等各方面的潜能所在。

（二）设置支持个体发展优势的早教课程

不少婴幼儿很早就展露出某方面的智能优势和兴趣，比如：有的对音乐敏感，喜欢跟着音乐节奏做动作；有的喜欢涂鸦；有的语言表达能力较强；还有的喜欢运动。早教机构应设置支持婴幼儿个体发展优势的课程，满足婴幼儿个性化的发展需要。

1. 支持个体发展优势的主要课程

加德纳的多元智能理论认为，人的智能主要有八种：言语-语言智能、音乐-节奏智能、逻辑-数理智能、视觉-空间智能、身体-动觉智能、自知-内省智能、人际交往智能和自然探索智能。他强调智能的多元性和结构性，认为每一个人都有自己的优势智能和独特的智能组合，呈现出自己的特点和风格。教师如果能发现孩子的优势智能，就可以更好地促进其优势领域的发展。孩子在自己有优势的活动中更容易感受到自信和成就感。从脑神经发育的角度来看，优势项的神经突触和联结如果得以不断地刺激，会愈发粗壮地成长，使优势项愈发凸显。孩子能够将成功的经验转化成个性化的学习品质，当这些学习品质迁移到其他方面的学习时，也能带动其弱势项的发展。

支持个体发展优势的主要课程是针对婴幼儿智能优势和兴趣而开设的课程，包括运动、动手、阅读、语言、科学、音乐、美术等适宜性课程。在设计这些多元选择性课程时，既要符合婴幼儿个体的兴趣指向，又要制定让孩子"跳一跳"能达到的目标。教师要为个体运用发展优势来解决问题创造更多的机会，帮助个体在发展优势方面积累更多的经验。

案例6

海西宝贝早教中心多元选择性课程举例

24—36个月启慧感统课程

融合蒙台梭利教育理念和美国爱尔丝博士感觉统合理念，并结合我国婴幼儿的情况加以本土化，通过让孩子自主地与蒙氏感统教具互动，发展其视觉、触觉、前庭觉、本体感、重力觉等多种感觉能力，以及大脑对输入信息的综合分析能力，满足孩子在运动方面的发展需求。

24—36个月亲亲悦读课程

本课程运用图文并茂的早期阅读绘本与亲子阅读活动来满足孩子对阅读的兴趣与发展需求。创设多看、多听、多说、多练的亲子阅读环境，通过游戏式、互动式的亲子阅读，培养幼儿对早期阅读的兴趣，积累图书阅读经验，提升幼儿聆听、提问、表达和阅读的能力。

> **24—36个月创想美劳课程**
>
> 本课程提供各种文具、美工材料,满足孩子在绘画、手工制作、艺术探索与创造方面的兴趣和发展需求。通过自由宽松的环境、丰富多元的材料和生动有趣的体验激发幼儿对艺术的兴趣与爱好,培养幼儿的审美情趣、动手能力、观察力、想象力、创造力与表现表达能力。
>
> **24—36个月快乐音乐课程**
>
> 这是为了满足对音乐敏感、喜欢音乐的孩子的兴趣和发展需求而设置的课程。通过美妙听音、歌唱游戏、肢体律动、乐器玩奏等课程内容,创设多元的音乐体验、丰富的视听刺激和让幼儿尽情表现的空间,让幼儿在快乐的活动中体验音乐、表现音乐,开发其音乐潜能。
>
> (案例提供:福建幼儿师范高等专科学校附属海西宝贝早教中心)

2. 以优促优,共同发展的课程

教师可以把有共同发展优势的婴幼儿放在一起,为其创设和提供有针对性的丰富适宜的环境和活动材料,指导个体之间进行积极有效的互动,通过相互促进、相互学习达到共同发展的目的。皮亚杰认为儿童能够建构他们对这个世界的理解,不断地积累和操练那些重要的见识和技能。维果斯基强调儿童的见识和技能是共同建构的,婴幼儿能在那些经验丰富的学习者的帮助下获得一些重要的技能。他还认为,社会互动是儿童发展解决问题能力的先决条件,儿童通过辅助学习能不断地从他人身上获得见识,并且在游戏中将这些见识和技能化为己有。

> **案例7**
>
> **一起挑战"不可以"**
>
> 几个不足2岁的幼儿经常被吸引到挑战区活动。他们精力充沛,活泼好动,动作能力发展较好且喜欢探索。
>
> 这天早上,玲玲正忙着在挑战区将不同形状的玩具塞进塑料盒上的小孔中,当某一形状不能完全插进小孔时,她会用手使劲敲打以使它能够进去。恩恩手中拿着毛绒狗玩具站在一旁,当他看到玲玲敲打形状时,说:"不可以!"玲玲连忙说:"可以!老师说可以!"但还是没有插进去。恩恩观察了一会儿说:"嗯,我来弄。"他将形状玩具旋转了一个方向,形状玩具顺利地插进了小孔。两人大笑起来,并说:"可以可以,可以可以。"然后继续玩起了这个游戏。这时,超超也来了,他们一起把各种形状的玩具插进小孔中,高兴地喊着:"可以可以!"

三、个体发展不足的干预课程

通过个体诊断与分析,确定个体在某一项或若干领域发展不足之后,就可以制订相应的干预课程计划。干预课程计划包括拟定干预课程目标、确定干预措施、制订干预过程评估方案等。对某方面严重发展不足的婴幼儿,要与家长协商,请家长带孩子去专业的机构进一步咨询、诊断。

（一）实施干预课程的基本原则

1. 关注个体良好行为,进行积极性干预

在干预课程中,教师应以积极、耐心的态度面对个体。积极的干预应以发展的眼光来看待个体的成长,相信个体会向好的方向迈进,从引发个体积极的情绪体验入手,逐渐增强个体的适应能力。

2. 重视个体发展特点,进行个别化干预

确定干预措施时要仔细地分析个体本身的特点,尤其是生理年龄特点及能力发展水平,从而有针对性地制定干预目标,设计个性化的干预实施计划,提高早期干预的科学性、准确性和有效性。

3. 重视环境的作用,各方协同干预

要想最大限度地发挥干预措施的效果,环境设置、环境中关键人物（如家长和教师）的态度及干预措施都非常重要。因此,干预过程中应不断协调环境、人员和措施的合理性和一致性,优化干预课程的实施进程。

（二）个体干预课程的实施

1. 开展个别化指导

个别指导是最为有效的一种干预形式。首先运用个别化的评估来诊断和分析个体发展不足的方面,理解个体成长中个性化的背景环境,再针对个体和家庭的特定需求和资源制定明确的目标。在此基础上,进一步确定个别化干预措施,提升干预的有效性。

2. 适宜的干预强度和持续时间

一般而言,干预的效果和干预强度、持续时间成正比:持续时间短、强度小的干预收到的效果也较小,而持续时间长且强度大的干预收到的效果往往也较为显著。但持续的时间和强度应由个体的发展特点和发展需求决定。教师要很细致地诊断、分析孩子的发展问题及其原因,制订有针对性的干预影响措施,还要耐心地观察,适时地调整。

3. 进一步落实家庭干预策略

早期干预课程提倡在自然环境中实施,了解家庭的教养需求和个体的成长背景有利于制订适宜的干预课程方案。个体生活、学习、游戏最主要的场所是家庭,因此,家庭的环境、父母的积极参与对早期的干预效果起着重要作用。专业人员应与家长建立紧密的伙伴关系,以发展家长自身能力的方式为婴幼儿个体干预提供指导。

（三）个体干预与教育指导的注意事项

1. 个体尽可能不脱离同龄婴幼儿

早期介入干预对发展出现不足的婴幼儿十分重要，但干预应尽可能不让个体脱离同龄婴幼儿，否则会剥夺他们体验一般儿童经历的机会，减少他们自我纠正的可能性或进行补偿性快速发展的可能性。

2. 高度重视个体与主要照料者之间的重要关系

个体与主要照料者之间的关系对个体的认知、语言、情绪、社会性等方面的发展有重要影响。如果个体和照料者之间的关系是温馨的，那么，个体干预课程的实施就会更加有效，也就能更大限度地促进孩子各方面的发展。

3. 合理评估干预效果并及时反思、改进和优化干预进程

在预设干预对个体所产生的效果，并对这些效果进行评估时，必须牢记儿童之间是存在个体差异的，客观地评价课程资源和干预目标之间的匹配程度，及时反思干预课程及实施的适宜性，不断改进和优化干预措施。

4. 综合考虑个体干预和教育指导的影响因素

个体教育指导成功与否取决于指导目标的准确性、指导策略的合理性，以及目标对象的可接受程度，这些因素都会直接或间接地影响个体教育指导的质量。早期干预应该选择科学合理的方式进行，避免枯燥的训练。照料者和家长们鼓励和接纳的态度非常重要，要创设适宜的环境，提供游戏化的情境，关爱和支持发展迟滞的婴幼儿，引导和支持孩子用适合自己的方式去体验和探索周围的世界。在游戏中，成人应鼓励婴幼儿运用各种感官去操作体验，并给予适当的指导，减少刻意的推动。为孩子提供与正常儿童一起玩耍的机会，并努力提供关爱和支持。

案例8

耐心与家长协商发展严重异常孩子的就诊就医问题

小宝是个男生，1岁时，妈妈就带他来早教中心参加亲子教育与指导课程，但每次活动都让妈妈觉得精疲力尽。早教中心的教玩具和老师的各种引导似乎都无法激发起小宝的兴趣，他只是在活动室里游走。妈妈要是不顺他的意，他就强烈反抗，大哭大闹，妈妈担心影响别的孩子，只好把他抱出活动室。有时，小宝也会因为莫名的情绪问题，不愿进入活动室，这种情况持续了5周始终没有好转。

老师在与小宝母子的沟通过程中，发现小宝很少注视人的脸部，呼唤他的名字他也没有反应，几乎不听从任何指令，只有当他想换场地或离开场所时，才会拉起成人的手。小宝稍不如意就大声哭泣，情绪激动时还会用手敲击头部。他每次来早教机构，手上都要拿一样玩具，什么时候都不愿放手。老师建议妈妈带小宝去妇

幼专业保健机构做个发育商测评并接受有关的专业指导,却遭到了爸爸的反对。爸爸认为自己小时候也有这些情况,长大就改善了,认为这只是因为孩子语言没有发展完善,还没有能力和成人进行沟通的结果,没有意识到发育异常对孩子发展的影响。针对这一情况,老师约谈了小宝的爸爸,和他分析了在亲子互动中观察到的现象以及发展测评对于孩子的意义。

爸爸在老师的细心解说下,终于同意带小宝去专业的儿保科做发展测评。经过测评,发现小宝在语言、认知、社会性方面均呈现不同程度的发展迟缓,且有很高风险的自闭倾向,需做进一步的检测,并进行有针对性的干预。小宝的爸爸妈妈在了解到测评结果后,非常重视,采取了积极面对的态度,希望通过自身教养行为的改变和妇幼保健院儿童保健科的干预课程,来改善小宝的发展状况。

(案例提供:福建幼儿师范高等专科学校附属海西宝贝早教中心)

第四节　婴幼儿亲职教育及其课程

随着时代的发展,家庭教育已成为世界广泛关注的问题,同时也成为世界共同研究的课题。早在20世纪30年代,教育家陈鹤琴先生在《怎样做父母》一文中指出,人们要在做父母之前先学习抚养、教育子女的知识,如同孩子需要教育一样,父母并不是天生就能胜任的,父母应该接受系统的专业学习才能为人父母。事实上,许多家长的确是用自己的情感和智慧引导孩子走向成功之路的,但也有一些家长由于不具有正确的家庭教育观念,未能掌握有效的家庭教养技能,导致在亲子教育过程中存在一定程度的盲目性、随意性,不能为孩子的成长提供最优的家庭生态环境。基于此,社会有必要为家长提供多种途径,让家长获得必要的教育和学习机会,帮助家长树立正确的家庭教养观念,掌握科学的家庭教养方法,提高科学育儿的能力,这种教育就属于"亲职教育"。

一、亲职教育的内涵与功能

(一)亲职教育的内涵

亲职教育是指培养称职父母的成人教育,即让父母通过学习增强称职父母意识,获得为人父母与教育子女的先进理念、知识和技能,达到知、情、行共同改善,以科学抚养与正确引导、协助子女达成良好的社会适应与成长。亲职教育涵盖对父母的教育和父母对子女的教育两方面。亲职教育以未婚男女青年、准家长和父母为教育对象。目前,面向学龄前儿童家长的亲职教育开展得相对多些。

我国亲职教育处于起步阶段，还不够系统，较为零散，也未普及。随着社会越来越重视学龄前儿童的教育，该年龄阶段儿童的父母对亲职教育的需求激增。婴幼儿早期教育机构和幼儿园基于与家庭共育的理念，伴随着早期教育和幼儿教育进程，进行了各种专题性和问题解决等亲职教育的实践探索，在增强父母育儿的主体责任感与紧迫感、树立先进的教育理念、获得协同共育婴幼儿的知识和方法、与教师共同解决孩子发展与教育中的问题等方面都发挥了重要作用。

（二）亲职教育的功能

1. 指引和促进孩子健全地发展

亲职教育帮助父母获得为人父母与教育子女的理念、知识和技能，让父母能够以适当的态度与方式，顺应孩子的天性来开展教育，并洞悉孩子内心真正的需要，以科学抚养和引导促进孩子健全发展。由此可知，实施亲职教育是教育好孩子的根本，也是教育孩子的动力，其重要性不言而喻。

2. 增进亲子关系，促进家庭良性循环

和谐的家庭环境、良好的家庭教育是孩子日后成为社会健全一分子的基础。亲职教育有助于提高父母的自身素养，帮助父母深入理解和重视影响孩子成长的家庭和谐氛围和环境，为自身也为下一代的幸福着想，全力建设高品质的家庭生活，让孩子能在良好教养环境的熏陶下健康快乐地成长。父母对孩子溺爱或过于严苛都将对孩子的成长与发展极为不利。亲职教育能够尽早纠正父母不正确的心态和行为，帮助其形成良好的亲子关系。一个美好家庭环境的建设，不仅包括物质方面，还应该包括文化方面。父母应注重充实家庭文化生活与精神生活，建立良性的家庭生态系统。

3. 提高人口素质，增强社会安定和谐

家庭是社会组织的基本单位，也是儿童个体成长最重要的场所。目前，由于市场经济的快速发展，职业妇女日益增多，小家庭越来越普遍。加上大众传播事业的发达、知识信息的爆炸等因素导致伦理的式微，儿童家庭教育问题令人担忧。如果为人父母者在心理上都能有一种责任感、使命感，就能确立称职父母的新形象与新角色，进而教育孩子成为新时代健全有为的公民。所以，积极实施亲职教育，使之形成一个社会支持系统，唤醒父母的职责，帮助父母更好地了解儿童和自己身处的周围环境，学习与实施科学育儿并获得自身素质的提升，也由此发挥亲职教育的社会功能，实现人口素质提升与社会的安定和谐。

二、婴幼儿亲职教育与指导的迫切性

家庭是婴幼儿生存和发展最初的也是最基本的社会生态环境，父母是抚育孩子的中心人物，既是婴幼儿日常生活的照料者，也是婴幼儿的启蒙老师。父母对婴幼儿的教育具有长期性与渗透性，潜移默化地影响着婴幼儿的发展和人格的形成。可以说，父母的言谈举止启迪和滋养着婴幼儿的整个阶段,进而指引和影响其一生。父母并不是天生就能胜任的,人在做父母之前都应先学习抚养、教育子女的知识。但目前的情况是,绝大多数人直到孩子出生、为人父母时才感受到科学抚养、教育子女知识技能的贫乏。尤其是现时期,"90后"已成为婴幼儿家长的主要群体,他们多为独生子女,且多在单一小家庭中或由祖辈轮流照护的环境下成长起来,可借鉴的育儿经验非常有限。

身为父母应该接受亲职教育以充分了解孩子的生长发育特点和规律,了解婴幼儿的内心世界与发展潜力,加强亲子间的有效沟通,有针对性地对孩子进行启发引导教育,用自己的实际行动为子女做出榜样和示范。社会上的0—3岁婴幼儿亲职教育也因此应运而生,通过改善父母的教养水平,优化家庭人文环境,进而改善影响婴幼儿发展的各种因素,有效促进婴幼儿身心健康发展。

三、亲职教育的目标和内容

(一)亲职教育的目标

亲职教育的总体目标主要是:协助父母扮演好父母的角色,让父母认识到家庭氛围对子女成长的重要影响;提高父母与子女的沟通技巧,强化沟通渠道,尽早发现子女的异常行为并对其进行干预;协助父母了解子女成长与发展过程中的阶段性任务、危机和身心特点。

(二)亲职教育的内容

1. 帮助父母明确为人父母的角色和职责

做父母容易,但要做合格、称职的父母就不那么容易了。身为父母,如果没有时间或没有心情去教育子女,抑或有心教育子女却不得要领,那么他们就没有尽到为人父母应尽的职责,不能称之为称职的父母。想要使子女身心获得健全发展,父母在家庭里要各自担当好自己的角色,在认知、行为、情感等方面明确自己的立场和作用,夫妻双方应同心协力,共同维护家庭生活的稳定,互相包容,相互合作,实现良好的家庭功能。

2. 了解并应用抚养、教育子女的专业知识

父母应了解与教养子女相关的各种知识,包括心理学、社会学、行为科学、医学等方面的常识,了解儿童发展的规律和特点,以及子女每个成长阶段的关键期,给孩子提供良好的生长环境,掌握科学育儿的方式方法。接纳孩子,信任孩子,管理好自己的行为,相信孩子的能力,坦诚地对待孩子,倾听孩子的述说,理解与关爱孩子。能挖掘和赏识孩子的点滴进步,给予积极的表扬和鼓励;也能发现和觉察孩子的异常行为,进行及时、有效的干预和指导。

3. 学习夫妻融洽相处,营造家庭和谐氛围

在一个家庭中,夫妻和谐相处就已经为子女教育奠定了良好的基础,而且是子女最佳的模仿对象,让子女获得最大的安全感。如果夫妻能融洽相处,对事物的看法、对孩子的教养态度协调一致,让孩子在充满快乐气氛的家庭中成长,那么其心胸必然开朗,行事也必将积极进取。

4. 构建和谐的亲子关系

和谐的亲子关系是教养子女成功的基石，和谐的亲子关系需要父母与子女建立相互尊重、平等的关系，采取积极有效的亲子沟通方式方法，保持健康有益的沟通模式和渠道。良好的亲子沟通可以促进父母与子女间和平相处，增进子女的安全感，还能帮助子女和他人建立良好的人际关系。

5. 家庭与早教机构协同共育

随着社会的发展与进步，学龄前儿童的教育逐步普及，于是不少家长将孩子的成长寄希望于早教机构，有的家长甚至认为自己可以不用管孩子的教育了。无论孩子进入早期教育机构、幼儿园、小学，还是中学，家庭教育都是不可或缺的，而且年龄越小的孩子家庭教育越是占主导地位。因此，早教机构与家庭的协同教育是促进儿童全面发展的重要措施。有效的协同共育对教师和家长的教育能力都有一定的要求。父母应对托育、早教机构和孩子的发展给予合理的期待，尊重、理解和接受孩子的能力与性格特质，处理好与孩子、教师之间的关系，在与托育、早教机构协同教育子女的过程中，促进孩子健康、全面、和谐而富有个性地发展。

四、亲职教育的组织与实施

（一）亲职教育基本构架与多元设计

当前，我国亲职教育的理论研究还相当贫乏，实践探索也比较零散，缺乏广度、深度和力度，与社会发展进步及日益增长的家长亲职教育需求不匹配。盖笑松、王海英的研究认为，国家应该通过立法明确各级各类机构的责任分配。建议在《教育法》范围内增设有关亲职教育责任的条款，明确规定各类机构开办亲职教育活动的责任。我们认为，在政府重视和推进亲职教育事业发展的同时，教育机构和社会有关力量还应当继续努力探索，积极作为，基于当今中国社会对亲职教育的迫切需求，在开展亲职教育需求调研、问题分析、亲职教育实践探索等研究的基础上，充分借鉴国外的研究成果与成熟经验，着力研究建设具有中国特色的亲职教育课程与教育实践体系。

一方面，基于亲职教育被赋有一定"职业"化属性及亲职教育目标的实际，组织力量研究搭建亲职教育的基本框架，系统研制亲职教育的课程标准，以指引亲职教育课程体系的建设与教育实践。另一方面，基于亲职教育受众范围广泛且需求各不相同的特点，应多元开发、设计和实施富有针对性的亲职教育课程：① 充分发挥托育、早教机构与家庭协同共育的作用，开发和实践校本、园本等亲职教育课程体系，服务于儿童家庭；② 高校要为青年学生日后成家提供相应的亲职理念、知识等含有亲职教育和家政教育的课程；③ 鼓励一定规模以上的企事业单位开办职工家长学校开展亲职教育；④ 社区（村）教育也可整合和利用本社区的教育、文化等资源，开发亲职教育课程内容，服务于辖区居民。这些教育机构和社会开发、设计和实施的多元亲职教育探索都将创造和积累亲职教育的有益经验。

（二）亲职教育多途径多方式与针对性实施

1.线下亲职教育

（1）实施亲职教育的个案方式

所谓个案方式，即由一位亲职教育专家针对一位或一对父母实施亲职教育。个案方式是社会工作和心理辅导经常使用的助人方式，也是比较能深入了解个案、帮助个案的方式。有效的亲职教育课程包括以下三种个案工作方式：

① 面对知识与技能的不足，实施个别指导

父母在教养孩子的过程中，经常面临知识与技能不足的困境，需要专家或有经验父母的指导，比如：怎样喂食？如何替婴儿洗澡？如何辨别幼儿是否生病了？孩子有各种坏习惯或不适当的行为，应该如何处理？这些有关教养子女的疑问，可以通过个别指导的方式来处理。亲职教育的内容相当有弹性，可以视不同家庭的需要灵活调整。主要的内容在于指导父母如何照顾新生儿，教导父母如何管教子女，如何改变亲子沟通与互动的方式，如何料理家事，为父母提供所需要的各种资讯和教育子女的知识技能。

实施个别指导也可以由亲职教育人员、社会工作人员、心理卫生人员或医疗人员前往需要亲职教育的家庭，针对父母教养子女所遇到的问题，提供面对面的家访指导服务。

② 解答父母困惑，实施个别咨询

亲子问题或子女管教困难通常涉及相当复杂的情绪和沟通问题，有的甚至涉及一些根深蒂固的性格和心理问题。这个时候，仅仅是认知或技能层次的个别指导往往有其限制性，父母多需要通过个别咨询的方式来解决问题，这样才能有机会深入自我探索和自我了解亲子问题背后的种种原因。

对于有情绪困扰或心理问题的父母，接受个别咨询的亲职教育是有其必要性的。父母通过一对一的方式接受亲职教育专家或心理辅导专家的个别辅导，不仅可以增进自我了解，解决个人的情绪与心理问题，而且可以学习教养子女的态度与方法，达到改善亲子关系的效果。

对于那些有亲职培训需求，却又因故无法前来接受咨询的家长，可以为其提供家访咨询服务，由心理辅导或亲职教育专家定期前往有需要的家庭，进行个别或家庭咨询，针对父母自己的问题或亲子之间的问题给予必要的协助。家访咨询是一项非常有效的二级预防措施。

③ 摆脱复杂困境，实施个案管理

对于问题比较复杂的个案，可以通过个案管理的方式进行亲职教育。所谓个案管理，是由亲职教育专家担任个案的经纪人或管理员，协助个案获取社区服务资源，联系有关机构，为其申请、争取各种社会福利和权益，以及为其安排就医、就学、就业、生活安置等事项。

有严重管教子女困难的父母，或者家庭问题较多的父母，通常需要更多的亲职教育。由于复杂的子女与家庭问题，他们不得不经常与政府与社会服务机构打交道。对那些家境清贫，父母忙于生计的家庭，他们最迫切地需要个案管理型的亲职教育。

（2）实施亲职教育的团体方式

团体方式的亲职教育包括班级教学、大团体活动、小团体活动等。通常由一位亲职教育专家面对一群父母实施亲职教育。团体方式的优点在于,一次可以服务很多父母,是经济实惠的教育教学方式。缺点是不容易满足每位父母的个别需要。

实施亲职教育的团体方式依照时间可以分为单次、系列式和持续式的团体方式。依照举行的方式,又可分为演讲、座谈、亲子互助、团体研习、班级教学以及互助团体等。

① 单次举行的团体方式

演讲。通常由主办单位邀请一位亲职教育专家,针对一个主题发表专题演讲,以演讲的方式实施亲职教育。活动对听众没有人数与年龄的限制,可以在一次活动中让许多父母参加。但是,演讲式的亲职教育其效果毕竟是有限的,不适合作为亲职教育的主要方式。

座谈会。通常由主办单位邀请两三位亲职教育专家,与父母们一起就子女管教问题进行讨论。专家学者在发言之后,由父母提问,并请出席的专家学者给予回答。参加座谈会的父母人数如果控制适宜的话,座谈会的效果还是不错的,也能满足部分父母的个人需要。

亲子互动。比较常见的形态包括亲子游园会、亲子营等。亲子互动式的亲职教育方式比较适合学龄前的子女及其家长。活动中,家长之间可以互相观摩,实际参与和分享,并能在亲职教育专家的指导下学习教养子女的有效方式。亲子互动的教育方式是值得广泛应用的实施方式。

研习会。通常由亲职教育专家带领家长围绕一个研习主题进行半天到两天的密集研习。为了增加参与者的学习兴趣和研讨效果,讲师通常会安排实际操作或体验活动,如角色扮演、技巧训练、示范观摩、影片欣赏和分组讨论。父母参加亲职教育研习会的目的性、动机都比较强,学习意愿比较高,因此,研习会的效果也往往比较好。不过,研习会要求家长长时间、密集地投入,因为孩子教养以及家庭与工作的原因,父母通常无法一起参加。

② 系列式的团体方式

所谓系列式的团体方式,是指以团体方式实施亲职教育课程。课程的总时数通常在10—20个小时,每周实施1—3个小时,分几个星期完成,长的甚至要持续二十几周。系列式的团体方式包括小团体研习、班级教学、团体咨询三种形式。

(3) 实施亲职教育的家访方式

实施亲职教育经常遭遇到的困难是,那些最需要亲职教育的父母通常不肯或不能参加亲职教育,传统的以学校或机构为服务点的服务方式无法满足这类父母的需求。而以家庭访问形式实施的亲职教育则比较能被这类父母接受。

所谓家访方式的亲职教育,是指由心理辅导专家、亲职教育专家或个案管理员直接将有关亲职教育的服务提供到有需要的父母家里。如前所述的个案家访指导、家访咨询和家访个案管理等都属于此类方式。

2. 线上亲职教育

(1) 传统传媒实施亲职教育

即通过电影、电视、广播、报纸、杂志,以及录影带等视听媒体的方式来实施的亲职教育。另外编写并出版大众化的亲职教育图书也可以帮助父母在这方面做自我提升。父母自行通过媒体或书籍来学习子女管教的效果通常比较有限。比较好的方式是将媒体与书籍视为亲职教育课程的一部分，父母在亲职教育专家、学者的指导下进行学习，这样可以提高学习的效果。

（2）网络新媒体方式实施亲职教育

随着信息化时代的来临，人们运用手机、电脑可以随时随地上网浏览和学习，例如，人们通过微信公众号、微博、育儿APP观看视频、阅读文章、收听育儿栏目。资讯发达的时代，学习也可以无处不在。但这种学习是碎片化的、零散的，不易让学习者形成完整、系统的学习体系。

线下和线上亲职教育各有优势，需要相互配合应用，使其形成优势互补，做到既方便家长又能增强教育效果。

（三）婴幼儿亲职教育课程实施的侧重点

婴幼儿亲职教育课程的实施伴随着婴幼儿成长的过程，依据婴幼儿的身心发展特点应有不同阶段的侧重点。

（1）新生儿期的亲职教育

婴儿出生后28天内的新生儿期，对父母而言，也是新父母期，既是兴奋、新鲜、幸福的一个月，又是紧张、不知所措、不安的一个月。此时的亲职教育就要给新父母以最贴心的鼓励和最细微的指导，包括：指导母亲的饮食营养与起居；指导父母读懂孩子的表情和哭声；观察新生儿的一般行为并学习积极地回应、照护；学习正确喂奶、起居、盥洗等，融合保健保育与教育，让孩子感受到关爱；为孩子提供精心布置的丰富环境，培养孩子对外部世界的兴趣和该阶段的各项技能；为父母排忧解惑，增强其信心和幸福感。新生儿期的亲职教育由保健、保育、教育人员进行入户指导。

（2）1—3个月婴儿期的亲职教育

1—3个月的婴儿清醒的时间有较大增加，出现了有社会性的微笑和对手的关注，逐步喜欢挥舞胳膊、腿和抬转头，产生观看、倾听、触摸、啃咬等方面的探索兴趣。这一时期的亲职教育在延续前一阶段贴心、细致指导的基础上，一是要继续解答父母咨询的有关孩子身心状况、喂养、保健保育的问题，帮助父母解决育儿过程中遇到的困难。二是要指导父母了解和观察该阶段孩子发展的潜能，让父母明白除了及时积极的回应、照护外，还应该经常与孩子玩耍游戏，这对孩子认知、语言、情感与社会性的发展十分重要。在科学喂养的过程中逐步增强婴儿身体和头部的控制能力、运动行为和行为的协调性，增进其好奇心和手、腿、身体的探索能力，使其充分感受到爱和关心，发展与父母的特殊关系。三是在了解家庭成员的基本情况、家庭氛围、家庭教养观念与行为的一致性的基础上，有针对性地进行指导，增强父母协调家庭关系的主体意识及在维护与增进家庭和睦方面的责任感，对孩子实施一致的教育行为，形成最大的合力，促进孩子健康快乐而又充分地发展。这一时期，父母可以带孩子走出家门，亲职教育的实施途径和形式也可以多样化了。有婴幼儿早期保教指导条件的社区（村），还可以对辖区家庭提供科学育儿方面系统性的咨询与指导。父母还可以带孩子到附近的妇幼儿童保健机构测量孩子生长发育情况。早期教育机构也可为所在地的适龄婴儿的家庭提供亲职教育，还可以通过发放科学育儿学习材料、网络推送等进行指导。

（3）3—6个月婴儿期的亲职教育

这一阶段的婴儿头部和身体的控制力大幅提升，对熟悉的人脸和声音会做出积极的反应，探索周围世界的欲望和情绪高涨，情感与社会性方面的需求愈加强烈。这一时期的亲职教育，除了持续指导科学喂养与照护、家庭关系和睦、对孩子实施协同一致的教育、解决教养过程遇到的困难和问题外，还要重点指导父母重视孩子发展潜能的充分发掘，对孩子的发展保持合理的期待，明白家庭物质环境和人际环境中都包含了孩子学习与发展所需要的内容，关注、了解孩子发展的详情，为孩子创建有趣的环境，设计有趣的活动，使孩子能更多地享受生活的乐趣，充分发展其动作、认知、语言、情感与社会性，使其保持强烈的好奇心，又不致被宠坏。这一时期的亲职教育既可以通过组织讲座、开展咨询服务、家长育儿沙龙的方式进行，也可以通过入户指导、发放科学育儿学习材料、网络推送指导等方式进行。

拓展资料

养育环境对婴儿的影响

我一直在研究婴儿在出生后6个月中的经历对其发展的影响，关于不同经历如何影响婴儿的发展速度，我了解到很多有趣的事情。通过对身体健康的婴儿所进行的实验，我了解到，孩子在头6个月中获得各种能力（至少是对视觉运动能力和智力基础而言）的速度，能够通过对孩子的养育环境的操纵而得到戏剧性的改变。

人们早就知道，要阻碍头6个月的婴儿的重要发展是很容易的。在对0—6个月的婴儿所做的研究中，我和我的同事还了解到，如果你在此阶段为婴儿提供某种环境，他获得某些技能的时间就能比大部分婴儿早得多。

例如，大多数宝宝会在5个月至5个半月的时候学会在视觉引导下的伸手够东西的动作。在研究中，我们从3—4周的时候就为宝宝提供各种可以看、可以打、可以摸和可以玩的东西，结果这些宝宝在3个月多一点儿的时候就能够熟练地完成伸手够东西的动作了。

这是一个相当显著的加速，但或许更重要的是，这些宝宝度过了一段奇妙的时光。在第4个月中，他们充满了热情。他们会兴奋地发出咯咯的笑声，玩周围的东西，高兴地照挂在头上的镜子，并且会发出很多的声音。你会看到，这种愉快甚至兴奋的玩耍是如何促进宝宝的一些特有技能的发展，并培养了宝宝对生活的热情和好奇心的。参与了这些实验的宝宝在六七个月的时候比那些在出生时与他们一样但在出生后6月中很少做什么的宝宝变得情绪更加高涨、更加有趣。

（资料来源：怀特BL.从出生到3岁[M].宋苗，译.北京：京华出版社，2007.）

（4）6—9个月婴儿期的亲职教育

婴儿大约4个月时学会翻身，发脾气时往往会伴随着强有力的蹬腿，6个月之前，就明显地能用自己的手去够视线之内的物体。婴儿这些能力出现的早晚可能相差几个星期。6个月以后，婴儿能够更好地控制自己的头部运动，能轻松地完成翻身，眼睛和耳朵的功能也更加完善，能用双手在视觉的引导下够物品，能扭转身体寻找到声音的来源。

这一时期的亲职教育要让父母明白，孩子的发展不能等待，不能因为大人自己怕麻烦或担心孩子有危险而限制孩子的探索活动。父母应该排除不安全因素，积极鼓励孩子探索。一方面，孩子在学会翻身之后学习坐、爬、站立具有重要的意义。家长不能忽视爬行对孩子的价值。爬行动作需要大脑皮质对手和脚的许多肌肉做复杂的协调和控制，爬行不仅可以加强头部、躯干、腰部、手臂及腿部的力量，为日后站立、行走、跑跳、平衡奠定良好的基础，还能促进孩子手眼协调、探索、空间知觉和数理经验等智能的发展。缺乏爬行经验的婴儿易造成感觉统合失调，日后易导致学习困难，比较难以弥补。另一方面，手部小肌肉的发育、手眼协调能力的增强，使孩子与周围物体的互动行为显著增多。这一时期的婴儿热衷于探索周围世界，只要能拿得到的东西，都要以各种方式进行探索，比如饶有兴趣地反复把东西扔到地上，这种重复动作的图式行为是婴幼儿学习过程必不可少的经历，有利于逐步建立起孩子对所探索事物的认知结构，其智能就在这种探索的过程中得以发展。

这一时期的亲职教育还要让家长充分了解孩子情感与社会性发展、语言发展的特点。此阶段的婴儿往往通过哭啼作为获得关注的一种手段，父母既要让孩子感受到爱和关心，又要避免孩子过度把啼哭作为无理要求的手段，防止把孩子宠坏。婴儿在七八个月左右会出现怕生的现象，当陌生人靠近时，孩子会表现出不安，甚至会哭。父母要创造条件让更多的人与孩子互动，有意识地扩大孩子的交往面，帮助孩子积累社会性经验，促进其情感与社会性的发展。语言方面来看，词语对这一阶段的婴儿具有了意义，他们开始懂得"妈妈""爸爸"的含义，知道了"坐下""过来""再见"等一些词语的意思。父母要多跟孩子有一些语言的互动，经常跟孩子重复一些日常生活中常用的词语。

（5）9—12个月婴儿期的亲职教育

儿童出生时所携带的人类进化至今所普遍拥有的天性在这一时期已得以显露。如，孩子从爬行到站立、行走等运动技能和语言、认知、情感与社会性等方面的发展均得以显现。这一时期的亲职教育要指导父母进一步稳固与孩子健康的亲子关系，不能因图省事而限制孩子的活动，更不能用恐吓的方式让孩子保持安静，否则容易造成孩子退缩、暴躁、顽固等不良的情绪问题，且日后很难改变。父母应该做的是：了解孩子兴趣和能力的发展过程，为孩子创设卫生、安全、舒适的环境，提供适合这一年龄段婴儿的丰富多元的玩具材料和图书，多陪伴孩子一起游戏和阅读，及时给予孩子积极有效的回应，鼓励孩子探索、学习，引导孩子从周围的物质世界和与人的交互作用中获得乐趣和发展。

这一时期的婴儿对什么都感兴趣，好奇心很强烈，还明显地出现一些装扮和幻想行为。同时，其语言、认知、情感与社会性的模式逐渐形成。父母应为孩子提供能满足其多种兴趣的玩具,如电话、小碗、小勺等装扮玩具。不要提供过小的玩具,以免孩子误食。让父母充分了解婴儿这一发展阶段的重要性,当孩子的要求不合理时,家长不能宠,不可放任,而应让孩子明白一些浅显的道理。当孩子做得对或在生活、游戏中有了进步时,家长要及时赞扬、鼓励,增强其成就感,培养孩子积极的亲社会行为。

(6) 12—24个月婴幼儿的亲职教育

不少家庭认为养育孩子最大的问题是管教孩子的过程,孩子和父母都处在极度痛苦中,并且这种痛苦会延续到孩子读小学、中学,严重影响了亲子关系。这些问题的根源往往在于婴儿期的教养不当。如前所述,从婴儿六七个月时,父母就应当开始防止宠坏孩子,当然也要防止过度管束。12—24个月这一时期,孩子的动作、认知、语言等各方面都有了较大的发展,自我意识也得以增强。值得重视的是,尽管刚刚学会走路的孩子,大多数行为还是非社会性的,但孩子与母亲等主要照护者的互动都具有更多的感情色彩,孩子变得很黏人,希望母亲一直陪在身边。如果有同龄的同伴在旁边,幼儿会表现出占有母亲的欲望。这一时期的幼儿开始有自己的选择,与母亲等主要照护者亲近并想要引起关注。另外,这一时期的幼儿经常表现出较为强烈的欲望,父母如何正确看待和对待孩子的欲望,将极大地影响其日后人格的发展。

这一时期的亲职教育要让父母充分了解孩子的自我意识的发展和社会化过程的困难等发展特点,知道孩子的哪些行为应该予以赞扬和鼓励,哪些行为应该予以有效的引导。孩子的学习与发展很大程度上取决于父母的教养行为。孩子从与父母(或其他照护者)无数的交往中,逐渐意识到自己的行为可以影响照护者的情感和行为。这一智力的进步和自我意识的发展使孩子意识到自己是具有社会力量的。孩子会一遍一遍地用动作和哭来表达"不要""就要"等不合理的要求,一遍一遍地试验自己的权力、挑战父母的权威。如果父母以为孩子还小,为了让孩子不哭而满足孩子不合理的要求,孩子的顽固态度就会萌芽并日益增强,进而对各种事情变得固执而挑剔,脾气变得糟糕,日后想改变则十分困难。

这一时期的亲职教育要引导父母多分析自己孩子的特点,反思自己的教养观念和行为。当孩子发脾气时,只能暗暗关注,而不宜让孩子感觉到父母在关注,否则满足了孩子引起父母关注、挑战父母情感和权威的试探。父母可以利用此时期孩子很黏父母的特点对其执拗行为进行约束,适当采取忽略的方法,也可以如用栅栏把执拗的孩子与母亲隔开,孩子要哭就让他哭一会儿,使他明白自己要求的不合理,这种无理的要求是不受欢迎的,无理取闹是没有用的。这样坚持几个星期,这个办法就会起作用,所建立的约束和父母的权威也会得到巩固。培养孩子健康的依恋,学习正确表达合理诉求,控制不良情绪,亲子关系才会健康、和谐。

这一时期孩子的求知欲、探索欲持续高涨,任何事物都能成为其探索的对象。家长应尤其注意孩子的安全,不宜给孩子能放进嘴里的小东西,还要避免孩子从高处跌下,防止孩子接触电、药物等危险的事物。这一时期的家长应多陪伴孩子游戏、探索,培养孩子动脑思考、用行动解决问题的能力,为孩子大声朗读,多与孩子一起阅读图书、听音乐、交流,让孩子接触更多的信息,鼓励孩子自主探索、大胆用语言、涂鸦表达,促进孩子动作、认知、语言、情感与社会性的稳步发展。

这一时期亲职教育的实施途径和方式如同上一阶段一样,是灵活多样的,通过多种方式让父母了解这一阶段孩子的发展特点,指导家长持续观察、分析孩子的发展情况,有针对性地到所在地保健与早教咨询机构咨询。如果孩子正在接受托育服务,家长要多与托育机构或早教中心的保教人员交流孩子的情况,积极配合做好协同教育。家长还可以听一些科学育儿讲座、报告,参加家长沙龙等活动,不断增强科学育儿的智慧和能力。

(7) 24—36个月持续推进孩子全面发展的亲职教育

孩子2岁时对周围的环境已经很熟悉并能参与其中。这一阶段的孩子主要表现有:仍十分热衷于探索周围的世界并从中练习各种动作和运动技能;对学习语言的兴趣与日俱增,喜欢看电视里的广告和动画片;好奇心强烈,模仿能力大大提升,大量出现装扮行为;喜欢学大人的样子拿着笔涂涂画画,捧着书"阅读""讲故事";喜欢听音乐唱歌跳舞;等等。父母可与孩子一起安排自己的活动小天地,创设卫生、安全、丰富、有吸引力的环境,能让孩子自主选择和展开各种探索、装扮游戏、涂鸦、建构等活动。父母应多陪伴孩子,和孩子一起进行亲子阅读,一起玩一些具有思维挑战性的游戏,引导孩子做一些力所能及的自我服务和为家人服务的事情,使孩子在丰富多彩的生活和游戏中获得全面的进步。

本 章 小 结

课程是教育的核心,它是关于教育目标、教育内容、教育方法和教育评价的一个系统,是教育思想、教育理论转化为教育实践的中介和桥梁。本章第一节对婴幼儿早期教育课程的内涵、特点、构成以及课程计划、组织实施、评价与反思等进行了详细阐述。婴幼儿早教课程必须以满足婴幼儿的全面发展需要为根本,本章的第二节便主要阐述了支持婴幼儿综合发展的课程,从此类课程的类型、实施与指导、反思与推进等方面具体展开。另外,儿童的发展存在个体差异,每个儿童的发展都有其特殊性。因此,本章的第三节便围绕支持幼儿个体发展需求的课程展开,详细介绍了个体的诊断与分析、支持个体发展优势的课程和针对个体发展不足的干预课程。针对当前社会年轻家长普遍缺乏科学教养知识的情况,本章在第四节中着重讨论了婴幼儿亲职教育课程,包括亲职教育的内涵与功能、目标与内容、组织与实施等。

延 伸 学 习

拓展阅读

《基础阶段课程指南》中行之有效的教育原则

- ◆ 有效教育既需要一个适宜的课程,也需要能够理解并贯彻课程要求的早期教育人员。
- ◆ 有效教育需要早期教育人员理解儿童早期在身体、智力、情感和社会交往方面的迅速

发展。

- 早期教育人员要确保全体儿童都获得归属感、安全感和价值感。
- 早期学习经验应当以儿童已经了解和会做的事情为基础。
- 每一个儿童都不应该受到排斥或被置于不利地位。
- 家长要和早期教育人员通力合作。
- 为确保课程有效,应当精心建构早期课程。
- 既要给儿童机会参与成人提供的活动,也要给儿童机会参与他们自己设计和发起的活动。
- 早期教育人员要能够正确观察并回应儿童。
- 精心设计、有明确目的的活动和早期教育人员恰当的介入能够使儿童积极投入学习过程。
- 学习环境必须精心设计,组织有序。
- 早期教育人员所提供的保育和教育应当是高质量的。

《0—3岁教养方案》中的良好行为原则

- 父母和家庭对儿童的健全发展起到重要作用。
- 与他人的关系在儿童的人生中至关重要。
- 在家庭和托幼机构中与主要照看者建立关系,对儿童的健全发展具有不可或缺的意义。
- 婴幼儿是社会人,他们从出生后就有能力学习。
- 在有知识的成人的支持下,儿童积极参与活动并有浓厚的兴趣,使学习成为一个共享和高效率的过程。
- 有爱心的成人比资源和设备更加重要。
- 计划和日程必须随着儿童的需求而变化。
- 如果给儿童以恰如其分的责任,允许他们犯错误、进行决策和选择,把他们看成自主且有能力的学习者,并尊重他们,那么儿童就已经在学习了。
- 儿童的学习是在实践中完成,而不是在接受命令中完成。
- 儿童很容易受到伤害。他们在依赖别人中学习独立。

(资料来源:戴利 M,拜尔斯 E,泰勒 W. 早期教育理论的实际应用[M].
王海波,译. 南京:南京师范大学出版社,2010.)

学习活动

1. 关于0—3岁婴幼儿早期教育课程是什么,这里有两种基本的观点:一种观点认为,早期教育课程就是使婴幼儿不断获得周围环境中的知识;另一种观点认为,早期教育课程就是使婴幼儿在与周围人和物的互动中获得经验。请以小组的形式对这两种观点进行比较与评述。

2. 结合托育机构的保教实例,分析婴幼儿早期教育课程的特点。

3. 以学习小组为单位,了解、整理托育机构中不同月龄婴幼儿的一日生活安排,评析其作息时间分配、常规生活编排和游戏活动安排等方面的适宜性及其依据。

4. 以小组为单位,在了解托育机构某一月龄段孩子发展的基础上,尝试设计符合其发展能力的课程活动,组织实施,并进行反思。

5. 以小组为单位,观察、记录婴幼儿亲子教育与指导活动,并评析活动设计、活动过程的优点、缺点和改进建议。

6. 以小组为单位,调研托育或早教机构亲职教育开展的情况,并在班级分享交流。

 复习与思考

1. 试述对0—3岁婴幼儿早期教育课程及其特点的理解。
2. 托育机构中婴幼儿早期教育课程计划包含哪些内容?
3. 简述0—3岁婴幼儿早教课程主要的组织方式和实施途径。
4. 简述0—3岁婴幼儿早教课程评价的目的、主要内容和方法。
5. 试述针对不同群体的、支持婴幼儿综合发展的课程设计与实施原理。
6. 试述各月龄段0—3岁婴幼儿亲职教育的侧重点及其依据。

第六章 婴幼儿早期教育教师

学习目标

1. 了解0—3岁婴幼儿早期教育教师的角色演变和专业化进程，理解早期教育教师的工作特点与专业角色。
2. 掌握婴幼儿早期教育教师应具备的专业素质。
3. 理解婴幼儿早教教师专业发展的内涵与取向，了解其专业发展过程与影响因素，掌握其专业发展的途径与策略。
4. 学习并理解婴幼儿早教教师的教师观和专业信念，践行正确的早教教师观。

第一节 早期教育教师的专业性

教师职业是一种专业性的职业，教师是专业人员。教师的专业性是指教师作为专业人员所表现出来的主要特征。联合国教科文组织于1966年在《关于教师地位的建议》中指出，教师工作应被视为一种专门职业，一种经过严格训练和持续不断的研究才能获得并维持专业知识和专门技能的职业。

一、教师与早期教育教师

（一）早教教师是新兴的专业教师

《中华人民共和国教育法》第十七条指明："国家实行学前教育、初等教育、中等教育、高等教育的学校教育制度。"《中华人民共和国教师法》第三条规定："教师是履行教育教学职责的专业人员，承担教书育人，培养社会主义事业建设者和接班人、提高民族素质的使命。"这是对我国从学前教育到高等教育的各级各类教育中专门从事教育教学工作的教师的概括，明确教师是教育专业人员。

我国"十三五"教育改革发展成就显示，2019年，学前教育毛入园率达到83.4%，九年义务教育(小学教育和初中教育)巩固率达到94.8%,高中阶段教育毛入学率达到89.5%,高等教育毛入学率达到51.6%。我国学前三年入园率达83.4%,较之2010年的56.6%增长了近28个百分点。我国幼儿园教育取得长足发展,入园率超过世界中高收入国家平均水平。

虽然我国0—3岁婴幼儿教育还比较薄弱,但随着我国社会经济的全面发展和人民生活水平的不断提高,人生最初三年的科学养育受到了党和国家的高度重视。在我国幼儿园教育取得长足发展的基础上,2017年党的十九大报告又提出保障和改善民生的"幼有所育"新要求。2019年10月,国家卫健委《关于印发托育机构设置标准(试行)和托育机构管理规范(试行)的通知》部署,鼓励和支持社会力量兴办托育服务机构。政府各部门出台一系列0—3岁婴幼儿托育服务政策,从国家、社会、家庭等方面明确各方责任义务,有力保障和推进0—3岁婴幼儿照护与教育服务的蓬勃发展与质量提升。

早期教育教师是0—3岁婴幼儿科学养育的专业人员。国家已明确早期教育专业教师由高校师范类专业培养,起点为师范专科学历。高校开办早期教育专业必须符合国家规定的早期教育专业设置标准,并经省(直辖市、自治区)级把关上报教育部,经专家评审通过、教育部批准公布后才可设置、开办。2010年天津师范大学教育学院是第一个申办0—3岁婴幼儿早期教育专业的学院,获得了教育部审批,填补了早期教育师资培养的空白。历经11年的发展,至2010年已有超过100所高等院校经教育部审批开设了早教专业,加快了培养从事早期教育的专门人才的步伐。

(二)早期教育亟待进一步加强

早期教育是终身教育的重要组成部分,在教育对象上面向的是0—3岁的婴幼儿,早期教育教师是整合保健和教育资源,协同家长对0—3岁婴幼儿身心实施积极、适宜影响的教育工作者。自2010年以来,国家在积极探索构建婴幼儿早期教育服务体系,但当前我国关于早教师资仍缺少全国统一的、硬性的入职标准,相关法规中还没有对0—3岁早期教育师资的学历和专业进行具体规定与要求,教师资格认定方面的证书也只是以幼儿园教师资格证和育婴师资格证作为替代。一些省市为保证早期教育质量逐步开始实施从业人员准入制度,明确了0—3岁早期教育机构专业负责人、早教教师、育婴师、保健员的从业资格标准,但仍需从政府和行业的层面建立和完善早期教育服务相关标准和规范,比如:明确0—3岁早期教育行业的准入门槛、早期教育教师角色和素质要求,制订0—3岁早期教育机构照护和服务标准。

二、早期教育教师的角色演进

由于早教教师和幼儿教师所面对的教育对象的发展水平存在很大差异,他们承担的角色也存在很大不同,因此,需要我们对二者角色的历史演进进一步考察,以明确早教教师的专业角色。

(一)幼儿教师角色的演进

教师角色是指社会对教师职能和地位的期望和要求,教师在所从事的教育工作中应表现出符合社会所期望的态度与行为。很显然,教师角色受制于社会经济、政治、文化的发展状况及人们对教师的期待等多种因素的影响。在传统教育中,教师担任传道、授业、解惑者的角色。如今,教师不仅仅要传道、授业、解惑,更要把学生培养成与时代发展相适应的合格公民与社会需要的人才,其角色包括:做学生品格的引路人、学习知识的引路人、创新思维的引路人、奉献祖国的引路人,还要根据教育教学情境和方式的不同而兼有教育设计者、教育教学的组织者、学生学习与发展的研究者、服务指导者和促进者等多重角色。我国幼儿教师的职业发展、角色演进大致经历了三个阶段,即保姆阶段、保育员阶段和专业幼儿教师阶段。

1. 保姆阶段

在原始社会中,学前教育的产生源于集体生产生活的需要,受当时特定的社会环境影响,形成了特定的教育模式,即公育公养。幼儿属于氏族共同所有,氏族中年老体弱的长者负责照看和教育年幼儿童,他们充当着保姆的角色,对幼儿进行生活教育,主要的教育内容包括生活知识和技能、采集果实等简单的劳动、生活习俗、宗教、原始艺术教育、体格训练等。教育方式以日常生活中的口耳相传和成人示范为主,幼儿通过模仿进行学习。

在农业社会中,随着生产力水平的提高,人们逐渐有了剩余生产资料,因此,以家庭为单位的自然经济形态开始出现,受社会分工的影响,年幼儿童的照料与教育由家庭中的妇女负责,充当保姆的角色,照料幼儿的日常起居,在氏族的生活、工作、祭祀等活动中对幼儿进行一些启蒙教育。

2. 保育员阶段

随着大工业和科技的发展,生产力大幅度提高,生产力的变革也促使教育领域发生变革。机械化和规模化的机器生产模式逐渐取代了原始的自然家庭生产方式,为了解放妇女,学前教育机构开始兴起,出现了托儿所、育儿所、幼稚园、幼儿园,这些机构以保育为主要任务。1903年,我国自己创办的第一所幼儿园在湖北武昌成立。1904年,清政府把这所湖北武昌幼稚园更名为武昌蒙养院,颁布《奏定蒙养院章程及家庭教育法章程》,把我国幼儿教育纳入教育体系,确立蒙养院的地位是"蒙养通乎圣功,实为国民教育之第一基址",指出"蒙养院专为保育教导三岁以上至七岁之儿童"。"蒙养家教合一之宗旨,在于以蒙养辅助家庭教育。"由乳媪、节妇充任保姆,实施保育教导工作。

在我国抗日战争和解放战争时期,在中国共产党领导下的农村革命根据地、抗日民主根据地和解放区,广大妇女积极参加革命和生产工作。为解除她们照顾孩子的后顾之忧及收育失去父母的儿童,由此诞生了战时儿童保育院、托儿所,成为当时最有效的儿童保育团体。1941年,陕甘宁边区政府颁发了《陕甘宁边区政府关于保育儿童的决定》。保育院以保育为主,教师的工作主要是照顾婴幼儿,保证他们的安全,让他们健康成长,通过言传身教培养他们的爱国热情和民族自强精神,通过游戏培养他们活泼开朗的性格,并进行粗浅的知识教育等。

3. 专业教师阶段

(1)须经专业培养与训练

从20世纪一二十年代开始,一批具有爱国热情和民主思想的教育家,如陶行知、陈鹤琴、张雪门,对当时奴化、贵族化的幼儿教育深恶痛绝,积极投身中国化、平民化、科学化的幼儿教育。1918年,张雪门与几位志趣相投者在浙江创立了星荫幼稚园并任园长。1920年4月,他又与人合作在浙江创办宁波幼稚师范学校,培养幼儿园教师。1923年,陈鹤琴在南京鼓楼自己的住宅内开办鼓楼幼稚园,试验科学化、中国化的幼稚教育。1927年,他与陶行知、张宗麟一同发起中国最早的幼儿教育研究团体——幼稚教育研究会,创办《幼稚教育》并任主编。1927年,陶行知在南京北郊晓庄创办乡村师范学校晓庄学校,领导并组织创办了第一个乡村幼稚园——燕子矶幼稚园。1930年秋,张雪门受聘于北平香山慈幼院,在香山开办北平幼稚师范学校并任校长。1940年,陈鹤琴在江西创办中国第一所公立幼稚师范学校——江西省立幼稚师范学校,并任校长。1943年,他在南京创办国立幼儿师范专科学校,后来,他又在上海陆续创办了上海市立幼稚师范学校、国立幼稚师范专科学校。

陶行知、陈鹤琴、张雪门等一批爱国教育家开创了中国幼儿教育的理论与实践,引领着我国幼儿教育摆脱"奴化""贵族化",朝着中国化、平民化、科学化的方向发展,开创幼儿师范教育,培养幼儿教育专业教师。幼儿师范学校的毕业生到幼稚园从事幼儿教育的专业工作,不仅要照护幼儿的身体,还要通过幼儿园课程的实施启发、引导、组织幼儿开展各种游戏与学习活动,促进幼儿身心健康发展。

1951年,国家颁布了《关于改革学制的决定》,指出:"实施幼儿教育的组织为幼儿园,招收3周岁到7周岁的幼儿,使他们的身心在入小学前获得健全的发育。"1952年7月,教育部颁布的《师范学校暂行规程(草案)》规定,可独立设置幼儿师范学校或在师范学校内附设幼儿师范科。教育部还颁发《关于高等师范学校的规定(试行)》,要求教育系可分设学前教育组,培养中等幼儿师范学校的教师,此后,北京师范大学、南京师范学院等高校就设立了学前教育专业。1956年5月,教育部颁布《幼儿师范学校教学计划》,初步建立了幼儿教师教育的法规体系。至此,中等幼儿师范学校成为我国幼儿教育专业师资培养的主要来源。

(2)专业化程度不断提升

1994年,国家颁布实施《中华人民共和国教师法》,教师职业得到了法律保障。1995年,教育部发布《教师资格条例》。2001年开始面向社会全面推行教师资格认定,标志着包括幼儿教师在内的各级各类教育中的教师准入制度全面实施。随着社会发展与教师专业化程度的提升,我国教师的准入条件又有了提高。2011年,教育部启动教师资格准入纳入国家统一考试,以浙江、湖北为试点展开;2012年,教育部颁布了《幼儿园教师专业标准(试行)》《小学教师专业标准(试行)》《中学教师专业标准(试行)》;2014年教师资格全国统考试点扩大到13个省(区、市);2015年,国家教师资格统一考试在全国范围内全面实施。

(3)角色的多元与多样

随着贯彻实施《幼儿园工作规程》《幼儿园教育指导纲要(试行)》《3—6岁儿童学习与发展指南》等政策以来,幼儿不再只是知识的接受者,而是自身学习与发展的主体。幼儿教育以教师为中心转变为以幼儿发展为中心。教师需要充分了解幼儿的发展实际,为幼儿学习与发展创建适宜的环境,提供有效的支持与帮助。

随着学前教育地位的不断提高,人们越来越重视学前儿童的身心发展,幼儿教师的地位也得到大幅提高。人们希望幼儿教师成为幼儿的伙伴、指导者、朋友等角色。人们普遍认为,幼儿教师扮演的角色越多,越有利于幼儿的社会化和其身心的健康发展。根据《幼儿园教育指导纲要(试行)》的基本要求,幼儿教师的角色是多元的,主要体现为:教师是幼儿生活、游戏与学习的引导者、合作者与支持者,幼儿在园安全健康的监护者,幼儿家长科学育儿的协作者,社区教育资源利用的协调者,幼儿教育与幼儿发展的评价者,幼儿发展与幼儿教育实践的研究者,等等。

(二)早期教育教师的角色演进

1. 经历与幼儿教师相同的角色演进

早期教育教师的角色与幼儿教育教师的角色在前两个阶段是一样的,由最早的"保姆"演进到"保育员"。

"保育员"阶段始于托儿所的产生。我国最早的0—3岁婴幼儿早期教育机构是托儿所,出现于20世纪二三十年代。1927年,苏区革命根据地建立以后,广大妇女积极支援革命战争,参加生产,苏维埃政府明确提出:"建立一般未达入学年龄的机关(如儿童养育院、幼稚园等)以利增进社会教育和为解放妇女的目的。"开办了一批适应战争与生产环境和需要的托儿所。一方面,鼓励更多的女性走出家庭参加革命和生产,解除她们照顾孩子的后顾之忧;另一方面,通过这些托儿组织,由有知识和经验的妇女为参加工作的家庭照护好孩子、促进孩子健康成长。

1932年,湘鄂赣省苏维埃政府训令文字第二号规定,3—7岁的儿童要进入幼稚园进行教育,同时还规定根据具体情况要建立保育院。1934年,苏区中央人民政府内务部颁布了《托儿所组织条例》,开创了苏区的托儿所制度,仅江西苏区兴国、瑞金两县在1934年春耕生产中就设立了249个托儿所,秋收中瑞金县就设立了920个托儿所。此后,学前教育就分为0—3岁婴幼儿和3—6岁幼儿教育两个阶段,托儿组织负责0—3岁婴幼儿的保育和教育。苏区的托儿组织为新中国的托儿所公共服务事业积累了宝贵经验。

2. 长时期的保育员角色

新中国成立后,国家很重视妇女儿童的地位。1949年的《中国人民政治协商会议共同纲领》第五章第四十八条中指出"保护母亲、婴儿和儿童的健康"。1951年,国家制定《中华人民共和国劳动保险条例》,规定各企业工会基层委员会应根据企业情况与职工需要,办理托儿所等集体劳动保险事业。1956年,原教育部、原卫生部、原内务部联合颁发的《关于托儿所、幼儿园几个问题的联合通知》规定:"托儿所和幼儿园应依据儿童的年龄来划分,即收三周岁以下的儿童者为托儿所,收三至六周岁的儿童者为幼儿园。"1958年,中国共产党第八届中央委员会第六次全体会议通过《关于人民公社若干问题的决议》,提出公社"要办好托儿所和幼儿园,使每一个孩子比在家里生活得好、教育得好,使孩子们愿意留在那里,父母也愿意把孩子放在那里"。1950—1960年,全国各地3岁以下婴幼儿公共托幼机构得到了大发展。托儿所照顾婴幼儿所需要的保育员岗位吸收了大量的家庭妇女,孩子和家长都亲切地称呼她们为"阿姨"。这一托育体系为广大妇女进入社会公共领域、为社会生产力的发展提供了支持,为婴幼儿的健康成长发挥了重要作用。

在接下来的几年里,中国的社会经济发展遇到了较大的困难,全国托儿所服务发展也进入了低谷。20世纪70年代后期,随着我国经济逐渐恢复和改革开放,托儿所服务也随之恢复生机。1979年6月,五届人大二次会议通过的《政府工作报告》中指出,要十分重视发展托儿所。同年10月,中共中央、国务院转发《全国托幼工作会议纪要》的通知,并指出"加强对婴幼儿的保健和教育工作"。1981年6月,卫生部、妇幼卫生局颁布《三岁前小儿教养大纲(草案)》,具体提出了托儿所教养工作的教养目标、原则、内容和要求。接着,全国各级政府、企事业单位和社区组织纷纷兴办福利性、公益性的托幼机构,稳定服务体系,3岁以下婴幼儿的入托率也达到了30%。后来,进入市场经济时期,在市场经济的压力下,全国各地单位托幼服务的福利制度难以维持,托儿所服务体系再次进入低谷。21世纪前5年的入托率趋近零,对儿童的照顾完全回归家庭。

保育员的角色和资格认定也是逐步演变、发展的。在1990年之前,托儿所承担保育和教导工作的保育员一般要经过档案和表现审查及面试合格。国家改革开放后,幼儿教育快速发展,幼儿园形成2教1保的班级人员配置,幼儿园教师由中等师范以上学历的幼儿教育专业人员担任,另配1名保育员担任保健、养育工作。20世纪90年代之后,劳动部门逐步对保育员按劳动技术工种系列的"初级、中级和高级"开展相应的培训与考核。如:1995年,福建省政府人事厅与教委组织研制"保育员技术操作考核等级标准"和有关培训教材;1997年,面向省直机关幼儿园等事业单位开展托幼保育员初、中、高级的技术等级考核。托育机构应按保育员的要求招聘。直到进入21世纪,育婴员、育婴师等劳动工种逐渐发展起来。

如今,每年都有高校早期教育专业的学生毕业,还有少数幼儿教师经过早教课程学习与能力培训后进入托育机构。但由于目前国家还没有关于早期教育教师的专业资格认定,早教教师还没能像幼儿教师那样通过全国幼儿园专业教师资格考试而获得早期教育教师的专业资格认定。因此,早期教育专业的学生或教师,为了获取专业教师资格,只能加修幼儿教育的有关课程,去考取幼儿教师资格证。

3. 期待精准认定早教专业教师资格

(1) 多种人员应急充当早教教师

进入21世纪,0—3岁早期教育受到了前所未有的重视,但原来福利性、公益性的托儿所难以再现,而迅猛增长的早期教育需求刺激商业性的早期教育机构如雨后春笋般出现。0—3岁早期教育服务走向市场化,由原先福利性质的服务转变为由家长付费购买的服务。由于我国0—3岁早期教育研究基础薄弱,缺乏培养早期教育教师的专业,造成专业人员匮乏。在早期教育被重视和发展的过程中,早教教师的主要来源有幼儿园教师、取得育婴师资格证书的人员、保育员。由于幼儿园教育快速发展,入园率持续增加,幼儿教育的师资始终供不应求,能流向早教机构的人员极其有限,因此,充当早教教师的多是育婴员、育婴师、保育员或其他人员。在早期教育需求迅猛发展而行业准备尚未到位的起步阶段,出现了早教机构良莠不齐,教师的专业化程度较低,监管不到位,收费偏高等问题。

（2）高校陆续培养早教专业教师

1999年，国务院发布《关于深化教育改革，全面推进素质教育的决定》，提出"重视婴幼儿的身体发育和智力开发，普及婴幼儿早期教育的科学知识和方法"。2001年，国务院批准印发了《中国儿童发展纲要（2001—2010）》，提出"发展0—3岁儿童早期教育"。2007年，国务院发布的《关于全面加强人口和计划生育工作统筹解决人口问题的决定》中再次强调"大力普及婴幼儿抚养和家庭教育的科学知识，开展婴幼儿早期教育"。同年，教育部首次批准高校专科设置早期教育专业培养0—3岁婴幼儿早期教育师资。从2007年至2020年，教育部共审批103所高职高专开办早期教育专业，但仍远不能满足早期教育迅猛发展的需求。2021年，教育部又启动了在高职高专院校设置婴幼儿托育服务与管理专业，培养专科层次的婴幼儿托育人才的方案，这将对0—3岁婴幼儿托育服务队伍建设起到重要作用。

（3）期待精准认定早教专业教师资格

党和国家高度重视人民群众日益增长的对普惠、高质量的0—3岁婴幼儿的教育需求。2010年，中共中央、国务院印发《国家中长期教育改革和发展规划纲要（2010—2020年）》，提出"要重视0—3岁婴幼儿教育"。2011年，《中国儿童发展纲要（2011—2020年）》全面实施，在儿童与教育的目标中明确指出："促进0—3岁儿童早期综合发展；积极开展0—3岁儿童科学育儿指导；积极发展公益性普惠性的儿童综合发展指导机构，以幼儿园和社区为依托，为0—3岁儿童及其家庭提供早期保育和教育指导；加快培养0—3岁儿童早期教育专业化人才。"纲要强调了学前教育的公益性和普惠性，同时明确了政府在发展0—3岁婴幼儿早期教育上的责任。2012年，教育部发布《国家教育事业发展第十二个五年规划》，提出"加强对学前教育机构、早期教育指导机构的监管和教育教学的指导"。2017年10月，党的十九大报告提出必须取得"新进展"的7项民生要求，"幼有所育"排在首位。在2017年12月召开的中央经济工作会议上，习近平总书记指出，要"针对人民群众关心的问题精准施策""解决好婴幼儿照护和儿童早期教育服务问题"。在2018年3月的全国两会上，0—3岁婴幼儿托育问题的提案建议成为热点话题。2018年5月，李克强总理在国务院常务会议上再次提出"推进多渠道增加托幼和学前教育资源供给"。2019年5月，国务院办公厅发布《关于促进3岁以下婴幼儿照护服务发展的指导意见》。2019年10月，国家卫生健康委《关于印发托育机构设置标准（试行）和托育机构管理规范（试行）的通知》中提到,鼓励和支持社会力量兴办托育服务机构。

早教机构的师资水平直接决定了早期教育的水准。在0—3岁婴早期照护与教育发展的过程中，早期教育师资仍是最大的短板。高校现有早教专业对早教教师培养的数量还很有限。高校需要通过相当长时间的师资队伍建设和专业建设，达到国家标准才有资格招生、培养。0—3岁婴幼儿早期教育在我国仅有20年左右的发展历程，是一项非常年轻的教育事业。各省市根据地方实际情况对早教教师的准入门槛做出相关规定。如，《上海市民办早期教育服务机构管理规定》中明确指出：民办早期教养服务机构负责人应具有大专以上的学历，有幼儿园教师职业资格或育婴师以上职业资格；早期教养指导人员应具有高中以上的学历，有育婴师以上的职业资格或幼儿园教师的职业资格，对2岁以下儿童实施早期教养指导人员必须经过育婴师职业资格培训。又如，江苏省《关于进一步推进0—3岁婴幼儿早期教育工作的意见》文件中明确指出：要深入开展0—3岁婴幼儿早期教育工作，同时在园幼儿教师要逐步实行持双证（幼儿教师证和育婴师证）上岗。

发展至今，我国婴幼儿早教机构的早教教师多为持有幼儿教师资格证的幼儿教师以及持有育婴员、育婴师证的人员。早教师资队伍的现状使得我国0—3岁婴幼儿早期教育与指导的科学性、专业化存在诸多问题，严重影响了0—3岁婴幼儿早期教育的质量，制约了我国早教事业的发展。在《国务院办公厅关于促进3岁以下婴幼儿照护服务发展的指导意见》（以下简称《指导意见》）中指出，要加强0—3岁婴幼儿照护服务队伍建设："高等院校和职业院校（含技工院校）要根据需求开设婴幼儿照护相关专业，合理确定招生规模、课程设置和教学内容，将安全照护等知识和能力纳入教学内容，加快培养婴幼儿照护相关专业人才。将婴幼儿照护服务人员作为急需紧缺人员纳入培训规划，切实加强婴幼儿照护服务相关法律法规培训，增强从业人员法治意识；大力开展职业道德和安全教育、职业技能培训，提高婴幼儿照护服务能力和水平。依法保障从业人员合法权益，建设一支品德高尚、富有爱心、敬业奉献、素质优良的婴幼儿照护服务队伍。"

值得注意的是，按照《指导意见》中的精神，0—3岁婴幼儿照护服务由卫生部门管理，文件提到"照护"而未明确提及"教育"，教育部门的职责是"加快培养婴幼儿照护相关专业人才"。贯彻落实《指导意见》，就要以《指导意见》精神为指导，进一步深入研究建立科学的0—3岁婴幼儿照护体系，从国家层面研制出台相关的管理条例和指导纲要，还要研究明确0—3岁"婴幼儿照护相关专业人才"的职业标准和资格认定。

我们热切期待尽快研究建立早教教师专业标准与资格认定的完整体系，以更加精准地培养0—3岁婴幼儿早期教育专业人才，稳定早教师资队伍并促进其健康发展。早期教育专业教师对"幼有所育"的"0—3岁婴幼儿照护服务"必不可少。

三、早期教育教师的工作特点与专业角色

（一）早期教育教师的工作特点

1. 早教教师工作的多面性

早教教师面对的不仅是0—3岁的婴幼儿，还包括婴幼儿的家长和相应的社区（村）。早教教师要联系、协调、了解社区（村）适龄婴幼儿的发展情况，开展早期教育宣传、咨询等工作。婴幼儿早期教育是以家庭为核心的，家长在年龄、学历背景、素质修养等方面不尽相同，教育对象的多样性和教学情境的复杂性，决定了早教教师教育工作的多面性。早教教师要根据婴幼儿的年龄特征、个体差异以及家庭照护情况，指导家长为婴幼儿创设良好的教育环境，在日常生活中潜移默化地实施教育。

2. 早教教师工作的示范性

对家长而言，初为父母，缺少一定的教养经验，需要专门的家庭教育指导。早教教师在

实施亲职教育、开展亲子教育指导活动过程中常常要为家长做示范,如,示范为婴幼儿创设环境、示范如何支持婴幼儿探索与游戏。

幼儿首先具备的是分辨所听到的声音的能力,其次具备的是理解所听到语言的能力。只有正确地接受信息并做出相应的判断和反馈,用自己的行为或语言对信息加以诠释,才标志着幼儿的语言交流能力达到了一定的发展水平。所以,在早期,父母要多跟孩子说话,并且进行正确的语言示范,虽然婴幼儿还不能用语言进行反馈,但早期的语言输入是幼儿语言学习的基础。儿童的语言的获得既依赖于人脑独特的生理机制,也依赖于后天的学习条件,是二者相互作用的产物。婴幼儿是完全能够理解"吃饭""睡觉"这样简单的语句的,因此,早教教师尽可能地为婴幼儿和家长创设一种完整语言的环境。早教教师在日常工作中应规范自己的言行举止,帮助家长了解婴幼儿生理发展的一般规律,为婴幼儿树立良好的人格典范。

3.早教教师工作的创造性

早教教师要根据教育计划、一日活动安排,以及孩子的实际情况和家长的需要,及时做出适宜的调整。早教教师在教学活动中要善于开拓创新,能够根据婴幼儿的兴趣、爱好、经验等及时对教学活动做出调整、修订和完善。我国托育机构的早期教育经验较为贫乏,研究也还很薄弱,早教教师的工作可借鉴的经验较少,需要在实践中不断地探索与创新,创造新经验。

(二)早期教育教师的专业角色

1.婴幼儿成长环境的创建者

婴幼儿成长环境是以生态系统对个体发展产生综合影响的,婴幼儿生活、活动的主要场所是早教中心和家庭。婴幼儿是在与周围环境的相互作用中获得动作、认知、语言、情感与社会性的发展。早期教育教师要为婴幼儿的生活、游戏与学习创建安全、卫生的物质环境,营造温馨和谐的人际氛围,对婴幼儿家庭的微环境创设提出合理性建议。

2.婴幼儿身心健康的照护者

婴幼儿的成长依赖于成人的关怀照料,对成人表现出依恋。早教教师在日常生活中应充分理解和尊重婴幼儿的身心发展规律,精心照料婴幼儿的生活,培养其安全意识和生活技能。

3.婴幼儿生活与游戏学习的引领者、合作伙伴与支持者

游戏是婴幼儿的基本活动,早教教师支持和引导婴幼儿游戏的能力是其核心专业能力之一。一方面,早教教师要具备支持婴幼儿游戏的能力,即对婴幼儿自主发起的、自由进行的游戏给予积极支持和鼓励,担当好支持者的角色。另一方面,早教教师要具备引导婴幼儿游戏的能力,既能根据婴幼儿发展的需要主动创设游戏条件,引导婴幼儿开展各种游戏,又能在游戏中支持婴幼儿获得快乐和满足的体验,同时引导婴幼儿获得多方面的发展。早教教师要深刻认识、领会并认同游戏对婴幼儿发展的独特价值,要具备有关婴幼儿游戏的理论和实践知识,具备支持和引导婴幼儿游戏的实践能力。

4.早期教育与指导活动的组织实施者

早教教师是托育机构中早期教育与指导活动最主要的组织实施者。一是托育机构一日活动的组织者。当早教教师在接到学年或学期婴幼儿照护与教育任务后,首先要开展婴幼

儿家访活动，结合机构的要求拟订班级计划，与配班的保育员或育婴师协商具体的实施事项，而后根据计划组织和安排婴幼儿的一日生活。二是亲子教育指导活动的组织者。早教教师要发挥教育机智解决亲子指导活动中的突发状况。

5. 婴幼儿家长科学育儿的协作者

早教教师面对的教育对象不仅包括0—3岁的婴幼儿，还包括婴幼儿家长。早教教师要帮助家长获得科学育儿知识，提高育儿水平。当下，许多家长将早期教育的任务全盘委托给早教机构，忽视了自己对婴幼儿成长的教育责任。早教教师有责任和义务帮助家长意识到其角色地位。早教教师通常通过家访、亲子教育指导活动，帮助家长树立正确的育儿观念，懂得自己在早期教育亲子活动中不仅是学习者，而且是参与者，更是婴幼儿学习过程的指导者。因此，早教教师是家长科学育儿的协作者。

6. 科学育儿知识的宣传者、传授者

当前，社会上充斥着各种各样的育儿理念，大多数的家长难以分辨这些育儿理念是否科学。科学的育儿理念不仅会让婴幼儿拥有高质量的童年生活，同时也能调节和缓解新手父母育儿压力，协调家庭关系。科学育儿覆盖的范围非常广阔，包含从孕期保健、胎教，到孩子出生后一系列的科学的喂养、看护、保健、保育和教育等。早教教师作为科学育儿知识的传授者能够站在专业立场为家长提供科学的育儿指导，这对落实和宣传科学育儿观念十分必要。

7. 婴幼儿身心发展与早期教育的研究者

要做好婴幼儿早期教育工作，早教教师要研究、了解婴幼儿的发展现状、成长的家庭微环境，接着还要研究和设计婴幼儿教育与指导方案，还要观察、分析婴幼儿的生活、游戏的情况，继而推动婴幼儿的学习与发展。

美国霍姆斯小组在1990年的一份报告中明确提出建立"教师专业发展学校"（PDS）的六项原则，其中论及教师研究和专业发展的有两条：第一，创建学习团队的首要条件是要求教师成为一个学习者，教师能够理解学生文化的多样性，并且能够激发不同文化之间的对话。第二，在执教中进行长期合作研究。新时期教师应该能够进行教育教学研究，成为研究型教师或者反思型教师。早教教师作为新时期的教师，要成为早期教育的研究者，需要在实践中不断锤炼和反思自己的教育行为，通过主题研讨会、社区知识讲座、专题讲座、技能培训、入户指导、亲子沙龙、图书阅读等形式提升专业技能，在婴幼儿身心发展与早期教育的实践研究与探索中，实现专业自我发展。

第二节　早期教育教师的专业素质

早期教育是一项专业性要求很高的工作，早教教师的专业素质是保证早期教育成效的关键性因素。目前，关于我国早教教师应具备的专业素养并没有明确的标准。很大一部分早教机构是借鉴《幼儿园教师专业标准（试行）》对早教教师进行招聘、考核的。基于学前教育包含0—3岁婴幼儿早期教育与3—6岁幼儿教育，关于早期教育教师的专业素质的讨论，就以《幼儿园教师专业标准（试行）》（以下简称《专业标准》）为参照，从促进0—3岁婴幼儿发展的角度出发，对早期教育教师的专业素质进行梳理。

一、早期教育教师专业理念与师德

专业理念与师德是衡量学前教育教师专业素质的关键维度和重要标志，处于核心地位。专业理念是指早教教师对0—3岁婴幼儿早期教育工作本质的理解与认同，并在此基础上所形成的早期教育的理念。师德是指早教教师的职业道德，是从事0—3岁婴幼儿早期教育与指导工作所应当遵循的行为规范和必须具备的道德观念、态度、情操和品质。每一位早教教师都必须秉持正确的专业理念和师德，它包括职业理解与认识、对待婴幼儿及其工作的态度与行为、个人修养与行为等方面。

（一）职业理解与认同

《专业标准》中对幼儿园教师提出了职业理解与认同的要求：贯彻党和国家教育方针政策，遵守教育法律法规；理解幼儿保教工作的意义，热爱学前教育事业，具有职业理想和敬业精神；认同幼儿园教师的专业性和独特性，注重自身专业发展；具有良好职业道德修养，为人师表；具有团队合作精神，积极开展协作与交流。0—3岁婴幼儿是一个特殊的生命群体，他们的动作、身体刚刚发展，依赖性强、抵抗力弱，需要成人精心呵护。同时，他们处于身心快速发展期和关键期，需要成人创设良好的环境、实施适宜的教育影响。再者，婴幼儿的健康成长有赖于家长的科学育儿，早期教育融于家庭的养育过程，需要教师的专业引领和协同教育。早教教师应理解和认同0—3岁婴幼儿早期教育工作，认同婴幼儿发展对于终身发展的独特价值，热爱早期教育事业、热爱婴幼儿，具有职业理想、社会责任感和敬业精神。

早教教师属于专业人员，需要经过专业的学习与培训，具备专业的知识与能力才具备上岗资格。美国于1994年开始实施"提前开端计划"（Early Head Start），并在此后颁布了《开端计划执行标准》（Head Start Performance Standards）和《开端计划法》（Head Start Act），保障"开端计划"在全美各地项目服务具有统一的较高质量的强制性法规。这几项法规均对早期教育人员资格标准做了详细规定。提前开端计划机构的师幼比最高为1∶4，每个活动室最多8名婴幼儿，配备2名具有合格资质的早教人员。早教人员被称为"教师"或"主要照顾者"，身兼教育和保育双重职责，为婴幼儿提供一体化的服务。父母与志愿者人数不纳入师幼比计算。较低的师幼比可以促进师幼关系的发展，有利于教师关注婴幼儿的个别学习活动。严格的师幼比保障了进入项目的所有孩子和家庭可以得到同等的综合服务。若州、部落或者地方的相关规定更加严格，则参照当地规定执行。提前开端计划的早教人员的资格规范包括入职要求和儿童发展助理培训两个部分。

相较于美国,我国目前的早教师资与职业培养离专业性还有很大差距。以上海市为例,2011年5月,上海市教委等11个政府机构联合发布了《上海市学前教育三年行动计划(2011—2013年)》,这项指导性文件指出,0—3岁早期教养工作领域的发展指标包括"早教指导人员持证上岗,专业能力得到发展",在0—3岁早期教养工作领域,须"继续开展0—3岁婴幼儿教养活动的研究,提高各区县早教中心和机构的服务与指导质量。探索0—3岁早教从业人员专业培养、培训机制,确保每个早教从业人员持'双证'(教师资格证、育婴师资格证)上岗"。但是行动计划并没有规定教师资格证的类别及育婴师资格证的级别。2018年,上海市人民政府印发《关于促进和加强本市3岁以下幼儿托育服务工作的指导意见》,在托育机构建设中要求每班应配备育婴员和保育员(统称"保育人员"),且育婴员不得少于1名。但对早教教师的资质仍没有进行明确界定。

> **案例1**
>
> **早教教师招聘要求**
>
> 上海某教育咨询公司(民营企业)在计生委系统承接了多个0—3岁早期教养项目,还希望在该领域继续扩展。机构的早教教师招聘要求如下:① 热爱幼儿教育事业,有爱心、有责任感;② 至少具有学前教育、音乐、舞蹈、英语、美术等技能中的一项,或有相关技能培训经历;③ 有良好的沟通能力,愿意跟随机构共同成长,具有良好敬业精神;④ 亲和力强,相貌端正,品格优良;⑤ 追求进步,有挑战更高职位的发展目标(如教学主管、培训师、园长);⑥ 幼儿师范院校毕业或有同行业工作经验者优先。该机构早教教师的工作职责是:① 负责早教课程授课工作;② 负责亲子主题活动设计及执行;③ 协助市场部完成客户服务活动、市场主题活动;④ 协助园长完成其他园区内工作。

以上案例所示,大部分机构对早教教师的要求方面,只注重音乐、舞蹈、英语、美术等领域专业技能,并没有提出具体的早教教师所应具备的专业理念,更没有像幼儿园和中小学那样要求具有教师资格证。作为一名早教教师只有认识到自己所从事的职业的专业特性,才可能以一名专业人员的基本要求来提升自己的专业素养,只有对职业的认可达到一种自觉程度,体验到职业的意义,才能不断进取,促进个人的专业成长,实现群体的专业化。

(二)以婴幼儿为本的态度和行为

以婴幼儿为本的态度和行为包括对婴幼儿的态度与行为和婴幼儿保教与指导的态度与行为。

成人关爱、尊重、理解、信任婴幼儿,有助于婴幼儿心理健康和良好个性发展。教师要关爱、尊重、理解、信任婴幼儿,并为家长树立榜样。如果在日常的穿衣、沐浴、喂食与陪伴中,婴幼儿获得了积极的回应与情感体验，就会对他人产生依恋与信任，这是其探索、学习、独立的基础。早教教师要具备较强的发展意识，熟知婴幼儿的基本发展规律，能够为婴幼儿创设条件，配合发展，以敏锐的观察力发现个体间的差异。

《专业标准》中针对幼儿教师对幼儿的态度这一层面，提出了一系列具体要求：关爱幼儿，重视幼儿身心健康，将保护幼儿生命安全放在首位；尊重幼儿人格，维护幼儿合法权益，平等对待每一个幼儿，不讽刺、挖苦、歧视幼儿，不体罚或变相体罚幼儿；信任幼儿，尊重个体差异，主动了解和满足有益于幼儿身心发展的不同需求；重视生活对幼儿健康成长的重要价值，积极创造条件，让幼儿拥有快乐的幼儿园生活。同时，为深入贯彻习近平新时代中国特色社会主义思想和党的十九大精神，教育部于2018年印发并实施《新时代幼儿园教师职业行为十项准则》，其中第六项准则明确提出"关心爱护幼儿"。在这些具体要求中，反复出现了"关爱"和"尊重"的字眼，每个生命都应该得到尊重和关爱，对于0—3岁的婴幼儿同样如此。

婴幼儿的身心发育并未完全，就像未经雕琢的璞玉，从他们身上，我们往往能见到人类最原始的天性，如简单、认真、好奇、活泼、善良。面对早教教师的呵护与关爱，他们也会用最单纯、最纯粹的笑脸予以回馈，这对教师何尝不是一种快乐和幸福。

> **案例2**
>
> **一位早教教师的工作总结**
>
> 婴幼儿的早期亲子教育是真正的根基教育，这份不凡的意义激励着我去全身心地投入与付出。作为一名早教的亲子教师，每天，当我迎着朝阳，倾听着孩子们那一声声宛如小鸟的问候，当我踏着夕阳，送走最后一个依依不舍的孩子时，我感到无限欣喜，我感觉自己是太阳底下最幸福的人！
>
> 早教中心的孩子都很小，如何做好早教工作，首先是从我们教师自身做起，对孩子充满爱心，随时保持微笑，给予孩子信任感。每次亲子教育活动前准备好当次活动的学习内容和一些辅助玩具，结束后带领家长和孩子一起收拾教具，给予他们妈妈一样的爱和教育。
>
> 一年来，我始终保持对婴幼儿教育的这份热情，勤勤恳恳地工作在亲子教育第一线，我积极主动地向家长提供早教策略和最新的早教信息，主动了解社区儿童及家长对早教的需求，以早教中心为依托，有针对性地采用多种形式对来我园参加亲子教育的孩子和家长开展早期教育工作，努力创造一条具有自身特色的早教之路。

《专业标准》要求幼儿教师的幼儿保育和教育的态度与行为是：注重保教结合，培育幼儿良好的意志品质，帮助幼儿养成良好的行为习惯；注重保护幼儿的好奇心，培养幼儿的想象力，发掘幼儿的兴趣爱好；重视环境和游戏对幼儿发展的独特作用，创设富有教育意义的环境氛围,将游戏作为幼儿的主要活动;重视丰富幼儿多方面的直接经验,将探索、交往等实践活动作为幼儿最重要的学习方式;重视自身日常态度言行对幼儿发展的重要影响与作用;重视幼儿园、家庭和社区的合作,综合利用各种资源。

除了关爱、尊重、理解、信任婴幼儿,早期教育教师还要以科学的儿童观、教育观开展婴幼儿的保教与指导工作。《专业标准》对幼儿教师的要求与对早教教师的要求,总的精神是一致的,其具体的要求是:注重建立与家长平等、共同成长的关系,发掘和综合利用各种资源;遵循婴幼儿的生活逻辑,融教于婴幼儿生活照顾与保育之中,帮助婴幼儿养成良好的习惯、培育良好的个性品质;重视自身的日常言行对婴幼儿发展的重要影响;注重保护婴幼儿的好奇心和兴趣,赞赏和鼓励婴幼儿的探索发现;重视环境和游戏对婴幼儿发展的独特作用,为婴幼儿的学习与发展创设富有教育意义的环境氛围;重视让婴幼儿通过动手操作和亲身体验来丰富感官经验。

(三)个人修养与行为

《专业标准》中对于幼儿教师个体应具备的修养与修为有以下规定:富有爱心、责任心、耐心和细心;乐观向上、热情开朗,有亲和力;善于自我调节情绪,保持平和心态;勤于学习,不断进取;衣着整洁得体,语言规范健康,举止文明礼貌。英国政府于2011年修订了针对0—5岁幼儿教师的EYPS指南(Guidance to the Standards for the Award of Early Years Professional Status)。该指南指出,早教教师在提升自身的专业素养方面除了需具备基本的保障婴幼儿健康成长的素养外,还需要具备合作交流精神。具体包括:逐渐与儿童的家庭和社区结成伙伴关系;拓宽专业职责,支持幼儿发展;倡导实践和可持续发展。

教师是自我导向、自我驱动的学习者,是专业发展的主体。早教教师需要不断提升个人专业素养,树立终身学习的理念,不断进行反思和实践。

二、早期教育教师专业知识素养

(一)0—3岁婴幼儿发展的知识

0—3岁婴幼儿发展的知识主要涉及0—3岁婴幼儿身心发展的一般规律、年龄特点、个体差异、发展过程中的常见问题等。在我国,《专业标准》中关于幼儿教师需要具备的知识这样规定:了解关于幼儿生存、发展和保护的有关法律法规及政策规定;掌握不同年龄幼儿身心发展特点、规律和促进幼儿全面发展的策略与方法;了解幼儿在发展水平、速度与优势领域等方面的个体差异,掌握对应的策略与方法;了解幼儿发展中容易出现的问题与适宜的对策;了解有特殊需要幼儿的身心发展特点及教育策略与方法。

《新时代幼儿园教师职业行为十项准则》第七项准则指出:"遵循幼教规律。循序渐进,寓教于乐;不得采用学校教育方式提前教授小学内容,不得组织有碍幼儿身心健康的活动。"对于早期教育来说,也不得将幼儿园的教育简单地照搬到0—3岁婴幼儿阶段。意大利的瑞吉欧教育体系被美国《新闻周刊》评为"全世界最好的教育系统之一",该教育体系提出针对学前教师专业化的目标,认为:"教育工作者虽有分工的不同,教授的学生有年龄和知识掌握程度的差异,但教育工作者应该根据学生的差异特点和需求,开展符合幼儿发展规律的实践活动;教师要学会了解儿童的成长过程,选择相应的课程和教学方法,促进儿童不断得到发展和提高。"

由此可见,各国在制定幼儿教师素养专业标准时都强调幼儿的自身发展是教师实施教养活动的基础。同时,大量的研究表明,0—3岁婴幼儿学习能力很大程度上依赖于自身的发育与发展水平,因而掌握这些知识有助于早教教师全面了解婴幼儿的年龄特征,把握其身心发展规律,根据婴幼儿获得经验的方式与在发展过程中表现出来的能力、兴趣与需要等,开展教育工作,促进婴幼儿发展。

(二)0—3岁婴幼儿教养的知识

《专业标准》关于幼儿教师需要具备的保育和教育的知识这样规定:熟悉幼儿园教育的目标、任务、内容、要求和基本原则;掌握幼儿园环境创设、一日生活安排、游戏与教育活动、保育和班级管理的知识与方法;熟知幼儿园的安全应急预案,掌握意外事故和危险情况下幼儿安全防护与救助的基本方法;掌握观察、谈话、记录等了解幼儿的基本方法和教育心理学的基本原理和方法;了解0—3岁婴幼儿保教和幼小衔接的有关知识与基本方法。

0—3岁婴幼儿教养知识是有关婴幼儿发展知识如何在教养实践中应用的知识,是早期教育教师教养能力形成的基石。主要包括0—3岁婴幼儿教养的目标、内容、原则、方法、途径,0—3岁婴幼儿养育及卫生保健、0—3岁婴幼儿学习与发展方式、婴幼儿所处环境的适宜性、家长及社会与婴幼儿和谐关系建立等方面的知识。

对于0—3岁的婴幼儿来说,生命安全是第一位的,早教教师要确保孩子所处环境的安全性。0—3岁的婴幼儿身体发育还未成熟,自我保护能力差,经常会出现发烧、磕碰等突发情况,早教教师应具备突发情况发生时的观察判断、处置救助和安全防护的知识与能力。美国在《提前开端计划执行标准》中规定了早期提前开端计划的教师每年必须参加至少15小时的年度培训,内容包括常规培训和有针对性的培训两个部分。常规培训包括心肺复苏术、紧急救援、药物管理及防止虐待及忽视儿童等内容。在这方面,我国同样需要探索并建立关于早教教师保障婴幼儿健康和安全的常规培训。

在保障婴幼儿基本的健康和安全的基础上,早教教师还需要具备组织婴幼儿一日生活、游戏、亲子教育与指导活动的知识。其中包括:掌握与婴幼儿发展相关的各领域教育的学科知识及环境创设、一日生活安排、游戏、亲子教育与指导活动、保健保育和班级管理的知识与方法。早教教师在为婴幼儿创设环境并提供游戏材料时需要具备充足的知识,其中包括什么样的游戏类型适合婴幼儿,婴幼儿在游戏过程中要达到一个怎样的目标,婴幼儿在游戏过程中出现的问题应该如何解决等。

(三)通识性知识

通识性知识是指教师拥有的开展有效性教育教学工作的普通文化知识。对于幼儿教师而言,通识性知识与婴幼儿发展和教养知识一样同属于教学内容的知识。

《专业标准》规定了幼儿园教师需要具备的通识性知识包括：具有一定的自然科学和人文社会科学知识；了解中国教育基本情况；掌握幼儿园各领域教育的特点与基本知识；具有相应的艺术欣赏与表现知识；具有一定的现代信息技术知识。这启示我们，早教教师需要具备社会各个领域的知识和文化素养，同时还需要具备将各个学科相互贯通、融合的能力。

中国著名教育家陶行知先生提出了著名的"生活即教育"的观点。他认为："教育的根本意义是生活之变化，生活无时不变即生活无时不含有教育的意义。"这一点同样适用于0—3岁的婴幼儿的教育。在早期教育阶段，早教教师需要在日常生活中发现并渗透教育内容，不断汲取多样化的知识结构，储备丰富的知识，给幼儿树立一个良好的榜样。

然而，这些对于在校选择早教专业或即将毕业从事早教行业的年轻人而言是巨大的挑战。智能手机等高科技产品的出现，使得人们对生活变得越来越不关注，对知识的渴望也不断降低，"有问题找度娘"变成了年轻人的口头语，网络知识一天比一天丰富的同时，自身的知识储备量却越来越少。因此，在培养早教教师的过程中要引导年轻人热爱生活、关注生活，在生活中学习各方面有用的知识，扩展自身的知识面，为婴幼儿的身心健康提供广博的知识保障。

三、早期教育教师的专业能力

专业能力就是以专业理论为指导，把专业知识运用于工作实践获得工作成效的能力，是不断解决专业问题、不断认识专业新问题、解决新矛盾、探索新路径、实现新飞跃的能力。通过对《专业标准》的解读可以发现，在《专业标准》中幼儿教师专业能力包括环境的创设与利用、一日生活的组织与保育、游戏活动的支持与引导、教育活动的计划与实施、激励与评价、沟通与合作、反思与发展7个方面，基本要求共计27条，占《专业标准》内容的44%。由此可见，《专业标准》对幼儿教师的专业能力高度重视，要求十分细致、全面。

早教教师的专业能力与幼儿园教师相似，它不同于中小学教师以学科教学为核心的能力结构，而是以0—3岁婴幼儿的身心发展为基础，凸显保教融合的特点，体现"情感为先、适时顺应、教养相融、行动学习、教育同步"等婴幼儿发展的内在要求。早教教师专业能力的形成也必须围绕这些要求来构建。从其教育对象来看需要兼顾婴幼儿及家长；从其教育过程来看需要融合教与养、遗传与环境、生活游戏与学习的关系；从其工作岗位来看，需要一专多能的多面手。由此可见，早教教师的能力结构是全方位、多方面的。

（一）环境创设与利用能力

《专业标准》对幼儿教师环境的创设与利用的能力要求是：建立良好的师幼关系，帮助幼儿建立良好的同伴关系，让幼儿感到温暖和愉悦；建立班级秩序与规则，营造良好的班级氛围，让幼儿感受到安全、舒适；创设有助于促进幼儿成长、学习、游戏的教育环境；合理利用资源，为幼儿提供和制作适合的玩教具和学习材料，引发和支持幼儿的主动活动。

为0—3岁的婴幼儿生活、游戏与发展创设适宜的支持性环境并得以充分有效利用是早教教师必备的能力之一。它包括人际环境的营造和物质环境的创设与利用，二者相辅相成。早教教师不仅能在托育机构为婴幼儿生活、游戏与发展以及亲子教育与指导活动创设适宜的环境，而且能分析评价婴幼儿家庭环境的创设并提建议。具体要求为：一、为婴幼儿创设充满关爱、温馨、尊重、信任和支持的人际环境，使婴幼儿获得充分的安全感、被尊重感、受接纳感，教师做出榜样并引导幼儿建立良好的同伴关系，以促进婴幼儿的情感与社会性的健康发展。二、为婴幼儿创设适宜于他们身心发展特点的安全卫生、舒适方便的生活环境。三、制作和提供适宜的玩具材料，引发和支持婴幼儿主动探索与操作。

（二）日常生活的组织与保教能力

《幼儿园工作规程》指出幼儿园的基本任务为："按照保育与教育相结合的原则，实施德、智、体、美等方面全面发展的教育，促进幼儿身心和谐发展。"由此可见，对幼儿进行保育和教育是幼儿园的基本任务之一。0—3岁的婴幼儿正处于身心发展的关键时期，对于早教教师来说，更应该注重婴幼儿日常生活的保育与教育。《专业标准》指出幼儿教师具备的组织与保育能力包括：合理安排和组织一日生活的各个环节，将教育灵活地渗透到一日生活中；科学照料幼儿日常生活，指导和协助保育员做好班级常规保育和卫生工作；充分利用各种教育契机，对幼儿进行随机教育；有效保护幼儿，及时处理幼儿的常见事故，危险情况优先救护幼儿。

以上这些能力也同样是早教教师应具备的核心能力，是保障婴幼儿健康成长的基础。早教教师为婴幼儿合理安排和组织一日生活的各个环节，以利于婴幼儿养成良好的生活作息习惯；科学照料婴幼儿的日常生活，指导和协助保育员或育婴员做好常规保育和卫生工作；将保育工作与教育活动相结合，在日常生活过程引导婴幼儿，认识周围事物，积累有益经验；有效保护婴幼儿，及时处理婴幼儿的常见事故，危险情况下优先救护婴幼儿。

（三）游戏的观察、支持与引导能力

《专业标准》中关于"游戏活动的支持与引导"明确要求：提供符合幼儿兴趣需要、年龄特点和发展目标的游戏条件；充分利用与合理设计游戏活动空间，提供丰富、适宜的游戏材料，支持、引发和促进幼儿的游戏；鼓励幼儿自主选择游戏内容、伙伴和材料，支持幼儿主动地、创造性地开展游戏，充分体验游戏的快乐和满足；引导幼儿在游戏活动中获得身体、认知、语言和社会性等多方面的发展。

早教教师如果不了解0—3岁婴幼儿的游戏特点，就会把幼儿园的游戏活动直接应用于0—3岁婴幼儿教育，其游戏过程就变成了教游戏而不是玩游戏，婴幼儿会觉得"不好玩"。早教教师支持与引导0—3岁婴幼儿游戏的能力在于：提供适宜的符合婴幼儿发展实际的材料、玩具；赞赏和支持婴幼儿的自主游戏，在游戏中充分探索与创造，体验游戏的快乐，积累有益的经验；引导婴幼儿在游戏活动中获得身体、认知、语言和社会性等多方面的发展。

（四）保教工作计划与实施能力

《专业标准》对幼儿教师教育活动的计划与实施的能力要求是：制订阶段性的教育活动计划和具体活动方案；在教育活动中观察幼儿，根据幼儿的表现和需要，调整活动，给予适宜的指导；在教育活动的设计和实施中体现趣味性、综合性和生活化，灵活运用各种组织形式和适宜的教育方式；提供更多的操作探索、交流合作、表达表现的机会，支持和促进幼儿主动学习。

0—3岁婴幼儿早期教育是围绕婴幼儿的日常生活开展的，孩子从中积累一系列具体有益的经验，获得身体、认知、语言、情感与社会性等方面的发展。0—3岁婴幼儿教育的显著特点是保教融合、与家长协同共育。早教教师的工作计划与实施的能力在于：制订阶段性的教育活动计划和活动方案：婴幼儿发展调研与分析、婴幼儿保教目标、保教工作重点与措施、各项工作安排、资源的利用、半日活动计划、面向家长的开放日活动方案、亲子教育与指导活动方案等；在一日生活和游戏中观察婴幼儿，给予积极的回应，根据婴幼儿的表现和需要，给予适宜的指导；创造更多的运动、操作探索、表达表现的机会，支持和促进幼儿主动学习与发展。

（五）激励与评价能力

《专业标准》对幼儿教师评价与激励幼儿的能力要求是：关注幼儿日常表现，及时发现和赏识每个幼儿的点滴进步，注重激发和保护幼儿的积极性、自信心；有效运用观察、谈话、家园联系、作品分析等多种方法，客观地、全面地了解和评价幼儿；有效运用评价结果，指导下一步教育活动的开展。

评价是为了了解婴幼儿的发展情况，验证保育和教育的适宜性、有效性，调整和改进工作，提高保教质量，促进每一个婴幼儿的充分发展和教师自身的专业发展。教师要以婴幼儿为本开展评价工作，其能力要求是：一、评价与保教融为一体，关注婴幼儿日常生活、游戏与学习过程的各种变化与发展，及时发现每个婴幼儿的点滴进步，注重激发和保护婴幼儿的积极性、自信心。二、有效运用观察、谈话、家园联系、作品分析等多种方法，有计划、有目的、系统地收集各类能真实反映婴幼儿生活、游戏与学习发展的资料，客观地、全面地了解和评价婴幼儿的发展情况。三、有效运用评价结果，指导下一步保育、教育与指导工作的开展。

（六）沟通与合作能力

《专业标准》对幼儿教师沟通与合作的能力要求是：使用符合幼儿年龄特点的语言进行保教工作；善于倾听，和蔼可亲，与幼儿进行有效沟通；与同事合作交流，分享经验和资源，共同发展；与家长进行有效沟通合作，共同促进幼儿发展；协助幼儿园与社区建立合作互助的良好关系。这一能力要求包括在教师与幼儿、家长和社区的沟通与合作中，都要能善于倾听、平等交流与合作。一直以来家园合作是幼儿园开展教育教学工作中必不可少的一部分，因为它能有效地促进幼儿全面发展。《幼儿园教育指导纲要（试行）》中明确指出："家庭是幼儿园重要的合作伙伴。应本着尊重、平等、合作的原则，争取家长的理解、支持和主动参与，并积极支持、帮助家长提高教育能力。"

早期教育教师的沟通与合作能力较之幼儿教师有着更加细腻的特点。其沟通与合作的要求是：以更贴近于父母的角色、使用符合婴幼儿年龄特点的语言进行保教工作；关注婴幼儿的动作、认知、语言、情绪情感与行为表现，适时进行互动指导；及时积极回应婴幼儿的各种需求，耐心、明确地回应其不合理的需要；与同事合作交流，分享经验和资源，共同发展；与家长进行平等有效的沟通合作，共同促进婴幼儿发展；协助早教机构与社区建立合作互助的良好关系。

早教教师及时与家长沟通与合作极为重要。早教教师要理解家长的心理，以一种公平友善的态度来与家长交流，对于家长提出的合理建议和意见要虚心接纳和改进，对于不合理的意见要耐心说明。必要时可以通过个别访谈、家访以及亲子活动等方式进行引导，以便更好地协同共育。

（七）专业反思与发展能力

《专业标准》中明确表明幼儿教师需要具备反思与发展的能力，具体要求为：主动收集分析相关信息，不断进行反思，改进保教工作；针对保教工作中的现实需要与问题，进行探索和研究；制订专业发展规划，不断提高自身专业素质。

专业反思，特别是实践反思，是教师对自身教育行为及效果的分析思考，是教师提高自身素养的基本途径。专业反思与发展需要教师通过具体的事例不断发现、思考、探索，解决教育中的困惑和问题。如何寻找合理的反思途径，并以正确的理念审视自己的行为是教师面临的最大挑战。对于早教教师来讲，其专业反思可以从多角度进行：一、在日常保教工作过程中主动收集分析相关信息，不断进行反思，改进保教工作。如，对保教目标的达成情况进行反思，对保教过程中的环境创设、材料提供、婴幼儿与环境的互动情况、婴幼儿的行为及师幼互动的过程与效果进行反思。通过一次次的反思不断改进自身的保教行为，促进专业成长。二、在与家长的协作过程中，多了解婴幼儿在家的情况，针对早教机构保教工作和家庭养育中的问题，进行探索研究。三、制订专业发展规划，增强专业发展的自觉性与创新性，提高自身专业素养。通过定期参加教师专业能力培训、加强学习与实践研究、关注国内外早期教育最新的发展动态等一系列方式扩大专业视野，提高自身的专业智慧和能力。

早教教师应具备的早期教育研究素养包括：先进的教育理念、良好的专业品质、扎实的文化知识、健康的身心素质、多元的专业能力、热爱早期事业、乐于学习和探究、勤于实践和反思、勇于开拓和创新等。

早教教师应树立终身学习的理念，以一名专业研究者的身份在实践中培养自我研究的习惯，以研究的眼光发现问题，并寻求解决办法，不断更新自己的教育观念，与时俱进，将研究成果融入教学活动中，不断提高自己的专业发展水平，成为研究型和反思型的早教教师。

第三节　早期教育教师的专业成长

早期教育教师的专业发展与成长是影响0—3岁婴幼儿早期保教质量的重要因素。随着社会上各种类型0—3岁儿童早期教育机构的不断涌现，早期教育机构师资匮乏、专业化程度普遍偏低等问题日益凸显。因此，培养足够数量的合格早期教育教师并有效地促进其专业成长是早期教育教师专业发展中亟待解决的核心问题。

一、早期教育教师的专业发展

（一）专业与专业化

专业是社会发展到一定阶段，随着社会分工、职业分化而出现的，是社会进步的标志。专业作为一种社会现象，最早出现在中世纪以后的欧洲，医生、律师、牧师被认为是最为传统的专业性职业。后来又出现一些职业，如工程师、会计师、建筑师等被冠以"专业"的称号。1933年，社会学家卡尔·桑德斯和威尔逊在其经典研究成果《专业》一书中，首次为"专业"下了定义，他们认为："所谓专业，是指一群人在从事一种需要专门技术的职业，是一种需要特殊智力来培训和完成的职业，其目的在于提供专门性的服务。"之后，许多社会学家都尝试为专业下定义。日本学者石村善助认为，所谓专业是指："通过特殊的教育或训练掌握了已经证实的认识（科学的或高深的知识），具有一定的基础理论的特殊技能，从而按照来自非特定的大多数公民自发出来的每个委托者的具体要求，从事具体的服务工作，借以为全社会利益效力的职业。"当然，还有许多对"专业"的解释。正如社会学家莫里斯·科根所说："有多少个研究'专业'这个课题的学者，便有多少个专业的定义。"专业的概念并不是固定不变的，如果要给专业下定义，需要对专业群体的共同性进行宽泛的概括，也就是这些专业群体的共同特征。他将专业群体的共同性特征概括如下：

1. 专业是社会分工与职业发展到一定的历史阶段，从众多职业分化出来而形成的一种特殊职业类型。

2. 在功能上，专业具有重要的社会功能，承担着重要的社会责任，它与人们的社会生活息息相关，与公众利益密切相连，体现了重要的社会价值。

3. 在职业性质上，专业是一个相当复杂、需要高度心智的创造性劳动，它要求专业人员在拥有扎实的专业知识的基础上，在面对每日各不相同的情景时，能够充分展开智慧活动，对各种新问题、新情况做出准确判断。因而，它与那些重复某种基本操作的行为或只凭经验、模仿即可胜任的职业有着截然不同的区别。

4. 在职业行为上，表现为从业人员面对复杂情况时，在运用专门的技能、技艺时，是基于智慧与知识，经深思熟虑与理性分析而做出判断的，而不是仅凭经验或只按他人的交代与安排去从事职业活动的。因此，专业人员具有很强的不可替代性。

5. 在职业道德上，表现为专业人员具有为自己所做的判断与行为负责的责任意识，具有以顾客为中心的服务意识。在专业共同体内部，专业人员对自己所从事的工作具有很强的专业认同感。

6. 专业拥有本行业的一系列自主权，如从业人员的聘用权、解职权及专业业务相关的权力（如医生的处方权）等，并不受专业外因素的控制。

7. 专业享有良好的职业声望,拥有很高的社会地位。

由于非专业和专业的从业人员在社会地位、声望和经济报酬等方面存在较大的差别,因此,很多职业渴望实现"专业化",因为这意味着更高的社会地位和经济报酬。社会学认为,专业化是指一个职业群体在一定时期内,逐渐符合专业标准,成为专门职业并获得相应的专业地位的过程。专业标准能够为职业的专业化提供目标,然而这个目标是理想的,在现实社会中与专业标准完全相等的职业是不存在的,社会学者埃齐奥尼等人把那些培训时间较短、社会地位较低、特有的专业知识较少、缺乏专业自主权、没有达到完全专业水准的专业称为"半专业"或"准专业",如他们将教师、护士、社会工作者三类人员划归为"半专业"人员,就是因为他们的专业化程度不及医生、律师这样的典型的专业人员。

(二)教师专业化与教师专业发展

如前所述,由于教师职业的专业化程度不及典型的专业人员,因此,从20世纪60年代开始,教师专业化运动作为一股强劲的思潮在世界范围内全面展开。1966年,国际劳工组织和联合国教科文组织就在《关于教师的地位和工作建议》中明确提出"应把教育工作视为专门的职业",从此教师专业化运动全面展开。教师专业化过程经历了从强调教师职业专业化到教师专业发展的过程。在教师专业化运动初期,人们的目标是通过争取教师职业的专业地位与权力使教师集体向上流动,从外部提升教师的专业地位。如1955年,世界教学组织决定建立更多的教师专业协会,为教师争取更多的权利,提高其社会地位。

20世纪60—80年代,组织教师运动、极力争取教师权利、提高教师地位,成为这一时期教师专业化运动的主要形式。然而,这种形式的专业化并没有达到提高教师地位、扩大自主权等目的,相反,却带来了愈演愈烈、声势浩大的以争取权利和地位为主的罢工运动。如1968—1979年,美国教师平均每年举行140次的罢工,参加的教师近百万人,这些成为人们质疑、批评和诋毁教师专业性的把柄,因为真正的专业不是通过建立工会组织采取罢工手段来获取的。因此,20世纪80年代以前,教师专业化运动并没有取得实质性进展。教师的专业性还取决于专业化的程度,需要教师主体的不断努力,加强教育科学的基础研究、加强教育实践,不断提升教育质量。同时还要加强教师的专业教育,促进教师的专业成长,以提高其专业化程度。

20世纪80年代后,人们对过去忽视教师专业发展和教学技能提高的现象进行了强烈的批评,教师专业化的目标重心开始转移到了教师专业发展上。1986年,美国的卡内基教育和经济论坛工作小组和霍姆斯小组相继发表了《国家为培养21世纪的教师做准备》《明日之教师》两个报告,并提出:公共教育质量只有当学校教育发展成为一门成熟的专业时才能得以改善,要通过加强教师的专业教育、强化教师职务制度、鼓励教师参与行政、提高教师的专业报酬、实行全国性的资格证书制度等措施促进教师专业发展。20世纪80年代以后,在教师专业化问题上,人们更加注重提高教师自身的专业化水平,更加强调从内部增强专业性。

了解了教师专业化运动的进程,就更容易理解教师专业化与教师专业发展这两个概念。从广义的角度来说,教师专业化与教师专业发展的概念是相通的,均指加强教师专业化的过程。但从狭义的角度来说,它们之间还有一定的区别:教师专业化更多从社会学角度加以考虑,主要强调教师群体的、外在的专业性提升;教师专业发展更多从教育学维度加以界定,主要指教师个体的、内在的专业化提高。另外,教师专业化体现的是一种教育思想或思潮,一种教育制度以及一种教育改革运动;而教师专业发展包含的是一个教师成长的过程,是一个具体的实践过程。从本质上说,教师专业发展是教师个体专业不断发展的历程,是教师不断接受新知识,增强专业能力的过程。教师要成为一个成熟的专业人员,需要通过不断学习与探究来拓展其专业内涵,提高专业水平,从而达到专业成熟的境界。

（三）早期教育教师专业发展的内涵

如前所述,教师专业发展已经是当今世界教师教育改革和教师职业发展的共同趋势,从20世纪80年代开始,我国"教师专业化"问题也开始受到广泛的关注。1986年,我国颁布的《国家标准职业分类与代码》中正式把教师列入专业技术人员之列。1993年第八届全国人民代表大会常务委员会第四次会议通过了《中华人民共和国教师法》,其中第三条就明确规定"教师是履行教育教学职责的专业人员",这从法律角度赋予了教师专业人员的地位,这也意味着教师要履行教育教学的专业职责。20世纪80年代以后,为了进一步推进中小学教师的专业化,在全国范围内对教师教育体系及机构也进行了战略性调整,具体措施包括:构建一体化的教师教育体系、师资培养体系由定向封闭逐渐走向开放、师资培养机构由低向高升级、完善资格认定制度等。近年来,国家更加重视教师教育,为了更好地促进教师专业化发展,我国于2011年颁布了《教师教育课程标准（试行）》,于2012年出台了《国务院关于加强教师队伍建设的意见》,颁布了幼儿园、中小学教师的专业标准。于2013年出台了《中小学教师资格考试暂行办法》和《中小学教师资格定期注册暂行办法》,并从试点推进,现在已逐步开始在全国施行统一的教师资格考试。于2018年发布了《中共中央国务院关于全面深化新时代教师队伍建设改革的意见》和《教师教育振兴行动计划（2018—2022年）》等。这些文件的出台,可以看出我国对推进教师专业化进程和建设高素质教师队伍的决心。

2019年,国务院办公厅还印发了《关于促进3岁以下婴幼儿照护服务发展的指导意见》（以下简称《意见》）。《意见》指出,要"建设一支品德高尚、富有爱心、敬业奉献、素质优良的婴幼儿照护服务队伍"。一方面,高等院校和职业院校（含技工院校）要根据需求开设婴幼儿照护相关专业,合理确定招生规模、课程设置和教学内容,将安全照护的知识和能力纳入教学内容,加快培养婴幼儿照护相关专业人才。另一方面,将婴幼儿照护服务人员作为急需紧缺人员纳入培训规划,切实加强婴幼儿照护服务相关法律法规培训,增强从业人员法治意识;大力开展职业道德、安全教育、职业技能培训,提高婴幼儿照护服务能力和水平。新文件的出台说明国家对0—3岁早教教师专业发展的重视,推进早教教师专业化水平提升、促进早教教师专业发展迫在眉睫。

基于早教教师的群体特点,根据教师专业发展的概念,我们将早教教师的专业发展界定为:0—3岁婴幼儿早期教育教师个体或群体的专业质量提升或教师内在专业结构不断更新、演进和丰富的过程。这个过程既包含个人的努力,也包含团体的合作,以及外部的培训支持,使得早教教师的专业知识、专业能力不断提高。

> **拓展资料**
>
> ### 教育部办公厅关于开展0—3岁婴幼儿早期教育试点工作
> ### 有关事项的通知要点
>
> 通知指出,0—3岁婴幼儿早期教育试点要按照党的十八大"努力办好人民满意的教育"的总体部署和"办好学前教育"的要求,以科学发展观为指导,坚持公益普惠的基本方向,充分整合公共教育、卫生和社区资源,努力构建以幼儿园和妇幼保健机构为依托,面向社区、指导家长的婴幼儿早期教育服务体系。要以发展公益性婴幼儿早期教育服务为目标,落实政府在早期教育中的规划、投入和监管等方面责任,重点在婴幼儿早期教育管理体制、管理制度、服务模式和内涵发展等方面进行研究探索。
>
> 通知提出了6个方面的试点内容。一是明确管理体制。要求试点地区建立政府主导,教育部门和卫生部门分工负责,有关部门协调配合的0—3岁婴幼儿早期教育管理体制,明确各有关部门的管理职责和分工,切实把0—3岁早期教育指导纳入公共卫生和教育服务体系。二是合理配置资源。三是培养培训师资。依托高校的学前教育专业和医学专业,研究探索0—3岁婴幼儿早期教育从业人员的培训课程、培养模式、从业资格与专业素质等,建设一支高素质专业化的师资队伍。四是加强规范管理。探索婴幼儿早期教育服务机构的准入、从业人员管理、质量监管等方面的管理制度和措施。五是合理分担成本。坚持公益性普惠性,探索建立公共财政支持、社会参与、家长合理分担成本的早期教育成本分担机制。六是促进内涵发展。积极开展婴幼儿身心发展规律的研究,研究开发婴幼儿喂养、生长发育监测、营养指导以及情绪与社会性、语言、智力等方面教育的具体形式和内容。

(四)早期教育教师专业发展的取向

1. 理智取向

教师专业发展的理智取向认为,教师要开展有效的教学:一是自己要有"内容",即学科知识;二是要具有帮助学生获得这些内容的知识和技能,即教育知识。这两类知识是教学专业最为基本的知识。知识的基础对于教学专业是非常重要的,教师专业发展的重点是知识的获得和行为变化。理智取向者认为,知识基础的获得是行为变化的基础,理论能够指导实践,借助于理论的掌握和应用,教师能够将学到的知识自主转化为良好的实践。教学之所以还不能成为一个公认的专业,原因在于教学职业还没有形成一套有效且专门的知识技能系统。

理智取向的专业发展模式注重对教师专业发展内容进行客观、理性的分析,通过建构教师专业知识、能力结构,最终形成可测量、易操作的指标体系。基于这种取向,教师专业发展的途径主要是通过正规的培训为教师提供知识基础,包括职前的或在职的,或者向专家、学者学习有关的知识。教师专业发展就是要为教师提供最基本的专业知识基础,通过传授的方式使教师获得这些知识基础,这种取向也因过分强调理论知识而饱受诟病。然而在教师专业发展初期,这种取向倡导的模式仍然是促进教师专业成长较为有效的手段。

2. 实践-反思取向

实践-反思取向认为,教师专业发展就是教师通过对自己的教学实践进行反思,从而获得个人的成长。与理智取向强调教师专业知识与技能的掌握,寻求教师专业普遍知识、能力结构不同,实践-反思取向强调教师作为一个"人"的独特性,注重教师"个人的""实践的"专业知识在专业活动中的作用,教师不是通过接受知识获得发展,而是通过"反思"更清晰地理解自己、理解自身实践,并因此实现专业发展。

实践-反思取向更注重教师专业发展的过程性与体验性,关注情感与态度在教师成长中的重要作用。他们认为教师发展不仅是理性的成长,而且包含着情感的丰富与深化。情感、态度并不与认知和理性相对立,情感与知识常常是交织在一起的,因此,情感与态度在教师发展中同样具有重要作用。

基于这种取向,教师专业发展可以通过撰写日记、教育故事、传记、构想、文献分析等方式单独进行反思,或通过讲故事、信件交流、教师交流、参与观察等方式分享交流。教师专业发展的实践-反思取向在我国已经被越来越多的人认可,不少中小学、幼儿园也开始了这方面的探索并取得了一定的成果。

案例3

一次不成功的早教

活动中,A宝宝在家长的指导下专心地将圆柱体全部拿出来,此时正在尝试将这些圆柱体找到对应的孔塞进去。这时,育婴师走过来,观察片刻,直接向宝宝提出要求:"宝宝,你能告诉我哪个圆柱体是最大的,哪个圆柱体是最小的吗?"一边的家长听到了,马上配合地重复育婴师的提问:"快,宝宝,告诉老师,哪个圆柱体是最大的?"宝宝茫然地看了看,然后随手抽出一个继续去寻找对应的孔,并不理会成人的提问。家长看到宝宝手上拿的圆柱体,马上说:"错了错了,是这个,这个才是最大的。"说完,直接扶着宝宝的手去拿最大的圆柱体,再帮宝宝把大圆柱体塞进对应的孔里。早教教师这时再次进行纠正,边摆弄边重复:"注意哦,这是最大的,它的家在这里;这是最小的,它的家在这里。"以上的现象无论是在早教中心,或是家庭中都常常会出现。当0—3岁的宝宝沉浸于对玩具的摆弄时,我们常常会忍不住地进行所谓的"指导"。然而,宝宝往往不能如我们所愿地"接受指导"。以上案例中的早教教师和家长对活动中的宝宝没有进行充分的观察,不理解孩子的意图,以致指导失败。

3. 生态取向

生态发展取向关注教师专业发展所赖以存在的环境。生态取向认为，教师专业发展很大程度上依赖于"教学文化"或"教师文化"。正是这些因素为教师的工作提供了意义、支持和身份认同。因此，促进教师专业发展最理想的方式应当是一种合作的发展方式，要构建一种合作的教师文化，包括教师在群体中的态度、价值、信念、习惯、假设和做事的方式等。

生态取向的教师专业发展更强调教师发展过程与其所处环境的关联性，教师发展能否成功与学校、社会及教师所处的文化密切相关。因此，要想让教师获得专业发展，需要为其创造一个能够支持其自身专业持续发展的环境，这里的环境既包括物质环境，如教育机构的管理制度、评价激励机制，也包括教师文化环境。

生态取向的教师专业发展模式强调教师需要保持开放、合作的心态，教师间要营造一种合作的文化氛围，形成专业共同体，加强教学实践活动中的切磋、协调与合作，分享经验、互相学习、共同成长。这就要求教师不仅仅是一个学习者、研究者，更要成为合作者，通过知识学习与实践反思不断突破和超越自我。

二、早期教育教师专业发展过程与影响因素

（一）教师专业发展的一般阶段理论

教师专业发展是一个长期的过程，伴随其整个职业生涯，需要经历一系列的发展阶段。自20世纪60年代美国学者富勒以关注为切入点考察教师专业发展的阶段特征开始，教师的专业发展过程研究便拉开了序幕。已有的对教师专业发展阶段的理论研究为我们理解早教教师专业发展过程提供了路径。

1. 富勒的教师关注阶段论

有关教师发展阶段的研究大都植根于美国学者费朗斯·富勒的研究。她通过广泛严密的访问晤谈，大量周详的文献探讨，以及严谨精细的检表法，编制了著名的《教师关注问卷》。通过这项研究，富勒认为，在成为专业教师的过程中，教师所关注的事物是依据一定的次序更迭的，并呈现如下的发展阶段：

（1）教学前关注阶段

这一阶段是职前培养时期。职前教师仍扮演着学生的角色，对教师角色仅凭想象，未曾经历教师生涯，没有教学经验，因此只关注自己。不仅如此，对于任教的教师还抱着观察、评判的态度。在观察初期，往往对教师不表同情，甚至还带有敌意。

（2）早期生存关注阶段

这一阶段是初次接触实际教学时期。在此阶段，教师所关注的是自己的生存问题，即能否在新环境中生存下来。所以此时，教师关注的是班级的经营管理，教学内容的掌握，上级的视察评价，学生与同事的肯定、接纳等。在这一阶段，教师都表现出明显的焦虑与紧张，工作压力很大。

（3）教学情境关注阶段

在这一阶段，教师关注的是教学上的种种需要或限制以及挫折。因为这一阶段会对教师的教学能力与技巧提出要求，所以教师较多关注教学所需的知识、能力与技巧，以及尽其所能地将其所学运用于教学情境之中。总之，在这一阶段，教师关注的是自己的教学表现，而不是学生的学习。

（4）关注学生阶段

虽然许多教师在实习教育阶段就能表达出对学生的学习、品德乃至情绪需求的关注，但是并不能真正地适应或满足学生的需要，往往要等到自己能适应教学的角色压力和负荷之后，才能真正地关怀学生。

富勒所提出的这一套教师关注阶段论，尽管不尽完善，但是它为教师发展理论的研究开辟了先河。她开创了一个新的研究领域，同时也为后续研究奠定了基础。然而，富勒的教师关注阶段理论重点只是在教师的职前培育时期，因此这套关注理论虽然在师资培育方面具有重要的参考价值，但仍不足以窥视教师发展的全貌。

2. 卡茨的教师发展时期论

美国学者卡茨根据自己与学前教师一起工作的经验，运用访问与调查问卷法，针对学前教师的训练需求与专业发展目标，把教师的发展分为以下4个阶段：

（1）求生存时期

在完全没有学前教育经验的情况下，任职于一所学前的教育机构中，新教师所关心的是自己在陌生环境中能否生存下来，这种情形可能持续一两年。在这一时期，教师不仅关注自己的生存问题，而且会发现他们所预想的成功与教学实际状况之间存在差距。因此会感到不能胜任，或者感到对教师这一角色尚未准备好。在这一时期，教师最需要的是支持、理解和鼓励。此外，教师更需要教学现场的支援与各种教学技能方面的协助。

（2）巩固时期

这一阶段会持续到第三年。这一时期的学前教师已经学习到一些处理教学事务的基础知识与方法，同时会统整在前一时期所获的经验和技巧。不仅如此，此时的学前教师已开始关注个别学生的问题，以及思考如何来帮助学生。因此，教师这时最需要得到的是有关特殊学生或处理学生问题的各种信息。而且，在这一时期，教师教学需要现场协助，希望接受专家、同事以及顾问的建议。

（3）更新时期

这一时期可能会持续到第四年。在这一时期，教师对于平日繁杂而又规律刻板的工作感到倦怠，想要寻找创新的事物。因此，这一时期，必须鼓励教师参加研究会，加入教师专业组织，参加各种进修活动等。教师在参加活动的过程中与其他教师交换教学心得与经验，从与其他教师的交往中学习新的经验、技巧和方法。

（4）成熟时期

有些教师进步很快，两到三年就能达到成熟的阶段，而有些教师则需要五年甚至更长的时间。到了成熟时期的教师，他们已习惯于教师的角色，自己已有足够的能力来探讨一些较抽象、深入的问题。在这一时期，教师适宜参加各种促进教师发展的活动，包括参加各种研讨会、加入教师团体组织、进修学位等。

卡茨所提出的教师发展论虽以学前教师为主，在训练、协助教师专业成长方面有很强的参考价值。但遗憾的是，以卡茨为代表的，包括特纳、格列克等一批早期教师发展的理论家们，其研究中均存在一种局限，即教师发展到成熟阶段以后，他们就将其归并在一起，而没有做更进一步的区别。因此，卡茨对学前教师成熟期以后的发展未做研究与评述。这也反映了早期教师发展理论研究仍处于探索阶段，有其未能突破的局限性。

3. 伯顿的教师发展阶段论

在20世纪70年代末80年代初，美国俄亥俄州立大学的伯顿、纽曼、皮特森、弗劳拉等一批学者对教师发展进行了有组织的系列研究。俄亥俄州立大学的学者们在研究的基础上，吸收借鉴了前人的研究成果，提出了教师生涯循环发展的理论框架。在这些系列研究中，比较突出的是伯顿的综合研究。伯顿从与小学教师访谈的记录数据与资料中，整理归纳了教师所提出的意见，提出了教师发展的三个阶段论：

（1）求生存阶段

这一阶段的教师刚踏入一个新环境，没有实际教学经验，对于教学活动及环境只有非常有限的知识，所面对的各种事物都在适应之中。此时教师所关心的是班级经营、学科教学、教学技巧的改进、教学内容的了解，以及单元计划的制订与教学活动的组织。此外，这一阶段的教师已开始注意学生并尝试与之相处。但是，此时的教师仍缺乏信心，不愿意尝试新的方法。

（2）调整阶段

在进入教学的第二年至第四年，教师的知识已较为丰富，心情也较为轻松。他们开始了解学生的复杂性，会寻求新的教学技巧与解决方法，以迎合学生各种不同的需求。此时期的教师变得较开放，也较关心学生，感觉比以往更有能力满足学生们各种不同的需求。

（3）成熟阶段

在进入第五年或五年以上的教学生涯之后，教师的经验更加丰富，对教学活动驾轻就熟，并且对教学环境已有充分的熟悉与了解。因此，这一时期的教师感觉比较安心，可以放心地、专心地处理教学所发生的事情。教师能够不断尝试新的方法，且更能关心学生，配合学生的需求，关心师生之间的关系与交流。并且，在这一阶段的教师发现自己已逐渐获得专业见解，并能处理大多数可能发生的新情况。

伯顿的教师发展阶段论以其对数据的处理、综合作为研究的基础，而使其研究成果更加引人注目。然而，伯顿的教师发展阶段论也依旧没有对成熟教师未来的发展进行探究。

4. 费斯勒的教师生涯循环论

20世纪80年代以来，随着教师教育在世界各国受到前所未有的关注，教师发展理论的研究也进入了蓬勃发展的阶段。在这一时期，美国教师发展理论研究领域的另一位杰出学者费斯勒,通过对教师日常教学的观察了解,对160位教师的访问晤谈,以及开展典型的研究和对于成人发展与人类生命发展阶段等相关理论的综合的文献考察,并在借鉴该领域先前研究成果的基础上,提出了一套动态的教师生涯循环理论,从整体上探讨教师生涯的发展历程。他将教师的发展分为8个阶段:

(1) 职前教育阶段

这一阶段的教育是为了特定的教师角色而做准备的,通常是在大学或师范学院进行的师资培育。此外,这一阶段也包括在职教师从事新角色或新工作的再培训。这一阶段包括在高等教育机构内进行的职前培养,还包括学校内的在职进修活动。

(2) 入职阶段

这是教师任教前几年,也是教师进入学校系统后学习教学常规及教学基本技能的时期。在这一阶段的新职教师,通常都会努力寻求学生、同事、督导人员的接纳,并设法在日常事务的处理中得到肯定。

(3) 能力形成阶段

在这一阶段的教师努力增进与充实和教育相关的知识,提高教学技巧和能力,设法获得新的信息、方法和策略。此时的教师都想建立一套属于自己的教学体系,经常接受与吸收新的观念,参加研讨会和各种会议,以及继续进修与深造。

(4) 热心和成长阶段

在这一阶段,教师已经具有较高水平的教学能力,但是一位热心教育和继续追求成长的教师,会更积极地追求其专业成长,不断寻找新的教学方法。可以说,热心成长与高度的工作满足感是这一阶段的要素。

(5) 生涯挫折阶段

在这一阶段,教师可能会受到某种因素的影响,产生教学上的挫折感和倦怠感,工作的满足感逐渐下降,开始怀疑自己选择教师这份工作是否正确。

(6) 稳定和停滞阶段

这一阶段的教师存在着"做一天和尚,撞一天钟"的心态,只做分内的工作,不会主动追求教学专业上的卓越与成长,缺乏进取心,敷衍塞责。

(7) 生涯低落阶段

这是准备离开教育岗位,打算"交棒"的低潮时期。在这一阶段,有些教师感到愉悦自由,回想以前的桃李春风,而今终能功成身退;另外也有一些教师,则会以一种苦涩的心情离开教育岗位,或是因被迫终止工作而感到不平,或是因对教育工作的热爱而眷恋。

(8) 生涯退出阶段

生涯退出阶段是离开教职以后的寂寥时期。有些人会寻找短期的临时工作,有些人可能会含饴弄孙,颐养天年。总之是到了生命周期的最后落幕阶段。

费斯勒的教师生涯循环论,提供了一个较为完整的纵贯教师生涯的理论架构,而这无论是对完整的教师生涯进行规划,还是依据教师各个发展阶段,对其提供辅助支援,都具有重要的理论参考价值。

5. 司德菲的教师生涯发展模式

美国学者司德菲依据人文心理学派的自我实现理论,建立了教师生涯发展模式。司德菲的教师生涯发展模式吸收了费斯勒等人先期研究的成果,并发扬了他们研究中的优点,同时又有新的超越。他将教师的发展分为5个阶段:

（1）预备生涯阶段

这一阶段主要包括初任教职的教师,或重新任职的教师。初任教师通常需要3年的时间才会进展到下一个阶段,而重新任职的教师则能很快超越这一阶段。这一阶段的教师,具有以下几个特征：理想主义、有活力、富创意、接纳新观念、积极进取、努力向上。

（2）专家生涯阶段

这一阶段的教师已具有较高水平的教学能力与技巧,同时拥有多方面的信息来源。这些教师都能进行有效的班级经营和时间管理,对学生都抱有高度的期望,也能在自己的工作中,激发自我潜能,实现自我价值。同时,这时的教师具有一种内在的透视力,可随时掌握学生的一举一动。

（3）退缩生涯阶段

① 初期的退缩

这一阶段的教师表现不是最好,也不是最坏。这类的教师在学校中可以说是最多、也是最被忽视的一个群体。他们很少致力于教学革新,年复一年地使用相同的教学内容。此类教师所持的信念,都较为固执,而且沉默寡言,跟随别人,消极行事。这时,如果教育行政人员给予适时、适当的支持与鼓励,这些教师又会恢复到专家生涯阶段。

② 持续的退缩

这一时期,教师表现出倦怠感,经常批评学校、家长、学生,甚至教育行政部门,有时对一些表现好的教师也妄加指责。此外,他们往往会抗拒变革,对于行政上的措施不做任何反应,这些行为都有可能妨碍学校的发展。处于这一时期的教师,多是独来独往,或是行为极端,或是喋喋不休。这些教师人际关系都不甚和谐,家庭生活有时也会出现问题。因此,这一时期的教师需要帮助。

③ 深度的退缩

这一时期的教师在教学上表现出无力感,甚至有时还会伤害到学生。但是这些教师并不认为自己有这些缺点,且具有很强烈的防范心理。

（4）更新生涯阶段

这一阶段的教师在一开始出现厌倦的征兆时就采取了较为积极的对应措施,如参加研讨会、进修课程,或加入教师组织等。他们采取措施得当,致力于吸收新的教学知识,因此在这一阶段的教师又可看到预备生涯阶段朝气蓬勃的状态——有活力、肯吸收新知识、进取向上。不同的是,预备生涯阶段的教师对教学工作感到新奇振奋,而在更新生涯阶段的教师则致力于追求专业成长,吸收新的教学知识。但处在这一阶段的教师仍需外在的支持,更需要学校行政部门的支持与协助。

（5）退出生涯阶段

到了退休年龄,或由于其他原因而离开教学岗位。一些教师开始安度晚年,而另一些教师则可能继续追求生涯的"第二春天"。

司德菲的教师生涯发展模式,可以说非常清晰明确地反映了教育在整个职业生涯中发展的特点。不仅如此,他所提出的"更新生涯阶段",弥补了费斯勒理论中的不足,即当教师处于发展的低潮期时,如果给予教师适时、适当的协助与支持,教师是有可能度过低潮期而继续追求专业成长的。

（二）早期教育教师专业发展过程

根据已有的研究成果,有学者在教师专业社会化框架下,将教师的专业发展划分为4个阶段。

1. 准备阶段

从开始考虑选择教师职业及接受培训起,教师就进行积极的专业准备和发展,包括教师进入师范院校学习和入职前培训,学习专业技能,接受相关训练。对于早期教师专业发展而言,在这一阶段,选择未来成为早期教师的候选人便已经进入师范院校早期教育专业学习,开始接受有关早期教育能力的相关训练,为未来职业的发展进行积极的准备。

2. 新手阶段

新手阶段是指教师进入教育机构任教后,成长受到多种因素的影响,个人知识和技能开始紧密地与自身生存和发展联系起来。在生存压力下开始加强专业发展,但这一阶段,教师更多的是应用学校学习的知识和技能,以常规方法为主,采用使教学得以顺利进行又能得到专家认同的教学模式。对于早教教师而言,这一阶段,他们将面临来自实践的冲击：一方面,他们面临从学生到教师的角色转变；另一方面,他们要适应工作,能够完成保教任务,独立开展保教指导工作。在这一过程中,他们将面临很多问题和困境,例如能否与家长进行有效的沟通与合作,带班过程是否关注到了每一个婴幼儿,工作是否能得到领导、同事、家长的认可,创设的环境是否合适,怎样才能够引发婴幼儿的兴趣,等等。这一时期,教师发展的最佳方式,就是在常态的保育教育环境中,发现问题、研究问题、解决问题,以获得专业成长。

3. 成熟阶段

教师在胜任教育教学的基础上,开始从关注自身转向关注学生发展,开始发展更加实用和自主的教育方法,能灵活自如地应用各种教育教学技能,在教育教学和专业知识上逐渐提出自己的一些看法,进入成长的成熟阶段,实现由胜任到教育教学能手的转变。

对于早教教师而言,在工作四五年后就进入了这一阶段,在胜任了保育教育工作的基础上,他们开始更加关注婴幼儿的发展,关注早教领域的新趋势、新观点和新问题,调整和充实自己。在这一阶段,教师极具创造性,早期教育机构应为这些教师提供更多支持,如鼓励教师积极参加相关领域学术会议、教育培训、教研活动等。

4. 专家阶段

不是所有教师的专业发展都能达到这一阶段,能进入这一阶段的教师都是教师群体中的佼佼者。教师在钻研业务和开展科研中,结合自身特点和教育发展要求,形成独特的教育教学模式,成为专家型教师。对于早教教师而言,在这一阶段,他们对早期教育理论的理解已经达到了一定的水平,并在实践中能够运用自如,并且会主动探讨深层次的问题。他们习惯反思、喜欢探索,善于总结经验,通过经验分享引领同事的专业发展。这一时期,幼儿园和早教机构应为其提供更高层次的进修和课题研究机会,进一步促进其专业成长。

(三)早期教育教师专业发展的影响因素

1. 教师个人因素

教师个人的学历、专业知识和能力、教育实践经历、工作态度、职业道德等都会影响其专业发展。当前早教行业,入职门槛较低,教师的水平参差不齐,学科知识、通识知识、专业知识基础差;不少教师对所从事职业的专业性和独特性缺乏认识,对教师专业发展并没有向往,认为教师专业发展的投入性价比不够高;有的教师并非真正了解或热爱早期教育事业,他们缺乏职业规划、职业热情、职业精神和职业愿景。

2. 早教机构因素

早教机构中的同伴关系、福利制度、工作强度、培训频率、评价制度、工资水平、管理风格等都会影响教师专业发展。在早教机构中,很多教师难以应对工作中复杂多变的实际问题。早教机构在面对这些问题时,通常不能有很好的预见性和解决方案。早教机构通常把注意力和重点都放在了婴幼儿和家长身上,尤其是家长感受和评价,并没有意识到自己有责任帮助早教教师解决问题,做好教师专业发展的路径规划。

教师是教育的关键,早教机构应重视教师队伍建设,设定教师入职专业标准门槛,制订教师培训、职务晋升计划,培养人才、留住人才,确保早教质量的不断提高,促进早教机构的良性运转。

3. 社会因素

政府政策、社会期望、政府财政支持、高校早教专业建设与教学等因素都会影响教师质量提升和专业发展。学前教育包含0—3岁婴幼儿的早期教育和3—6岁的幼儿教育,培养早教教师的早教专业与培养幼儿教师的学前教育专业都必须由专科以上的高校设立,而且要求严格,属于国家控制的专业。如前述,早教专业是新兴的专业,至2020年,全国有103所高等学校开办了早教专业。但目前,高职高专院校早期教育人才培养的课程体系、评估模式、教学手段和师资还不尽完善,而育婴师、家庭教育规划师等资格证考核要求过低,过程不够规范、严格,相关的早教教师专业标准也未出台,教育规模扩大化与教育资源有限的矛盾凸显,使得教师专业发展力度不大。同时,我国目前对于早期教育机构的验收、评估等缺乏相应的制度和标准,尤其是社会办的早期教育机构,市场化运营模式下亟须加强有效的监督与管理。早教机构在服务标准、课程质量、卫生安全及院所环境方面都亟待进一步规范和监管,以把控早教机构教师的专业成长。另外,受国家政策影响,长期以来我国对于早期教育的财政支持及制度保障并不充分,还需要加大力度加快研制早教教师专业标准、早教教师资格认定、职称评定及其相应的工资待遇等政策,以推进早期教育教师的专业发展和早教质量的提升。

三、早期教育教师的教师观与专业信念

（一）早期教育教师的教师观

教师观就是人们对教师这一职业的地位、角色、身份、职责、权利、义务等方面的认识。0—3岁婴幼儿早期教育是教师协同保健保育人员共同参与,并以家庭教育为核心,对0—3岁婴幼儿身心发展施加有目的、积极适宜、系统的影响,以促进0—3岁婴幼儿体智德美全面和谐而富有个性地成长,为一生的发展奠定基础。早期教育教师的工作具有多面性、示范性和创造性等特点,担任多重角色并根据工作情境灵活转换角色,充分发挥教师的专业主导作用。以上述认识为基础,早教教师观包括以下内容：

1. 作用于家长

从教师与家长等养育者的关系看,教师应是婴幼儿教育的引导者、宣传者、合作者、示范者。教师的教育行为应强调尊重婴幼儿父母等养育者,唤起他们科学育儿的意识,激发他们积极协作的愿望。教师应了解和分析孩子的发展情况和向家长传授科学的育儿知识,进行亲子活动的示范指导,与家长协商后拟订婴幼儿个性化的保育与教育发展方案,与家长充分沟通、有效互动,共同促进孩子身心全面和谐而富有个性地发展。

2. 作用于婴幼儿

从教师与婴幼儿的关系看,教师应是观察者、照护者、引导者、合作者、支持者。教师对婴幼儿施加影响的工作主要有以下几个方面：一是托幼机构的保教工作,二是亲子教育指导活动,三是入户指导或亲子咨询。作为观察者,教师要结合父母等养育者的介绍了解婴幼儿的发展情况,在保教过程了解婴幼儿动作、认知、语言、情感与社会性发展,提供适宜的引导。作为照护者,教师要对婴幼儿关怀备至、体贴入微,确保婴幼儿的卫生与安全,教师要营造尊重、亲密、友好和谐的精神环境,支持婴幼儿与人和物的有效互动。作为婴幼儿活动引导者,教师要激发和引导婴幼儿主动活动,支持他们思考与探索,充分发挥潜能,在已有的水平上获得充分的发展。

3. 作用于社区（村庄）

从托幼机构与社区的关系来看,教师应与保健保育人员一起发挥作用。在其中,教师应是社区（村庄）婴幼儿教育资源的整合者、利用者和社区（村庄）婴幼儿教育的示范者和推动者。一方面社区（村庄）是婴幼儿从家庭向外扩展的重要环境,社区（村庄）具有良好的自然环境和社会人文环境,为婴幼儿的户外玩耍、邻里交流提供条件。另一方面婴幼儿早期教育需要普及,适龄婴幼儿应人人享有早期教育。教师应带领家长充分发掘和利用社区（村庄）的教育资源为婴幼儿发展服务,面向群众宣传、开展婴幼儿教育展示和咨询活动,普及科学

育儿知识。托幼机构或教师要争取社区（村庄）的支持，共商婴幼儿早期教育事宜，把托幼机构以及社区（村庄）活动中心建设成婴幼儿早期教育示范中心、咨询指导中心，全面提高家长科学育儿的水平。

4.对于自身的专业使命

从0—3岁婴幼儿早期教育和指导的质量提升与教师自身专业发展看，教师应是婴幼儿发展与教育的研究者、早教课程的建设者和开发者，教师应终身学习、不断研究婴幼儿教育理论与实践，不断研发、充实和优化婴幼儿早教课程，不断反思自身的工作实践，提高实践智慧，促进自身专业成长。

（二）早期教育教师的专业信念

1.教师的专业信念及其功能

教师专业信念是教师基于对教育活动和教师职业理解的基础上形成的关于教育和教师职业的观念和理性信仰，是教师内在精神世界的体现。它是教师在专业学习、实践及成长过程中形成的对教育专业内涵与价值、教师职业与教育事业意义的深刻认识，以及专业的情意与向往、专业的坚守与追求。教师专业信念是教师职业生活的精神向导和实践探索的精神动力，是教师战胜困难、实现专业理想的精神支柱。

教师专业信念是教师个体对教育专业和从事教师职业的知、情、意及行为倾向，是教师做好工作的内在导航和动力系统。"知"体现为对教育专业内涵的理解，对教育与人的发展、与社会发展关系的理解，对教育和教师职业的特殊价值与意义的认识，对教师所从事专业工作角色及其应具备素质的认识；"情"体现为对教育事业的热爱和向往，体验专业学习和教育实践的乐趣，憧憬和享受与教育对象共同成长的美好与幸福；"意"和"行为倾向"体现为恪守专业原则，克服困难的决心和毅力，并乐于自觉行动、为教育事业而努力奋斗。教师专业信念对教育工作的开展和专业发展具有引领、调节、激励和推进的功能。

2.早教教师专业信念的培养

2012年教育部印发的《幼儿园教师专业标准（试行）》《小学教师专业标准（试行）》和《中学教师专业标准（试行）》（简称《教师专业标准》），指明了基础教育教师专业标准由专业理念与师德、专业知识、专业能力三个一级指标构成。教师专业信念是教师在专业学习、实践及成长过程中形成的，在努力达到专业理念与师德、专业知识、专业能力等专业标准的过程中予以培养。在专业学习、实践与培养专业信念的过程中，早教教师尤其要在以下几个方面下功夫。

（1）深刻理解早期教育的特殊意义

0—3岁早期教育是人生开端的教育，是国民教育的重要组成部分。理解早期教育的特殊意义，要有以下的基础：一是深刻理解和掌握教育的基本规律，即教育与社会发展的关系、教育与人的发展的关系，在这基础上进一步讨论和深刻理解教育对培养新时代新人和中华民族伟大复兴的重要意义；二是从人一生的发展、成长历程的角度，深入分析各个阶段教育的特殊性与人的发展阶段特点之间的关系，在这一基础上进一步讨论和深刻理解早期教育的特殊性;三是从0—3岁婴幼儿发展的特殊性、儿童期的价值,以及为人口素质提升奠定基础的角度分析早期教育的价值。

(2) 打牢早期教育专业的素质基础

《幼儿园教师专业标准(试行)》是国家对合格幼儿园教师专业素质的基本要求,是幼儿园教师实施保教行为的基本规范,是引领幼儿园教师专业发展的基本准则,是幼儿园教师培养、准入、培训、考核等工作的重要依据。目前,虽然还没对早教教师制定专业标准,但国家对基础教育教师要求总的精神是一致的,我们以《幼儿园教师专业标准(试行)》为参照,根据0—3岁婴幼儿发展及早期教育的特殊性,来思考早教教师应具备的"专业理念与师德""专业知识""专业能力"。我们已对早期教育教师的专业素质要求与幼儿园教师的素质要求进行了比较与阐述,同时又讨论了早教教师的教师观。虽然同属于学前教育的教师,但0—3岁婴幼儿早期教育教师的素质要求与幼儿园教师素质要求还是有较大的不同,更与小学教师差异明显。

(3) 坚守"婴幼儿为本"的早期教育不偏离

作为经过早教专业培养和严格训练的早教教师,应该持续培养和增强专业观察、审视的能力,坚定早教专业立场,以婴幼儿为本,坚守早期教育的专业性,自觉防范和抵制侵害婴幼儿权利的行为,主动、积极地向家长和社会广泛宣传并践行先进的早教理念,优化婴幼儿成长环境,不断提高早期教育的科学性。

本 章 小 结

学前教育教师包括0—3岁婴幼儿早期教育教师和3—6岁幼儿教师。本章主要阐述了我国学前教育发展背景下幼儿教师和早教教师的角色演进与专业化进程,深入探讨了0—3岁婴幼儿早期教育教师的工作特点与专业角色、专业素质结构与要求、专业发展内涵与取向、专业发展阶段过程与影响因素,以及教师观与专业信念。

延 伸 学 习

美国早期教育教师专业学习共同体发展

一、美国早期教育教师专业学习共同体的酝酿阶段

进入20世纪50年代以后,世界教育改革周期在不断加快。60年代中后期,终身教育、终身学习和学习型社会的理念先后诞生,三者的发展紧密地交织在一起,互为激发、相互影响,共同构成了20世纪70年代以来以美国为首的世界教育改革与发展具有共识性的基本指导思想与原则。在这一时期,美国早期教育逐渐受到重视。虽然早期教育教师专业学习共同

体尚未产生,但在基础教育改革的浪潮中提出了教师要实现专业化,并强调教师的学习应由个体化学习走向共同体学习。

二、美国早期教育教师专业学习共同体的兴起阶段

20世纪90年代,学习型组织理论在商业领域得以应用,随后,全球范围的各个行业和领域都在学习如何共同学习,都在变成学习社区。受到圣吉《第五项修炼》的启发,教育者开始提出将学校改造为学习共同体的主张。同时,由于公众要求学校更加关注学生的学习,把提高学生的成绩放到教育的重点,所以整个美国的学校系统又开始寻找改革或创新之路,进行了一系列的教育改革。来自不同研究领域的研究者为学校改革提出了建立学习型组织的建议,他们都认为学校现有的模式是传统的工业化模式,阻碍了学校的有效运行,学习型组织是学校变革的一个新的选择,新型学校应该是一个学习型的组织、学习型的学校。学习型组织理论的出现是终身教育、终身学习、学习化社会国际教育大背景下更新教育办学理念、提升办学品位、提高办学质量的需要,被引入学校、幼儿园的管理。应该说教师在学习共同体里工作的观点并不新颖。在20世纪初,杜威把教师的协同工作描述为教师为了检验他们的实践、进行经验创新和批判性对话而进行集体探究活动,这个定义和教师学习共同体很像。随着研究的推进,研究者们对组织学习有了新的理解,发现"学习型学校"是从"学习型组织"直接移植而来,并不能完全地体现"学校学习"的特点,用"专业学习共同体"这个概念称呼学校环境中的学习型组织更贴切。组织是一种强调效率、权宜和共同利益的群体关系,共同体作为组织也承认是一种群体关系,但更强调人际关系、共同愿景和合作文化的重要性,因而,共同体中的这些因素对于学校、幼儿园的发展更为关键。于是,在美国各地区的学校中,把"专业学习共同体"作为最新的教育改革之一加以讨论。

三、美国早期教育教师专业学习共同体的快速发展阶段

20世纪80年代以来,公众将关注点转移到学校改革领域,美国基础教育质量一直受到人们的苛责,学校始终存在着提高教育质量的压力。进入21世纪,全球化的国际竞争更加激烈,传统结构遭遇重大挑战,传统经济进入发展瓶颈,反之以互联网为代表的高新技术领域迅速发展,国际国内的新形势迫使美国基础教育必须满足不同社会阶层的多样化的教育需求。目前,由于专业学习共同体在教育改革方面取得了优异的成绩,满足了社会的期望,使人们对教育的需求加大,美国的很多学校系统纷纷加以采用。

(资料来源:崔迪. 美国早期教育教师专业学习共同体研究[D].

长春:东北师范大学,2017.)

学习活动

1. 以小组为单位,就0—3岁婴幼儿早期教育教师的专业性问题进一步开展研究性学习,形成对早教教师专业性的深入理解,并在班级分享交流。

2. 请谈谈由李老师这一教育片段材料所引发的思考。

材料：

托班幼儿吃饭时普遍存在以下情况：不肯张嘴巴或不肯咀嚼吞咽。为解决这个问题，李老师想了很多办法。一天中午吃饭时，李老师端了一碗饭菜，边示范边夸张地说："我是大老虎，嘴巴张得大，牙齿咬咬咬，咬烂了吞下去，一会儿饭菜吃光光。"并鼓励幼儿和老师一样做大老虎。在进餐巡视时，李老师一会儿对吃得好的宝宝说："嗯，原来这里有一只大老虎，我喜欢你！"一会儿走到另外一个宝宝身边说："这只老虎吃得真香呀！"有时还在"大老虎"身上贴个贴纸……慢慢地，幼儿爱吃饭了，也会吃饭了，把饭含在嘴里的现象明显减少了。

李老师还发现，璐璐每次吃饭总喜欢用手臂擦嘴巴，所以吃完饭后，她的衣袖总是沾有很多菜汁。一天吃鸡腿，李老师特意在璐璐的桌子上放了一条干净的小毛巾，让璐璐记得将油腻的小手在毛巾上擦一擦。那天，璐璐的衣袖很干净。从那以后，每到吃饭时，李老师总是给璐璐准备一条毛巾，璐璐养成了随时用毛巾擦拭嘴和手的习惯，衣袖总是干干净净的。

3. 观察、记录托育机构教师的保教工作片段，从"以婴幼儿为本的态度与行为"的角度做深入的分析。

复习与思考

1. 试述0—3岁婴幼儿早期教育教师的角色演进。
2. 早教教师的工作有哪些特点？
3. 你是如何理解教师角色的？请简述早教教师的专业角色。
4. 试述早期教育教师的专业素质结构与要求。
5. 请解释专业与专业化、教师专业化与教师专业发展的含义。
6. 请简述教师专业发展的三种取向。
7. 教师专业发展的一般阶段理论主要有哪些？请简述各理论的主要内容。
8. 请简述早教教师专业发展的影响因素。

第七章 婴幼儿早期发展服务体系

学习目标

1. 理解早期教育的功能及其关系。
2. 了解我国婴幼儿照护与教育的发展历程。
3. 了解我国老一辈心理学、儿科医学等专家致力于儿童发展与保健、儿童发展与教育研究工作的主要成就及其意义。
4. 了解我国现时期保障与增进0—3岁婴幼儿安全与健康的公共服务体系。
5. 学习、理解国务院办公厅印发的《关于促进3岁以下婴幼儿照护服务发展的指导意见》的精神与要求。
6. 进一步深入理解社会、早期教育、0—3岁婴幼儿之间的相互关系，对0—3岁婴幼儿早期教育有较全面的认识。

婴幼儿托育成为2021年全国人大、政协两会代表委员关注的重点之一，其中"普惠性托育""婴幼儿服务人才队伍建设"等成为托育这一焦点的关键词。婴幼儿托育教育普惠是公共服务发展的战略要求，既体现了以人民为中心的思想，降低老百姓生育、养育、教育成本，又体现了促进人口长期均衡发展，积极应对人口老龄化的国家战略。加强婴幼儿服务人才队伍建设是保障和提升婴幼儿托育教育质量的关键所在。如何满足人民日益增长的对普惠性、高质量的0—3岁婴幼儿托育服务需求，如何提高广大0—3岁婴幼儿父母的科学育儿水平，亟待构建和健全0—3岁婴幼儿早期教育体系，形成政府、社会多方参与和有效协调的多元化资源供给体系、人才队伍建设与专业服务体系，以及管理体系。

第一节 早期教育的功能与发展进程

一、早期教育的两大功能

教育以影响个体身心发展为特征，联系着个体与社会的关系。教育、社会、人的相互关系集中表现在教育两大功能的相互关系上。早期教育是教育的重要组成部分,具有个体发展与社会发展两个基本功能。

（一）个体发展功能

早期教育承担着遵循婴幼儿身心发展的规律,促进婴幼儿按其天性自主发展,激发婴幼儿潜能,使其沿着新时代人才素质要求的正确方向充分迸发,为其一生的发展奠定基础,这是早期教育的首要功能。在早期教育中,婴幼儿不再仅仅是受教育者,而是作为一个具有巨大潜力的、主动的、富有创造性和竞争性的、参与社会生活的、不断被认知的主体,享有一个公民应该享有的权利和义务。美国著名心理学家、芝加哥大学教授布鲁姆在总结追踪1 526名婴幼儿长达20年后得出了一个结论：如果把17岁时的智力看成100%的话,4岁之前的个体已经获得了50%的智力。由此可见,早期潜能的发掘对个体一生的发展极其重要。法国著名的启蒙思想家卢梭认为,从孩子出生第一天起,就必须对孩子进行正确的教育。婴幼儿生命中的最初几年是为其发掘和把握正确发展轨道的最佳时机。婴幼儿期是高度敏感的时期。7岁之前,特别是出生后的头三年是大脑发育的关键时期,也是可塑性最大的时期,重要的神经元联接将在这一时期形成,幼年的各种经历对健康、学习及行为发展的影响可能贯穿人的一生。充足的营养、正确和积极的刺激、关爱、安全感等因素协同作用,就能积极影响神经通路的结合,从而使大脑得到正常发育,帮助儿童释放所有潜能。很多国家都很重视早期教育,特别对于弱势群体的孩子的早期教育提供了大量的补助,比如英国的"确保开端计划",美国的"早期开端计划"。

早期教育最主要的实施者是家长,和谐的家庭环境能促进孩子的身心健康成长。因此,早期教育的个体发展功能主要是由家长来实现的。作为家长,不仅仅是传统意义上的教育顾客或消费者,单纯地享受早期教育服务,更重要的是承担父母责任的践行者。公共早期教育承担着指导家长、提高家长科学育儿能力的功能,这充分表明了家长在孩子的早期教育方面必须是主动的、积极的、承担抚育责任的。所以,为家长提供科学的育儿指导,促进家长教育素质的提升,也是个体发展功能的应有之义。

（二）社会发展功能

从社会维度考察,0—3岁早期教育涉及多个政府部门、社会有关组织的参与和管理,如教育与托育机构、妇幼保健机构以及妇联、计生与优生优育协会和社区等部门。早期教育是国家教育大系统下的一个子系统,其存在应该为国家的教育事业做出一份贡献,服务于人口长期均衡发展和人口素质的提升,以及社会文化教育的发展。

投资婴幼儿早期发展是回报率最高的社会投资。在国家竞争力日益取决于人力资本累积的今天,儿童早期发展应该成为国家反贫困战略和可持续发展的重要组成部分。中国已成为世界第二大经济体和人类发展高水平国家。随着中国特色社会主义进入新时代,人民群众对自身及下一代能过上美好生活的需求不断提高。由于中国经济社会发展的不平衡和不充分,婴幼儿发展还面临着一系列重大挑战。2010年,首届联合国教科文组织世界幼儿保育和教育大会在莫斯科召开。大会的主题是构筑国家财富。大会达成了很多共识,如："孩子是我们最宝贵的资源","幼儿生命中的最初几年是为其设定正确发展轨道的最佳时机";教育是消除贫困的"最佳保证",早期教育计划在解决不平等方面极为重要,是"从出发点开始创造公平的环境";"投资幼儿保育和教育比投资任何其他阶段的教育都拥有更大的回报"。

近年来,多学科的研究成果深刻地揭示出学前期在人一生发展中的重要作用,也揭示出优质学前教育在提高义务教育质量、增加人力资本投入效益、减少贫困、促进社会公平、增进社会安定和国家安全中的重要作用。该研究最近的成本收益分析发现,这些儿童40岁时投资的总体回报率已高达1:17.07。其中,对幼儿个人的回报率为1:4.17,而对社会的回报率则为1:12.9。分析表明:社会回报中,88%源于犯罪率的减少,4%源于特殊教育与辅导的减少,7%源于收入税的增加,1%来自社会福利开支的减少。从这个意义上说,早期教育有助于促进种族平等及社会和谐发展。

《中国儿童发展报告2017》(以下简称"报告")中提到:儿童发展投入越早,成本越低,回报越高。在城市进程加速、人口老龄化和劳动力短缺、信息化和智能化社会到来的情况下,我们依靠什么来支持发展?答案在于持续地投资于人,尤其是投资儿童发展。

(三)两大功能的相互关系

早期教育的两大功能相互依存,相互制约。儿童的发展是社会发展的基础,社会的发展也制约和影响着儿童的发展进程。婴幼儿个体发展功能与社会发展功能的关系受社会发展水平、婴幼儿发展与教育理论水平及决策的正确与否等因素的制约。20世纪上半叶,我国早期教育社会服务产生于苏区革命根据地,个体发展功能体现为保护和照顾好婴幼儿,使其安全与健康,社会功能体现为解放妇女,解除其参加敌后生产和革命战争的后顾之忧,二者相互联系与依存。如今的早期教育个体发展功能与社会发展功能的关系状态就凸显当今我国社会经济、科技、教育、文化发展的特征,既为家长提供婴幼儿照护服务,让他们安心投身学习与工作,还为家长科学育儿提供专业指导,更追求促进婴幼儿身心全面和谐而富有个性地发展,为一生发展奠定良好的基础,增进家庭和谐幸福和国家经济转型升级、社会和谐稳定、国民素质提升以及全面小康社会目标的实现。

二、婴幼儿照护与教育的事业推进

(一)婴幼儿照护与教育的发展历程

1. 初创期0—3岁婴幼儿照护与教育

在我国,0—3岁婴幼儿照护与教育最早在解放区建立,以适应革命战争需要。1934年,苏维埃地区中央内务人民委员会颁布了《托儿所组织条例》,1941年颁布了《陕甘宁边区政府关于保育儿童的决定》,对于产妇卫生、儿童保育、托儿所的建立、孕妇、儿童待遇和营养标准、保育员待遇都做了具体规定。

2. 中华人民共和国成立后的0—3岁婴幼儿照护与教育

1949年中国人民政治协商会议第一届全体会议通过的《中国人民政治协商会议共同纲

领》规定"注意保护母亲、婴儿和儿童的健康",1954年的《中华人民共和国宪法》规定"婚姻、家庭、母亲和儿童受国家保护"。1956年,教育部、卫生部、内务部下发《关于托儿所幼儿园几个问题的联合通知》,全国贯彻通知精神,各地按照"全面规划、加强领导"和"又快、又多、又好、又省"的方针,根据需要和可能的条件,积极发展招收3岁以下婴幼儿的托儿所和3—6岁幼儿的幼儿园。各地的卫生行政部门、厂矿、机关、团体、部队、学校、街道、乡村、群众等根据实际需要,自主决定开办托儿所,做到统一性与自住型相结合,形式灵活多样。城市托儿所婴幼儿在所时间多为8个小时,母亲按需来托儿所哺乳。农村的托儿所婴幼儿入所时间更加灵活,比如开展农忙班的形式。这一时期的托儿所,最主要的任务是保障婴幼儿的生命安全,照护人员在做好照护工作的同时自然地引导婴幼儿逐步学习生活技能、认识周围事物、与人交往、养成良好的习惯。

3. 改革开放以来的0—3岁婴幼儿照护与教育

改革开放以来,我国0—3岁婴幼儿托幼事业重新得到发展。1979年,国务院联合教育部、卫生部、国家计委等13个部门召开全国托幼工作会议,中共中央、国务院转发《全国托幼工作会议纪要》的通知,指明"加强对婴幼儿的保健和教育工作","发展托幼事业,培养具有体魄健壮、品德良好和智力发达的祖国幼苗,是关系到国家和民族前途的根本大计,各级党委和各级政府应关怀和重视托幼事业,积极抓好这项工作"。会议强调:"做好婴幼儿的保健和教育工作是党和国家的一项战略任务。一个人的健康成长,儿童时期是个奠基的时期。对婴幼儿的早期教养,是为培养人才打基础的工作,也是极大地提高整个中华民族的科学文化水平所必须。"会议要求:加强托幼工作的领导,积极解决托幼工作的经费和保教人员工资等待遇;"坚持公办和民办并举的'两条腿走路'的方针,恢复、发展、整顿、提高各类托幼组织",建设又红又专的保教队伍,努力提高保教质量。同时还强调"教育、卫生部门要组织各方面的研究人员和保教人员开展有关婴幼儿卫生保健、教育等方面的科学研究"。1981年6月,卫生部、妇幼卫生局颁布《三岁前小儿教养大纲(草案)》,具体提出了托儿所教养目标、原则、内容和要求等教养工作规范,有效地推进了0—3岁婴幼儿照护与教育服务的规范、有序发展。

20世纪80年代末,中国进入了以"市场化"为主要特征的改革时期,单位制福利保障的功能消失,原由单位提供的托幼服务等"福利项目逐渐转为由其他社会组织承担"。机关、事业、企业等单位办的托幼机构纷纷下马,"入园难""入园贵"现象逐步凸显。托儿所更是几乎全部停办,仅有教育部门等办的幼儿园中有一些设有2—3岁的"娃娃班""小小班""托班"。托儿所的萎缩,"入托难"问题尤为突出。进入新世纪,0—3岁婴幼儿早期教育的社会需求激增,市场经济环境下的0—3岁婴幼儿早教和3—6岁幼儿教育机构应社会需求涌出。学前教育出现"入园难""入园贵"以及"鱼目混珠"等现象和质量问题。

1999年,国务院发布《关于深化教育改革全面推进素质教育的决定》提出"重视婴幼儿的身体发育和智力开发,普及婴幼儿早期教育的科学知识和方法"。2007年,国务院发布的《关于全面加强人口和计划生育工作统筹解决人口问题的决定》再次强调"大力普及婴幼儿抚养和家庭教育的科学知识,开展婴幼儿早期教育"。而后的《国家中长期教育改革和发展规划纲要(2010—2020年)》将学前教育单列一章,提出"要重视0—3岁婴幼儿教育"。《中国儿童发展纲要(2011—2020年)》提出,要"积极发展公益性普惠性的儿童综合发展指导机构,以幼儿园和社区为依托,为0—3岁儿童及家庭提供早期保育和教育指导"。

（二）现时期加快发展婴幼儿照护与教育服务

党的十八大报告提出要"办好学前教育",十九大报告提出必须取得"新进展"的7项民生要求,"幼有所育"排在首位。习近平总书记在2017年12月召开的中央经济工作会议上强调指出,要"针对人民群众关心的问题精准施策","解决好婴幼儿照护和儿童早期教育服务问题"。2018年7月,习近平总书记主持召开的中央全面深化改革委员会第三次会议又一次指出"遵循学前教育规律,完善学前教育体制机制,健全学前教育政策保障体系,推进学前教育普及普惠安全优质发展,满足人民群众对幼有所育的期盼"。当前,我国婴幼儿托育教育公共服务体系正处于建设发展中,2019年,国务院办公厅《关于促进3岁以下婴幼儿照护服务发展的指导意见》(以下简称《指导意见》)从婴幼儿照护服务发展的总体要求、主要任务、保障措施、组织实施四个方面指导加快发展婴幼儿照护服务。全国正根据《指导意见》,构建和不断完善促进婴幼儿照护服务发展的政策法规体系、标准规范体系和服务供给体系,以满足广大人民群众对婴幼儿照护服务的需求,促进婴幼儿健康成长。

1. 发展的目标与任务

《指导意见》指明发展婴幼儿托育服务的指导思想是:坚持以人民为中心的发展思想,以需求和问题为导向,推进供给侧结构性改革,建立完善促进婴幼儿照护服务发展的政策法规体系、标准规范体系和服务供给体系,充分调动社会力量的积极性,多种形式开展婴幼儿照护服务,逐步满足人民群众对婴幼儿照护服务的需求,促进婴幼儿健康成长、广大家庭和谐幸福、经济社会持续发展。到2025年,婴幼儿托育服务要实现的发展目标在于:婴幼儿照护服务的政策法规体系和标准规范体系基本健全,多元化、多样化、覆盖城乡的婴幼儿照护服务体系基本形成,婴幼儿照护服务水平明显提升,人民群众的婴幼儿照护服务需求得到进一步满足。

《指导意见》强调要以"家庭为主,托育补充""政策引导,普惠优先""安全健康,科学规范""属地管理,分类指导"为基本原则,通过加强政策支持、用地保障、队伍建设、信息支撑、社会支持等措施,落实以下任务:加强对家庭婴幼儿照护的支持和指导,加大对社区婴幼儿照护服务的支持力度,规范发展多种形式的婴幼儿照护服务机构。

2. 强化政府责任与部门协同

《指导意见》明确了政府在0—3岁婴幼儿照护服务事业发展中的主导作用,对发展婴幼儿照护服务的组织实施提出了明确要求。一是强化组织领导,要求各级政府提高对发展婴幼儿照护服务的认识,将婴幼儿照护服务纳入经济社会发展相关规划和目标责任考核,发挥引导作用,制定切实管用的政策措施,促进婴幼儿照护服务规范发展。二是强化部门协同,指明婴幼儿照护服务发展工作由卫生健康部门牵头,发展改革、教育、公安、民政、财政、人力资源社会保障、自然资源、住房城乡建设、应急管理、税务、市场监管等部门要按照各自职责，加强对婴幼儿照护服务的指导、监督和管理。积极发挥工会、共青团、妇联、计划生育协会、宋庆龄基金会等群团组织和行业组织的作用，加强社会监督，强化行业自律，大力推动婴幼儿照护服务的健康发展。三是强化监督管理，要加强对婴幼儿照护服务的监督管理，建立健全业务指导、督促检查、考核奖惩、安全保障和责任追究制度，确保各项政策措施、规章制度落实到位。按照属地管理和分工负责的原则，地方政府对婴幼儿照护服务的规范发展和安全监管负主要责任，制定婴幼儿照护服务的规范细则，各相关部门按照各自职责负监管责任。对履行职责不到位、发生安全事故的，要严格按照有关法律法规追究相关人员的责任。四是强化示范引领，在全国开展婴幼儿照护服务示范活动，建设一批示范单位，充分发挥示范引领、带动辐射作用，不断提高婴幼儿照护服务整体水平。

> **拓展资料**
>
> ### 促进3岁以下婴幼儿照护服务发展工作部门职责分工
>
> 发展改革部门负责将婴幼儿照护服务纳入经济社会发展相关规划。
>
> 教育部门负责各类婴幼儿照护服务人才培养。
>
> 公安部门负责监督指导各类婴幼儿照护服务机构开展安全防范。
>
> 民政部门负责非营利性婴幼儿照护服务机构法人的注册登记，推动有条件的地方将婴幼儿照护服务纳入城乡社区服务范围。
>
> 财政部门负责利用现有资金和政策渠道，对婴幼儿照护服务行业发展予以支持。
>
> 人力资源社会保障部门负责对婴幼儿照护服务从业人员开展职业技能培训，按规定予以职业资格认定，依法保障从业人员各项劳动保障权益。
>
> 自然资源部门负责优先保障婴幼儿照护服务机构和设施建设的土地供应，完善相关规划规范和标准。
>
> 住房城乡建设部门负责规划建设婴幼儿照护服务机构和设施，完善相关工程建设规范和标准。
>
> 卫生健康部门负责组织制定婴幼儿照护服务的政策规范，协调相关部门做好对婴幼儿照护服务机构的监督管理，负责婴幼儿照护卫生保健和婴幼儿早期发展的业务指导。
>
> 应急管理部门负责依法开展各类婴幼儿照护服务场所的消防监督检查工作。
>
> 税务部门负责贯彻落实有关支持婴幼儿照护服务发展的税收优惠政策。
>
> 市场监管部门负责营利性婴幼儿照护服务机构法人的注册登记，对各类婴幼儿照护服务机构的饮食用药安全进行监管。

> 工会组织负责推动用人单位为职工提供福利性婴幼儿照护服务。
>
> 共青团组织负责针对青年开展婴幼儿照护相关的宣传教育。
>
> 妇联组织负责参与为家庭提供科学育儿指导服务。
>
> 计划生育协会负责参与婴幼儿照护服务的宣传教育和社会监督。
>
> 宋庆龄基金会负责利用公益机构优势，多渠道、多形式参与婴幼儿照护服务。
>
> ——国务院办公厅《关于促进3岁以下婴幼儿照护服务发展的指导意见》附件（国办发〔2019〕15号）

第二节　婴幼儿发展研究与科学育儿传播

1979年的全国托幼工作会议拉开了我国0—6岁学前教育改革开放的序幕，随后，我国0—6岁婴幼儿托幼事业得到了迅速恢复和稳步发展。在这一过程中，一批老一辈心理学、儿科医学、教育学专家带领年轻的研究人员致力于儿童发展与保健、儿童发展与教育的研究工作，为家庭科学育儿和托幼机构保教质量的提高提供科学依据和专业指导，最具有代表性的有中国科学院心理研究所研究员茅于燕、北京协和医院儿科主任医师及中国协和医科大学儿科教授鲍秀兰、北京师范大学心理学院发展心理研究所陈会昌教授、辽宁师范大学心理学院杨丽珠教授、福建医科大学附属协和医院儿科主任及福建医科大学小儿神经心理发育研究中心主任陈达光教授等，他们做了大量的婴幼儿发展研究和科学育儿宣传与指导工作。

一、茅于燕研究员的婴幼儿发展研究

1980年，中国科学院心理研究所茅于燕研究员回应1979年全国托幼工作会议和全国保健工作座谈会加强婴幼儿早期教育和婴幼儿智力发展的研究，注意从摇篮时期就开始培养人才的议题，在《人民教育》发表《要重视婴幼儿的早期教育》文章，随后带领团队开启了"0—3岁小儿精神发育（智能）量表"的研制和0—3岁婴幼儿智能追踪研究。1984年，其研究团队在全国第五届心理学学术会议上交流"以纵横查结合方法制定0—3岁小儿精神发育（智能）量表的一次尝试"和"初生至3岁儿童智能发展的追踪研究"。而后，持续开展深入的研究，取得了关于0—3岁婴幼儿发展特点和规律的丰硕成果，为3岁前婴幼儿教养提供科学依据。

（一）0—3岁婴幼儿智能发展的追踪研究

茅于燕研究团队在以往以横断方法探讨儿童智能发展的基础上，又于1980年2月开始深入开展"初生至36个月儿童智能发展的追踪研究"。研究用追踪法，通过婴幼儿大运动、精细动作、适应行为、语言和个人社会行为五大领域内各个行为项目的速度和质量探寻其智能发展的规律，以及影响智能发展的因素。研究者对发展类型、完成认知作业的思维活动水平、个性对发展的影响及早期智能的主要指标等进行了分析，其研究观点如下：

1. 初生至36个月儿童智能发展的规律

早期儿童智能发展规律一般以完成行为项目的月龄的早或迟来表示发展速度，凡是发展速度较快的，表示这个儿童智能发展较好。由于早期儿童发展既有一定顺序也有个别差异，所以完成某个行为项目的年龄是一个"段"，而非一个"点"，比如8—11月、14—19月。在这个年龄段里面，有一个月龄是具有代表性的常模月龄，实为密集月龄。详见表7-1。

研究者在五大领域内选取了101项定义明确、容易执行的项目，绘制出儿童通过的年龄段，可见智能发展的总趋势与个别差异。最早与最晚通过某个行为项目的月龄，相差可达十几个月。比如，"除红色外还认识1—2种颜色"（从22个月至35个月）等。一般来说，小年龄儿童的项目通过的月龄波动的范围小些，年龄稍大儿童的项目通过的月龄波动的范围就大些。

2. 儿童的发展是非匀速的

同一儿童在不同月龄的发展速度不一定相同，不同儿童更是如此。这主要是由于4种不同类型的发展过程的不同组合造成的。这4种类型是：平滑上长、停顿、锯齿和大波动。平滑上长是指发展平稳，通过各种行为项目的月龄按序上升；停顿是指发展中途有停息，某些行为项目迟迟不通过，因此通过这些行为项目的月龄就较平均月龄晚；锯齿是指发展有倒退，表现在某些项目通过了，过一两个月测查又不会了，等再过一两个月才又通过（通过的月龄以第一次为准）；大波动是指发展过程波动大，时而快，时而慢，画成示意图就呈"之"字形。凡平滑上长型的发展过程长的儿童，智能水平就高些。很可能智能发展的早晚是这几种类型的发展进程的不同组合造成的，每一个人有其独特的组合方式，就构成了人与人之间不同的发展进程。

3. 儿童完成认知任务显现不同层次的思维

儿童在完成认知任务的行为项目时，有三种不同层次的思维水平，2岁左右的智能发展早的儿童已开始有思维运演的萌芽。追踪研究从儿童调整自己的错误这个角度看，有三个不同的、从低级到高级的思维活动水平：① 不知有错。如儿童在将颜色相同、形状不同的客体进行匹配时，把不同颜色的积木和小碗随便放到一起，就说"做完了"，这表示他未发现错误。② 用直观对比。从感知水平上发现有错，加以改正。③ 经过思维运演。"思维运演"指儿童至头脑中进行"是"与"非""对"与"错"的判断，在头脑中作出选择，再表现为行动，发现有错，在行动上加以改正。如儿童拿起一块与身边小碗不同颜色的积木，但未放置，只通过思维运演，在头脑里对比，发现有误，迅速调整。

表7-1 29个追踪儿童通过五大行为领域各行为项目的常模（密集）月龄

大运动	85%通过月龄	精细动作	85%通过月龄	语言	85%通过月龄	适应行为	85%通过月龄	社会行为	85%通过月龄
• 俯卧时头抬90°	3.8	• 手中玩具—会即掉	1.7	• 主动对人笑	2.8	• 眼睛追踪物体180°	2.8	• 见人张望，全身活跃	3.4
• 拉坐时头不滞后	4.4			• 遇时会用声音回答	3.0	• 立刻注意到大玩具	3.2	• 见食物高兴奋模样	4.9
• 翻身	5.5			• 会叫Da. Ma. Ba. 无所指	8.7	• 找声源	5.7	• 叫名字转头找	5.9
• 俯卧前臂支撑	5.7			• 玩具	8.9	• 近处玩具可以取到	5.7	• 会与人躲猫猫玩	6.9
• 独坐	7.2	• 大把抓玩具	6.8	• 用动作表示"再见"、"欢迎"	10.0	• 注意看大米花	5.9	• 见生人害怕，哭或躲	6.9
• 爬	9.0	• 手把弄到桌面上的东西	7.4	• 懂得"不要这样"的话	13.2	• 玩具失落会用眼睛找	6.7	• 开脸	
• 自己拉物站起来	9.1			• 向他妈妈有所指	13.8	• 手中玩具会接手	6.9	• 自喂饼干	8.4
• 扶栏可以迈步	10.6	• 大米花可把弄到	7.5	• 叫爸爸有所指	14.5	• 手中玩具会对敲	8.5	• 穿衣知配合	13.9
• 扶双手可以走未走去	10.9	• 拇—它指抓握	8.4	• 会表示要	15.8	• 会反复摆弄玩具玩	9.5	• 会按成人表情行事	15.8
• 独站	11.9	• 拇—食指抓握	8.9	• 执行简单取物命令	16.2	• 会搭两块积木	15.4	• 对想要的东西会手指或发音	15.9
• 开始走1~2步即倒向人怀里	13.3	• 小九放入瓶中	13.6	• 指出身体3~4部分	16.6	• 对动作模仿笨拙	17.1	• 用手绢擦鼻涕	16.4
• 独走自如	15.1	• 用全掌握笔乱画	16.7	• 会说1个词的句子	18.7	• 有意听人讲故事但并不懂内容	18.6	• 白天知道小便说或蹲金	17.6
• 扶栏上楼一阶	17.3	• 用积木搭桥	21.4	• 会说10个词	19.1			• 在însspoketu人提示下会"再见","早"	21.2
• 扶栏上台阶	19.4	• 会—页一页翻书	24.7	• 会说2~3个词的句子	19.5	• 能记住3天前的事	19.2		
• 不扶栏上台阶1~2级	20.3	• 玻璃丝穿扣洞	24.7	• 能叫自己名字	19.8	• 注意力可集中5分钟	20.8	• 自己会戴帽子	24.0
• 踢球很准	21.2	• 折纸有边角	30.6	• 懂得3个接令	21.2	• 爱听故事简单情节能接答	22.9	• 开始懂得什么是不行为，坏行为	25.2
• 跑5~6米	26.6			• 会问回答："这是什么？"	22.7	• 认识图形大小	24.4	• 会脱上衣	26.4
• 会双脚跳离地面	26.8			• 常用的东西会说出名称(4件)	22.7	• 会口数1~5的数	25.4	• 会解衣服扣子	28.7
• 模仿做两三个动作	26.8			• 会问回答："谁来了？"	24.6	• 知道"1"和"许多"的区别	26.4	• 会帮收拾碗筷、玩具	30.7
• 双脚跳远	27.6			• 会用代名词"我"	25.1	• 除红色外认识1~2色	30.3	• 可用行动帮助小朋友	31.2
• 独脚站5~10秒	28.8			• 会问："这是什么？"	25.1	• 知道长短，前后	33.7	• 能自己吃饭，穿外衣、袜、鞋，大小便	32.1
				• 知道反义词"和"（3个）	26.8	• 自己会翻看小人书并简单讲解	33.7	• 会扣扣子	33.0
				• 知道连接词"和"、"跟"	29.6	• 认识圆、方、三角形三者	34.4		
				• 会问和答生活简单问题	31.4	• 知道1~5的实际意义	35.2		

注：由于篇幅所限只列出一半项目。

4. 儿童在出生后6个月就开始有自知力

研究发现,儿童在出生后6个月就开始有自知力,这时的自知力与身体安全以及动作有关。出生后两年开始有与认知任务有关的自知力。自知力是指对自己能力的察知或自我的意识。追踪研究发现1岁以内的儿童就开始有某些方面的自知力了。比如有儿童在9个月时就会拉着妈妈的手去够他预估自己不能够到的东西。他不但知道自己的存在、知道自己的能力(不能拿到),还知道利用成人的手来代替他完成拿取的任务。不过这时的自知力还局限在与身体有关的事情上,可称之为身体水平的自知力。儿童到2岁以后开始有对认知任务的自知力了。他们对自己是否能够完成某个认知任务这样复杂的智力活动也有一定的自知力,这也是一种自我意识的表现。儿童在认知水平上的自知力可以从他们对自己是否能完成某种认知任务的估计上表现出来。有了这种自知力,学习得以顺利进行。

5. 个性品质对智能发展有影响

个性是人的心理特点的一个重要方面。该追踪对每一个儿童的独特性格有了比较全面的了解,其个性对智能发展的影响证实了前人的研究。该研究四种个性品质类型分别是:① 好奇心强、有学习的坚持性;② 好奇心强,只有短暂的坚持性;③ 对新事物不敏感,但愿意接受教学,有短暂的坚持性;④ 性情急躁,不易接受教学,几乎无坚持性。研究表明,四种不同的个性品质中,好奇心强、有学习坚持性的儿童,其智能发展也较好;性情急躁、不接受教学、几乎无坚持性的儿童,其智能发展也较差。这四种类型中,第一、第二种较好,对智能有积极性影响,发展较早的儿童大都属于这两种类型;发展较晚的儿童中大都属于第三、四种类型。

6. 智能的主要指标是适应性行为

适应性行为(或年龄稍大以后的认知能力)是智能最主要的定性指标,它有预测以后智能水平的价值。原因是:① 研究中有20%的儿童早期语言发展并不好,但适应能力或认知能力的项目都做得比较好,他们也算是智能发展比较好的;② 开始追踪时,有一个儿童在4个月时发现是聋哑,因而从被试中删去,但随访了解到,她的智能偏上(一般聋哑儿童的智力未受影响也可说明);③ 适应行为是理解力的前身,与以后的智力有密切关系。所以说,适应行为或认知能力是智能发展的最主要的指标。

从群体看,性别、母亲职业、是否为独生子女、家庭教育环境、过去的入托经验等因素对3岁前儿童智能的发展影响均不显著;从个别儿童看,与智能发展有一定影响的首先是性别和家庭教育环境,其次是入托经验。女孩、家庭教育条件好、1.5岁以后入托的儿童,智能发展较好。

(二)智力落后儿童早期发现与干预的研究

茅于燕研究员从1975年开始研究特殊儿童,尤其对智力落后学前儿童的早期干预做了大量的研究。茅于燕团队的研究认为,凡是智力水平落后于绝大多数同龄儿童、且伴有社会适应不良的儿童属智力落后儿童。智力落后儿童中,常见的心理行为障碍有反应迟钝、打人、不合群、自闭症、注意力分散、固执、过分胆小、遗尿、重复动作(刻板行为)、多动、易怒等。

1. 儿童智力落后形成的大致原因

20世纪80年代,我国关于特殊儿童的研究还比较少,在很多情况下,当发现孩子的发展落后于同龄孩子的时候,孩子可能已经3岁、5岁甚至7岁了,再追溯其病因是很难准确的。

茅于燕认为造成儿童智力落后的原因大致有几个方面:① 遗传因素。国外有很多材料表明,如果上一辈的智力不太好,可能对下一辈有影响,但这不是绝对的。② 母亲孕期的因素。其中影响较大的有感冒,在国外对这一点看得非常重。另外还有母亲长期情绪不好、孕期外伤、大量抽烟喝酒、高龄怀孕等。二十多岁的妇女生一个先天愚型的可能性是千分之一,而45岁以后则高达五十分之一。③ 分娩因素。如胎儿窒息、颅内出血、脐带绕颈圈数太多。④ 产后因素。如婴儿脑外伤、脑缺氧、脑炎、脑膜炎后遗症等。⑤ 营养因素。母亲孕期和哺乳期营养不良,对孩子智力发育很不好。⑥ 心理因素。如果孩子早期缺少母爱,智力也会受到影响。

茅于燕还认为,还有大约三分之一的智力落后儿童的病因不明,这是智力落后现象难以根除的主要原因。智力落后的出现病因不清楚,一般有两种情况:第一种是造成智力落后的原因可能在两三种以上,不知哪一种是主要原因;第二种是确实找不出孩子智力落后的影响因素,如有的孩子智力落后,其家庭以及从胎儿到出生后都不存在上述问题,找不出有什么主要的原因。

2. 智力落后儿童的发现

茅于燕认为可以从两个方面去发现儿童的智力问题。一是从常识判断。对有以下情况的儿童,往往有智力落后的可能:出生时严重缺氧、颅内出血,出生后有喷射状呕吐,咀嚼障碍,特殊面容,尿有异味,对人或环境缺乏反应,在屋内过分安静,无所企求,新行为的出现迟于一般同龄儿童(如到该会走时不会走,到该说话时不会说话等)。二是智力测验。凡是智商低于70分的儿童,可以诊断为智力落后。前一种方法比较简便,但可能出现误差;后一种方法比较复杂,必须由专业人员进行,但比较可靠。因此,最好是先通过常识判断,发现可疑者,然后再对其进行智力测验。

3. 智力落后儿童的早期干预

早期干预是对智力落后儿童或发育迟缓儿童所进行的一种特殊教育。通过这种教育,可使这部分儿童的智力在原有基础上有所提高,并获得一定的生活自理能力和技能。

(1)早期干预的有三种方式

① 家庭式

这种方式的主要干预者为家长或亲人。它的优点是,教育者对儿童的能力或缺陷最了解,对孩子的进步最关心,且随时都可进行教育。缺点是,家长工作忙,有的不会进行教育,有的舍不得让孩子经历学习的"艰苦历程"(这一点很突出)。

② 教育机构式

如训练中心、智力落后幼儿园、寄托所、养育院等,主要教育者是教师或治疗师。它的优点是:教育者掌握专门的干预方法;有集体气氛,儿童间能互相鼓励,互相帮助;家长间可以交流思想,互相倾吐痛苦,并得到安慰。缺点是,开支大,接送困难,特别胆小的儿童因适应环境缓慢,学习进步小。

③家长式和教育机构式相结合

教育者是家长和教师。接受训练的儿童一周内到训练中心去几次,家长按同样的教学计划在家进行辅导,两方面密切配合来进行教育,集家庭式训练和学校式训练的优点于一体。

（2）早期干预注意事项

①对智力落后儿童要有一个正确的认识。他们和正常儿童一样,需要饮食营养、智力刺激和慈母般的爱。②在对他们进行教育时,要有爱心、信心和恒心。③应从儿童原有的水平教起,不管水平有多低。④把正常儿童所学习的每一个行为分解成许多互相连贯的小环节,一个环节一个环节地教,然后再串连成一个行为。如,让儿童听完故事后复述,可以先复述主人翁,再复述开头的情节、末尾的情节,最后才复述中间的情节等。⑤要多重复。有时甚至要重复上百次、上千次,儿童才学一点点。但是,他们通过重复,毕竟可以改善。⑥事事都要通过直观才能为儿童所理解。如讲故事、念儿歌、认颜色、辨形状、叫名称等,都要实物或图片。⑦要结合生活进行干预,特别是有关生活的内容,可一边说着正在做的活动,一边做这个活动,这等于是在重复。儿童学会许多生活中的事,有利于他在社会中生活。⑧儿童经过努力(哪怕是艰苦的努力)能学会的内容,要尽量想办法教会他;儿童经过艰苦的努力仍不能学会的内容,就不必勉强他一定学会。⑨每次学习的时间不能太长。集体教学要多变换教学方式;个别训练不要超过20分钟;集体活动要引导儿童玩多种游戏,多变换方式以维持他们的学习兴趣,提高学习效果。⑩强化正确行为,帮助改正错误行为。对出现的错误,不要批评,而要帮助改正,因为批评会使他们不知所措,更难学会。

国外许多研究表明,尽早发现智力落后或发展迟缓,并尽早实施早期教育干预,对智力落后或发展迟缓婴幼儿的潜能开发,十分有益,并且能延至终生。

（三）智力落后儿童心理行为的研究

1.多动症及矫治

茅于燕的研究认为,许多智力落后儿童似乎精力特别旺盛,一刻不停,表现为活动过多或有多动症。孩子是活动过多,还是多动症?父母或教师往往不做区别,只要儿童活动多,就认为其是多动症,这是不正确的。怎么诊断儿童是不是多动症呢?有人提出了以下9个指标中,如果有6个持续在6个月以上,且儿童适应环境不良、发展落后的情况下,则可以诊断其为多动症：①手脚喜欢动来动去,或在椅子上蠕动,表示不愿枯坐;②往往在需要坐着的场合离开位子;③常常在闲暇时做各种活动,不能安静坐着;④常常是在"活动进行之中",好像身体里面有一个电动机在推动着他;⑤常常讲话太多;⑥常常在不应该跑或攀登的地方跑来跑去、爬来爬去;⑦常常在人家问他问题时,还没有问完就回答了;⑧常常难以排队;⑨常常打扰或侵犯他人,或插嘴或干扰其他儿童的游戏。

关于多动症的原因各有说法。有人认为是神经系统损伤,或在出生时有过窒息造成的,称之为轻微脑功能低下症;也有人发现这两者并无明显关系,认为原因尚不清楚。对多动症的矫治可以采用如下方法：① 提供一个宽广的环境，对于孩子的多动行为不打骂，不过分限制；② 观察孩子对什么有兴趣，在他有兴趣的活动上帮助他，把他的多动行为引导到有益的事情上来；③ 在确保安全的情况下，不必过多限制；④ 带孩子到公园、郊外的小山林，任他"动个够"；⑤ 多表扬孩子的好行为，表扬其安静的行为；⑥ 允许少睡午觉或不睡午觉；⑦ 减少连续做事的时间，改为分多次完成；⑧ 遵医嘱吃一些药，可帮助孩子集中注意力，减少一些多余的活动。

2. 注意力缺陷症及矫治

茅于燕等人的研究认为，注意力缺陷症是智力落后儿童典型的心理行为障碍。在学龄前和学龄期表现得较严重。有这种心理行为障碍的儿童在应该朝向某个目的物（如教具）看或应该朝向某种声音（如教师的讲解或家长的指令）听时，表现出漫不经心的样子，或者是视而不见、听而不闻，严重影响做事、学习和人际交往。

注意力缺陷问题也有9个诊断指标，同样，如果有6个持续在6个月以上，且适应环境能力低下，发展落后时，则可以诊断其为注意力缺陷症。这9个诊断指标是：① 往往不注意细节，或在完成任务时出现粗心的错误；② 往往在需要保持注意于某个任务或游戏时有困难；③ 常常在直接对他说话时，他好像并不在听；④ 往往不能跟随教师的讲解或家长的指令，常东张西望，不能集中注意力完成所做的事情；⑤ 不会组织自己的活动；⑥ 往往躲避或不愿去做那些需要维持心智努力才能完成的任务；⑦ 常常把要做某种任务或从事某种活动需要用的东西，如工具、材料、玩具丢失了或忘带了；⑧ 往往容易被超强刺激分心而不再"回头"；⑨ 常常把日常该做的事忘了。

这种注意力不集中的缺陷是一种神经生物的障碍。对注意力缺陷症的矫治可以采用的方法主要有：① 给有这种障碍的智力落后儿童学习的内容或让他完成的任务、家务必须十分简单，一次只给一种；② 减少可分心和不必要的东西，以使他在一个时间只学习一种内容而减少分心；③ 多用辅助语言或手势帮他回到需要做的事情上来，如叫他的名字、拍拍他、点点要学的图画或教具等，把要他学习的重点突出出来；④ 尽量让孩子通过视、听、触觉等多通道参与游戏、学习，使之容易维持注意力；⑤ 一次任务的时间适当缩短，一天可以多几次；⑥ 可以试用"感觉统合"治疗法来矫治，把从视觉、听觉、嗅觉、味觉、触摸、运动等各方面所得的感觉（信息）输入大脑，让大脑进行组织后，再做出适当的反应。具体做法是：由教师指导智力落后儿童通过弹跳、翻筋斗、推球、滑滑板等一系列的体能活动，舒展身体各方面的感觉神经，让肌肉和关节有效传递组合好的感觉到大脑，从而改变儿童注意力分散的症状，提高学习能力。

3. 自闭症及矫治

茅于燕等人的研究认为，智力落后儿童中有一部分有自闭症；自闭症儿童中，也有一部分智力低下，但这两者不一定同时存在。这种心理行为障碍往往在婴儿期就有表现。主要症状有：① 适应能力差，不与他人往来，不合群，甚至不与人对视；② 对赖以生存的这个客观世界置若罔闻，很少向环境提什么要求，老是默默沉浸在自己独立的小天地里；③ 大部分有语言障碍,即使说话,往往也是鹦鹉学舌,不会对答;④ 对声音、色彩、形状、方位、环境过度敏感;⑤ 喜欢"同一",不喜欢变化。比如:屋里的家具、餐桌上的托盘,如果变换了位置、摆错了方向则难以忍受,甚至不进屋、不吃饭;⑥ 记忆力极好;⑦ 有刻板行为,经常反复做一个动作(用一只手拍打另一手上的纸屑听响声);⑧ 有的用脚尖走路。

自闭症的发病原因至今仍未探明,由于发病年龄小,所以多数学者认为是先天因素和脑功能有障碍导致,只有少数患儿系后天环境不佳、缺乏爱所致。对自闭症的矫治可以采用以下方法:① 提供一个充满爱的、温馨的、富有刺激的家庭环境,让儿童感到安全、放松,又有游戏可玩、有"事"可做。② 从增加与他人的间接接触逐渐过渡到有身体的直接接触。比如:与他人玩来回推球游戏、来回推小车游戏、拍悬挂的气球等,借助媒介使他与别人交往。③ 只要患儿看着别人,立刻给予表扬,抱一抱、亲一亲、给几颗葡萄干,让他体会到这样做的"好处"。④ 进行语言训练。自闭症儿童往往能理解很多话,但不愿自己说话,所以重点要训练他们自己说。由于他们存在人际交往困难,所以说话训练主要穿插在生活中进行。如在给他穿衣时教他说衣物的名字,在他拽着成人指水杯要喝水时教他说"水""喝水"。⑤ 注意观察患儿对什么有兴趣,知识教育要顺着其兴趣进行。比如有的儿童喜欢玩小汽车,则可以教他汽车上各种东西的名字、用处等。如果患儿智力落后程度较重,则应主要结合生活学习与生活有关的词。⑥ 利用智力落后儿童和附有自闭症心理行为障碍儿童对音乐旋律有特殊爱好的特点,让他们多听,并合着拍子做些节奏强的动作。⑦ 多到户外进行一些大运动的训练,如跑跳,提高他们的适应能力。

二、鲍秀兰、陈达光团队的婴幼儿发展研究

我国有医学专业背景的专家结合产科、儿科临床,开展了大量的新生儿行为评估、婴幼儿神经心理发育与干预的研究。北京协和医院儿科主任医师,中国协和医科大学儿科教授鲍秀兰引进并建立了20项新生儿行为测定法,填补了我国在该领域的空白。40余年来,鲍秀兰教授带领团队在新生儿行为神经测查、小儿发育和早期教育研究领域取得了丰硕成果,为高危新生儿早期干预、智力低下和脑瘫防治、0—3岁婴幼儿早期教育、科学育儿普及等方面做出了重要贡献。同一时期开展婴幼儿神经心理测验与疾病诊治、早期干预与智能开发、婴幼儿早期教育等方面研究并取得重要成果的还有福建医科大学附属协和医院的主任医师陈达光、陈燕惠教授及其团队。

(一)鲍秀兰教授团队的婴幼儿发展研究

1. 新生儿神经测定与行为能力发现

1984年,北京协和医院鲍秀兰医生把Brazelton新生儿行为估价评分(Neonatal Behavioral Assessment Scale,NBAS)引进我国,化繁为简,对其进行中国化修订,建立了中国新生儿行为神经测定(Neonatal Behavioral Neurological Assessment,NBNA),进行了一系列的研究,并推广应用。NBNA通过对出生后纠正满月内的新生儿进行神经行为评定,可以在早期有效预

测各类高危足月儿（包括按纠正胎龄足月的早产儿）的神经发育情况。

NBNA包括5个方面，共20项。行为能力6项：对光习惯形成、对声音习惯形成、对格格声反应、对说话的脸反应、对红球反应、对安慰的反应。主动肌张力4项：颈屈、伸肌主动收缩（头竖立）、手握持、牵拉反应、支持反应直立位。被动肌张力4项：围巾征、前臂主动弹回、腘窝角、下肢弹回。原始反射3项：踏步或放置、拥抱反射、吸吮反射。一般状况3项：觉醒度、哭、活动度。新生儿行为神经观察通过解读新生儿神经行为表现，使父母能了解婴儿的行为和独特的个性，并给予必要的早期指导，让父母学会满足孩子发展需要的护理策略，从而提高他们对新生婴儿能力和个性（气质）的敏感度，从出生早期开始发展积极的亲子关系，建立安全依恋。用NBNA对早产儿父母进行宣教，能产生积极的影响，使父母在认识早产儿各种行为能力的同时，接受早期干预的概念，为后期积极参与儿童保健工作打下基础。

2. 婴幼儿内外因素作用与心理发展

鲍秀兰教授团队分别对244名和92名8—11个月的正常健康婴幼儿进行了研究，结果表明从个体发展早期开始重视其心理能力发展并提供良好环境是必要和可行的。研究表明，脑发育的可塑性是健全人格培养的物质基础。人格是先天气质和环境相互作用的结果。气质受遗传基因的影响大，又受原始情绪控制中枢——杏仁核活动的控制。婴儿出生后杏仁核与下丘脑及脑干许多部位的线路已经具备完整的功能。而高级情绪控制中心在大脑皮质前额叶（眼眶皮质回和扣带回），在婴儿6—8个月才发挥功能。神经元生长迅速，神经元之间的信息连接通道——突触迅猛增长，到2岁时达到顶峰。此后，开始进入突触修剪阶段，一直持续到青春期。突触的增长和精简受环境和经验的影响，因此，在3岁以前，脑皮质前额叶可塑性非常高，如果在婴儿期开始良好的亲子互动，建立安全依恋，在日常生活中引导和培养良好的行为习惯和人际交往，促进额叶皮质神经通路向正确的方向完成接线，使习惯成自然，将为其健全人格发展奠定良好的基础。

为了研究婴幼儿个体自身能动经验在发展中的影响作用，鲍秀兰教授团队分别以165名和91名正常健康婴儿为被试者，对爬行经验与心理能力发展的内在关系进行了研究。研究表明，爬行经验对婴儿的迂回行为、精确定位的共同注意能力等重要心理能力的发展具有显著的促进作用。有爬行经验婴儿的迂回行为和共同注意的发展水平显著高于没有爬行经验的婴儿。说明为个体创设充分的能动活动机会是促进个体发展的重要途径。

鲍秀兰教授团队还对不同家庭环境因素的内在关系及影响因素进行了研究。首先，他们先后以408名幼儿母亲和1 072名2—6岁幼儿母亲为被试开展研究，结果显示，母亲对儿童的生理需要与心理需要的敏感性与反应性存在显著的差异。其次，母亲抚养困难的研究揭示了母亲的抚养困难具有多维度的内部结构，社会支持与母亲的抚养困难具有显著的内在联系。最后，他们以567名2—5岁幼儿母亲为被试，结果发现：幼儿母亲的抚养困难感受与其教养行为有非常显著的相关。

3. 高危儿的早期干预

鲍秀兰等人的研究认为，0—3岁是体格、心理、情感和社会交往能力发展最快的时期，早期教育能促使婴幼儿在生物、心理和社会适应能力方面向更复杂和成熟的方向发展,并具有持久影响。儿童早期发展是遗传和环境相互作用的结果,儿童出生后2—3年是大脑发育最快的时期。大脑重量在2岁时达到出生时的3倍。这时期的大脑有巨大的可塑性和代偿性,是学习关键期和"社会的窗口",最易受环境和经验的影响,也是受伤大脑康复的最佳时期。

近20年系统的研究结果证明,正常儿从出生开始进行早期教育,2岁时智力发育指数提高8.7—14.6分,并可预防心理社会因素所致的智力低下。由于有害因素的影响,高危儿的神经细胞的生理学死亡增加,但脑的某些区域甚至在生后还能再生新的神经细胞,晚期神经细胞移行在大脑皮层持续到生后5个月,小脑皮层持续到12个月,大脑早期可塑性表现为可变更性和代偿性。早产儿早期干预降低脑瘫发生率的研究证明,早产儿通过按摩、体操和主动运动训练,定期监察,必要时做康复训练。对窒息儿和早产儿进行早期教育可以预防智力低下,2岁智力发育水平全部赶上正常儿。中国优生优育协会领导的早产儿早期干预研究结果显示,对早产儿进行早期干预可使脑瘫发生率降低四分之一。

早期干预促进围产高危儿智能发育,预防智力低下的研究。① 窒息新生儿早期干预研究:将119例足月窒息儿按单双号随机分为窒息儿早期干预组和窒息儿常规育儿组,同期又设正常新生儿对照组(65例)。到1.5岁做智力测查,结果显示,窒息儿早期干预组平均智力发育指数显著高于窒息儿常规教育组,与正常新生儿对照组比较无显著差别。② 早产儿早期干预的研究:将104例早产儿随机分为早产儿早期干预组和早产儿常规育儿组,同期设正常新生儿对照组(53例)。至纠正年龄1.5岁和2岁时做智力测查。结果显示,早产儿早期干预组的平均智力发育指数显著高于早产儿常规对照组(分别高出13.8分和14.6分),而与正常对照组比较无显著差别,2岁时甚至显著超过正常对照组,且无1例智力低下。而早产儿常规育儿组的平均智力发育指数显著低于正常对照组(分别低了11.5分和8.9分)。

4. 早期教育等综合干预

鲍秀兰教授团队实施早期教育促进婴幼儿智能发育的研究。其一,对正常婴幼儿实施早期教育效果显示,早教组选择正常新生儿62名,出生至2岁,设116名正常新生儿为对照组,2岁时做智力测查。结果显示早教组的平均智力发育指数显著高于对照组(高出8.7分),且无1名低于正常同龄儿童,而对照组有6.2%低于正常同龄儿童。表明早教可预防心理社会因素引起的智力低下。其二,社区婴幼儿早期教育效果显示,以79名正常新生儿为早期教育组,同社区出生的86名健康常规育儿的儿童为对照组。1.5岁时两组儿童接受婴幼儿智力测验,结果显示,早教组的智力发育指数和精神发育指数分别显著高于对照组(高出19.6分和10.1分),且早教组中非常优秀者有31名(39.2%)而对照组中只有5名(5.8%)。这表明,城市社区开展婴幼儿早期教育是有效和可行的,对今后提高社区儿童保健工作质量有重要指导意义。

鲍秀兰等人的研究认为,经过早期综合干预,部分幼儿的气质类型发生了变化,干预组易养倾向优于对照组,差异有统计学意义。这可能与早期干预指导使父母及早认识儿童气质,接受并提供与之相适应的养育环境和对策有密切关系。因此,如果早期教育适当、及时,部分难养型气质类型的幼儿可逐渐变为易养型。儿童心理行为和社会适应问题一旦形成，纠正起来是很困难的，而早期培养比较容易。行为问题与许多疾病一样，关键是在预防。研究证明，通过所采用的一套早期综合干预方法的指导，使父母在养育中培养婴幼儿良好的行为习惯，为健全人格发展趋向打好基础是有效可行的，可取得事半功倍的效果。

（二）陈达光教授团队的婴幼儿发展研究

1. 健康足月婴幼儿的早期教育

福建协和医院陈达光、陈燕惠等人从协和医院0—3岁保健、咨询门诊中选择健康足月婴幼儿各52名作为早教组和对照组。两组月龄、发育商、性别、父母或带养人受教育程度等基本相似，且出生时无缺氧、缺血、脑病、窒息、抢救史，入组前后均无惊厥史。第一，对早教组和对照组小儿均做了发育商（Developmental Quotient，DQ）测查。第二，以自编的《0—3岁小儿智能开发与教养》一书制作教具和光盘，由早教中心提供并指导早教组家长使用。第三，早教组的家长和小儿每周来早教中心进行早期教育，其次数分为每周二次、每周一次、两周一次、每月一次四种，每次1—1.5小时，由经培训的幼儿园教师通过游戏方式诱发小儿完成方案中的训练项目，这些项目在家中则每天由家长进行训练和记录并提交老师。此外，所有家长还须参加由儿童营养、保健和心理学等专家定期举办的讲座和宝宝聚会及亲子游戏等集体活动。早教组除进行早教的各项培训工作外，还于培训前和培训参加早教后3、6、9个月后各测一次DQ，以评定早教的效果。对照组除不进行早教外，于入组时和9个月后各测一次DQ。研究发现，早教组经培训9个月后，其DQ平均值提高21.86分，高于对照组观察9个月后DQ平均值提高3.04分的7倍多，两组相比较有统计学上的显著差异（P<0.001）。早教组培训前DQ值有23例低于中等水平；培训后只有3例低于中等水平，有27例高于中等水平，其中有8例达到非常优秀的程度（DQ≥130）。多元逐步回归分析结果表明，影响DQ增加的主要因素首先是完成家庭训练作业的程度，其次是到早教中心训练的次数，最后是性别。得出的结论是：早教对健康足月出生的婴幼儿的大脑发育、智能发展、运动发育具有显著效果。

2. 智力发育低下婴幼儿的早教干预

陈达光、陈燕惠等人在"早期干预对智力发育低下婴幼儿智能发展的作用"的研究中，运用0—4岁小儿发育诊断量表，测查小儿DQ，以自愿来早教中心进行早期干预的智力发育低下的婴幼儿（总发育商<70）30名为试验组，选择与试验组的总发育商、月龄、性别、父母或带养人受教育程度和围产期情况基本相似的小儿30名为对照组。对试验组早期干预后每3个月测查DQ一次，测评者为不直接参与培训工作的专家。根据测评的基础DQ值，制订出小儿个别培训的具体方案，并根据每月培训效果或DQ测查结果调整一次。干预方案根据研究者主编的《0—3岁小儿智能开发与教养》和参考《让宝宝聪明的100个游戏》制订干预方案，以小儿五个能区（大运动、精细运动、认知能力、语言、社交行为）目前已达到的能力水平，往后推1—3个月的能力水平为目标，制订每一能力训练的目的、方法、教具等。教具和训练光盘提供和指导家长使用。家长和小儿每周来早教中心训练的次数分为每周二次、每周一次、两周一次，每次1—1.5小时，由经培训的幼儿园老师通过游戏方式诱发小儿完成方案中

的训练项目,这些项目在家中则每天由家长进行训练和记录并交给老师。此外,所有家长还须参加由儿童营养、保健和心理学等专家定期举办的有关讲座和宝宝聚会及亲子游戏等集体活动。对照组不参加早教干预,于观察9个月后再作一次DQ的测查。试验组经培训9个月后,其总发育商平均值提高27.6分,高于对照组观察9个月后总发育商平均值提高3.7分,试验组总DQ值增加明显高于对照组。研究发现,由于语言的落后较易为家长发现,故智力发育低下婴幼儿就诊时第一主诉往往是语言发育落后。DQ值的增加有57%是由完成家庭训练作业的程度所决定。所以,家长能否很好地配合完成家庭训练作业是一个重要环节,也与早教教师指导和督促家长回家后是否按要求完成培训方案的内容有关。

三、杨丽珠、陈会昌团队的婴幼儿发展研究

（一）杨丽珠教授团队的婴幼儿发展研究

1. 依恋关系对婴幼儿情绪调节能力发展的影响

辽宁师范大学心理学院杨丽珠教授团队研究认为,依恋是儿童早期社会关系的重要内容,对个体情绪调节能力的发展具有重要影响,主要体现在：

（1）依恋对象是婴幼儿情绪的"外部组织者"

最初婴幼儿与依恋对象之间情感交流的方式主要是拥抱、爱抚,以及简单的言语等。随着婴幼儿言语描述能力的不断提高,通过与依恋对象相互交谈进行情绪调节的方式不断增多。儿童通过与看护者的交互作用,学习表达情绪（特别是消极情绪）在情绪低落时表现出依恋行为。比如一个22个月大的孩子在听到一个关于怪兽的故事时哭着说"妈妈,我害怕",母亲应该马上放下书本,抱抱孩子表示安慰。在这一过程中,儿童对自己产生的恐惧情绪无法进行有效调节,母亲的安慰可以帮助幼儿排解消极情绪。

（2）婴幼儿在与依恋对象互动中学会情绪调节

对婴幼儿来说,抚养者的离开会引发失望和焦虑情绪,抚养者的出现也会带来安全和快乐。婴幼儿在与依恋对象的交互作用过程中体验到沮丧是可以管理的,外部障碍是可以克服的。他们也体验到自己的某些行为能够降低焦虑、克服困难,并且能够在受到威胁时,积极寻求他人的帮助。观察学习是儿童重要的学习方式,学龄前儿童在与依恋对象的交互作用中通过观察成人控制自己情感的过程,逐渐形成自己调节情绪的策略。成人-儿童之间的交谈为儿童情绪调节提供了技巧。2岁以后,儿童经常会与依恋对象谈起他们的情绪并尝试控制它们。父母也通常会向儿童传授相关的策略方法,使儿童逐渐掌握一些简单的情绪调节方法,如教儿童捂住眼睛或耳朵以限制感觉输入,自言自语、转变目标以减少消极情绪的唤醒。

（3）依恋关系对婴幼儿情绪调节策略个体差异的影响

父母敏感性较高,能及时感受儿童情绪变化,提供及时有效的干预措施,婴儿与父母易形成安全型依恋关系。父母敏感性低,对儿童情绪变化反应迟缓,往往不能及时提供有效的干预措施,婴儿与父母易形成非安全型依恋关系。研究发现母亲对儿童情绪表达的过度控

制会导致儿童更少表达和分享他们的感情,更多采用压抑、沉默等情绪调节策略。依恋关系影响着儿童的情绪调节策略。在问题解决过程中,未形成安全型依恋关系的学前儿童会在更短的时间内寻求帮助,并且相比形成安全型依恋关系的幼儿更频繁地感到自己无能、挫败,表现出挫折感。

(4) 依恋对象能提供身体和情感的安全依赖

首先,依恋对象是亲密维持的目标,任何人都在情感有需要时向依恋对象寻求亲近,并且在与依恋对象分离时产生焦虑。其次,依恋对象提供身体和情绪的安全"天堂",婴幼儿在产生消极情绪时可以寻求依恋对象的呵护,获得身体的舒适和心理的支持。最后,依恋对象提供安全基地,婴幼儿可以利用它探索和学习这个世界,并且发展自己的能力和人格。

(5) 依恋关系能促进婴幼儿对情绪的理解

婴幼儿与成人的依恋关系给他们提供了更多接触情绪的机会,有助于他们对情绪的认知和理解。儿童情绪理解能力与他们对刺激源的社会认知,以及对自己和他人情绪反应的理解和推测能力有关。情绪理解的发展有助于个体情绪调节能力的发展。安全型依恋关系有助于婴儿对情绪的理解,很大程度上归因于母亲与儿童之间的情感和言语交流,母亲与儿童之间的良好互动使儿童有更多的机会谈论情绪问题。

此外,根据艾里克森人生发展阶段理论,婴儿出生后处于"信任与不信任"阶段。在这一阶段,婴儿主要发展与看护者之间的依恋和信任关系,对儿童最初形成信赖和不信赖的个性特征有重要影响。这些个性特征与父母的抚养方式相互作用,对儿童未来个性特征的发展产生一定的预期作用。

2.依恋关系对婴幼儿情绪调节能力发展影响的启示

(1) 良好的亲子关系促进安全型依恋关系的形成

首先,父母的抚养方式应该敏感细腻,善于观察和发现儿童的情绪变化,及时满足儿童的需求,使儿童的消极情绪及时得到排解。其次,要营造温馨和谐的亲子交往氛围。融洽的亲子关系能为儿童提供身体和情感的安全依赖,促使儿童与养护者之间形成安全型依恋关系,进而影响其对自己和他人的情感和期望。最后,应增加与孩子身体接触的机会。身体的亲密接触是一种无声的安慰,帮助孩子及时排解消极情绪,恢复正常情绪状态。

(2) 父母多与孩子谈论情绪问题

首先,父母应该多与孩子交流情绪问题,启发、诱导孩子表述自己的情绪。父母积极与孩子谈论消极情绪可以帮助他们应对消极情绪,排解消极情绪。父母与孩子谈论情绪问题能够丰富儿童情绪知识,促进幼儿情绪理解能力的发展,进而影响其情绪理解能力的发展。其次,父母在与儿童交流过程中应向儿童提供简单的情绪调节策略(比如,捂住耳朵、自言自语等),帮助孩子在具体情境中应用这些调节策略,促使孩子情绪自我调节能力的发展。

(3) 注意亲子交往中父母的行为方式

有时候,依恋对象并未和孩子接触也没有进行言语的交流,但仍然能够对孩子的情绪调节产生作用,这便提示我们应该注意亲子关系的细节。首先,父母应该让孩子感受到来自父母的关心,表达的方式包括多对孩子微笑,给孩子信任支持的眼神等,尽量避免在孩子面前板起脸孔、面无表情。其次给孩子树立一个良好的榜样,因为父母的情绪调节方式会潜移默化地影响儿童情绪调节策略的形成和应用。

3. 婴幼儿自我认知发生、自我控制发生的研究

（1）婴幼儿自我认知的发生

自我认知指个体认为自己是区别于他人和物体的独立个体,是个体与他人在互动的过程中形成的关于"我是谁"的概念,是个体对自己的生理、心理、社会等方面的认识。它是自我的重要组成部分,是自我发展的基础。婴幼儿个体何时能从镜子等媒介物中识别自己和用名字表述自己,以及使用"我""我的"或与"我"有关的词句表述自己,就标志个体自我认知的发生。杨丽珠教授团队在前人研究的基础上,弥补以往"镜子识别"纵向研究样本量较小的不足,采用横向大样本取样进一步验证视觉自我认知的发生年龄,同时进一步探讨婴儿言语自我认知的发生。

研究结果表明:① 婴儿自我认知在15—24个月间发生,自我认知能力逐渐出现,随年龄增长而发展。② 视觉自我认知一般发生于第17个月,视觉自我认知无显著的性别差异。③ 言语自我认知一般发生于第21个月,男婴言语自我认知获得时间晚于女婴,但在获得言语自我认知后,婴儿言语自我认知无性别差异。④ 视觉自我认知对言语自我认知有正向预测作用,视觉自我认知发生早的婴儿,言语自我认知发生的也早。

（2）婴幼儿自我控制发生的特征

自我控制是人格建构的核心概念,在个体社会化过程中,起着十分重要的作用。杨丽珠教授团队通过对早期儿童自我控制的研究,从冲动抑制性、自觉性、坚持性、自我延迟满足的维度考察自我控制发生的时间点及性别差异特征。主要的研究结论有:① 自我控制的发生是一个逐渐发展的过程,首先是冲动抑制性的发生,其次是自觉性、坚持性及自我延迟满足的发生。各维度发生的时间存在差异,冲动抑制性的发生时间为26个月,自觉性的发生时间为35个月,坚持性的发生时间为36个月,自我延迟满足发生时间为45个月。各维度发生的人数均随月龄的增长而增加。② 在自我控制发生的过程中,男孩和女孩也表现出一些性别差异。具体来说,24—48个月儿童的自觉性发生存在显著的性别差异,表现为女孩的自觉性显著高于男孩的自觉性。但是24—48个月儿童的冲动抑制性、坚持性、自我延迟满足的发生并不存在显著的性别差异。③ 自我控制发生者与未发生者的行为表现不同,自我控制发生者的行为特点为能够抑制即时满足的冲动,自觉遵守实验规则,克服困难坚持完成实验任务,自我控制未发生者则未表现出上述行为特点。

（二）陈会昌教授团队的婴幼儿发展研究

1. 2岁儿童的自我控制能力

自我控制是指个体适时地调整自己的行为,抑制某些可能会表现出来的行为的能力。从更高层次上看,它是组成意志行为的重要成分之一,没有个体对自身的有效控制就不可能实现意志活动;同时它本身又体现着个体的意志,在心理活动中占据着相对独立的地位。陈

会昌教授团队排除其他干扰因素,创设延迟满足情境,观察研究2岁儿童对行为的自我控制能力和延迟策略的使用情况。比如提供绘画情境:研究者带来一盒蜡笔和一张白纸,将儿童安排在小椅子上坐好,告诉儿童"我要出去一会儿,你先不要画,等我回来以后你再画",重复至儿童口头答应或点头,主试走出房间,1分钟后回来,告诉儿童可以画。又如提供吃食物情境:研究者带来一包食品,将儿童安排在小椅子上坐好,告诉儿童"我要出去一会儿,你先不要吃,等我回来以后你再吃",重复至儿童口头答应或点头,主试走出房间,1分钟后回来,告诉儿童可以吃。

该研究结果显示,2岁的儿童在延迟满足情境中已具备一定的自我控制能力,其中包括延迟策略的使用,尽管策略的使用可能是无意识的。儿童此时的自我控制能力没有性别差异。如果不考虑情境的差异,2岁儿童在完成延迟满足任务时,呈现出一种全或无的倾向:34.7%—41.3%的儿童可以完成任务,37.3%的儿童彻底不能完成,介于这两者之间的是少数儿童。另外,综合不同的情境来看,参与研究的80名儿童中,至少在一个情境里能完成延迟满足任务的儿童有43人,有32人在两个情境中都失败了。可以说一部分儿童根本不能完成延迟满足任务,他们在主试离开房间后的第一个动作就是画画或吃食物,而一小部分儿童最多只可延迟59秒,另外的儿童可以延迟1分钟甚至更长的时间。由此可见,2岁儿童的自我控制能力存在着个体差异。

能够完成延迟任务的2岁儿童在延迟满足情境中主要使用分心的策略。儿童会找一些替代性物品,将注意力从诱惑物上被动移开而集中在他物上,以减少压力,延长等待时间。另外,儿童使用较多的还有寻求安慰和寻求帮助。这两个策略都是与母亲有关的,如注视着母亲、主动与母亲讲话、要母亲和自己一起玩、接触母亲。这个结果说明儿童遇到挫折时会向最亲近的人(母亲)求助,因为2岁儿童与母亲的依恋关系已建立起来了,而儿童自己的自我控制能力还很弱。2岁儿童在策略的使用上也存在着个体差异。有些儿童可以使用分心策略,而有些儿童只能被动等待。儿童使用策略的能力可能是由其运动技能、言语技能和自我意识达到的水平所决定的。儿童的自我控制能力只是有了初步发展,儿童在控制自己的行为时也会出现一些被动行为,如盯视诱惑物,用手触摸诱惑物。

画画和食物这两种诱惑物对于不同的儿童有着不同的诱惑力,存在着较大的个体差异:对于40%的儿童来说,诱惑力相等;对于29.3%的儿童来说,画笔的诱惑力要大于食物,对于其他的30.7%的儿童来说,情况正好相反。但总体来看,2岁儿童在这两种情境中延迟等待时所采用的策略是没有显著差异的。他们最常用的策略就是分心,即将自己的注意力从诱惑物上移开,转移到周围的人(母亲)或事物上(玩具)等,以此来延长等待的时间。研究还发现,分心策略、寻求帮助策略和寻求安慰策略对延迟等待的时间都有显著的预测性。由此可见,只要让儿童学会一定的延迟策略,那么他们的延迟时间就会加长。儿童自己真正掌握了这些策略以后,他们的自我控制能力也会有相应的提高。

2. 学步儿的不顺从行为与亲子互动的关系

自控能力是儿童早期社会化的一个重要目标。学步期一般指儿童1—3岁,尤其是2岁以后,被称为"麻烦的两三岁"。这段时期是儿童生理、心理各方面能力迅速发展的时期。随着孩子各方面能力的增强,一方面,父母开始期待并要求儿童学会控制自己的行为;另一方面,儿童主动性不断增强,活动范围不断扩大,会表现出"不听话"等特点。

对于学步儿童,自控能力主要表现在对成人要求的顺从,并做出积极适当的行为。陈会昌等人的研究表明,学步期儿童的不顺从通常出现在亲子互动的过程中且发生比率高达20%—40%。儿童自我调控的行为是一个复杂的过程,既和儿童本身的特点有关,也和成人的抚养方式和能力有关。不顺从行为如此频繁地发生,说明不能简单理解不顺从行为就是消极的。有研究表明,适当的、特定的不顺从对儿童社会性发展可能起到积极作用。不顺从行为对儿童的发展具有积极还是消极意义,这可能跟亲子互动的特点密切相关。陈会昌教授团队的研究同时考虑母亲和儿童的反应性,将母亲和学步儿童纳入一个相互反应的范畴内,考察亲子互动及儿童的不顺从行为。研究者观察、记录孩子在自然环境下收拾玩具,以及面对孩子消极不顺从、反抗、拒绝或协商的行为时,母亲所做出的言语控制策略和身体控制策略。

学步期不顺从与母亲的控制策略、母亲反应性及儿童反应性之间关系的研究表明:① 母亲的控制策略和母亲反应性关系密切。举例来说,母亲的明晰言语是高控并伴随积极情感,模糊言语和远处身体指导都是中控并伴随积极情感,而严厉言语和消极身体控制是高控并伴随消极情感。母亲采用明晰言语、模糊言语、积极身体指导以及远处身体指导策略的母亲更有可能是反应性良好的,她们对儿童有更多的积极情感,接纳儿童不顺从行为并加以引导;反之,采用严厉言语和消极身体控制的母亲更可能是反应性较差的,她们不太容忍儿童的不顺从,并且没有采取比较温和的方式引导儿童,而是采用斥责、强迫的方式。② 母亲的控制策略、母亲反应性、儿童反应性和儿童不顺从的关系。母亲的明晰言语与儿童的反应性成显著正相关,这表明母亲发出指令应该明确具体,母亲的模糊言语更容易导致儿童的不顺从。母亲的积极身体指导与消极身体指导一样,都与儿童的反应性成显著负相关,这或许表明母亲的身体指导哪怕是积极身体指导也可能是对儿童活动的打断和干扰,这与学步期儿童的追求主动性相违背。儿童的反应性负向预测消极不顺从,而母亲远处身体指导正向预测消极不顺从,这表明,儿童的反应性越好,消极不顺从则越少。母亲的模糊言语正向预测儿童的反抗。因为学步期的儿童对成人请求性的言语倾向于说"不",母亲的模糊性商量、请求的言语,给儿童提供了说"不"的机会,且儿童不明确应该怎么做或不想做,内心产生冲突和焦虑,易引发强烈的情绪反应,例如反抗。

四、专家积极宣传与指导科学育儿

如前所述,我国一大批学者、专家致力于从心理学、神经心理学、儿科学、卫生学及婴幼儿保教实践等不同角度开展0—3岁婴幼儿发展特点和规律的研究,为我国立足婴幼儿育人的服务体系建设发挥了重要的奠基作用。

（一）专家通过报刊努力宣传与指导科学育儿

以《父母必读》《时尚育儿》《妈妈宝宝》《亲子》等为代表，面向家长进行科学育儿指导的期刊在20世纪末逐渐兴起。《父母必读》杂志于1980年4月创刊，是中国最早创办的、知名度很高的一本以家庭教育、家庭育儿为主要内容的科学普及杂志。《时尚育儿》成立于2000年，是一本专注于孕期及0—3岁孕育指南的杂志。《妈妈宝宝》于2012年创刊，以孕、产、育、教领域的科学知识普及，提供专业知识及指导服务。《亲子》为婴幼儿、年轻父母传递科学育儿理念，介绍营养、保健、护理、安全、心理健康等实用育儿方法。《妈妈画刊》是以主题为载体，通过"图片故事""亲子阅读""脑筋转啊转"等版块的设置，内在式和阶梯式地涵盖与渗透了健康、语言、科学、艺术、社会五大领域的内容，为0—6岁婴幼儿的家长提供教育理念与方法的"陪伴式"教育杂志。《家庭教育导读亲子共读大礼包》杂志介绍国内外优秀的家庭教育案例，让家长及时了解孩子的心声，解决家教实践中出现的矛盾、困惑及难题。

老一辈心理学、医学、教育学专家在致力于带领年轻的研究人员深入研究中国婴幼儿的身心发展，为家庭科学育儿和提高托幼机构保教质量提供科学依据的同时，还致力于0—3岁科学育儿的宣传和普及工作。

1. 鲍秀兰教授在育儿科普杂志上发表文章

鲍秀兰教授带领团队开展新生儿行为、早产儿早期干预、0—3岁婴幼儿身心发展与保育教育等研究，及时以通俗易懂、深入浅出的方式在科普和家教等报刊上做宣传、普及。从1988年至今，她撰写科学育儿的科普文章数十篇发表于《父母必读》《婚育与健康》《家庭医学》等十几种科普报刊上，面向家长、托幼机构和社会宣传早期教育的重要性，指导家长如何根据婴幼儿身心发展规律和特点提供适宜的教育。如1988年《父母必读》连载她的关于新生儿行为能力与早期教育的文章，指导父母如何通过观察发现新生儿的听、看、触、味、嗅等感觉和动作能力，如何通过与新生儿的互动交流增进其智力发展和良好习惯的养成。

2. 区慕洁等专家在育儿科普杂志上发表文章

0—3岁婴幼儿养育专家区慕洁担任儿科医生30年后于1982年退休，但她仍致力于婴幼儿发展的研究和科学育儿的普及。1982年，她主持"儿童智力测试及分析"课题研究，1985年参与卫生部护理中心的小儿生长发育调查，1990年参加联合国儿童基金会赞助项目"儿童综合发展社区服务"课题研究。以区慕洁教授为代表的专家在《时尚育儿》杂志上长期开辟专栏，有针对性地指导年轻的父母科学育儿。例如，她曾针对婴儿的生理和心理特点，围绕"0—1岁阶段"连续刊发"每月认知力水平发展""精细动作发育""大动作发展""语言能力发展""爸爸的育儿作用""冬季安全指南""免疫力提升指南""营养素供给指南""性别教育指南""适龄玩具指南"等内容，图文并茂地指导家长科学养育1周岁内的婴儿，普及科学育儿知识和技能。此外，她还在《家教博览》《母婴世界》等家教、育儿期刊上面向广大家长宣传普及科学育儿知识。

此外，还有不少学者、专家教授也入驻各种期刊，积极宣传科学育儿理念，揭示婴幼儿身心发展规律，指导家长科学育儿。如陈会昌教授1983年开始在《父母必读》上指导家长了解幼儿心理，之后又发表了十余篇指导家长教子的文章，他还在《家教博览》《家庭医学》《中华家教》等儿童身心发展与教育的普及性期刊上撰文指导。

（二）专家出版书籍普及科学育儿知识和方法

1. 区慕洁医生出版指导科学育儿的书籍

区慕洁先后主编出版了《幼儿才智开发——父母的天职》《儿童智力开发的科学方法》《幼儿才智开发——父母的天职》《二十一世纪婴幼儿百科事典》《中国儿童智力方程——0—3岁婴幼儿能力训练与测试》《婴幼儿潜能开发大全》《婴儿的发育与营养》《做游戏学本领》《智力启蒙游戏》《情商培养游戏》《潜能开发游戏》等20多本著作，成为新手父母极具操作性的指导手册。

其中，《区慕洁婴幼儿智力开发宝典》是区慕洁在84岁高龄时，根据目前中国幼儿发育状况重新修订出版的智力开发读本。这本书根据区慕洁1985年针对1864例小儿生长发育调查结果编著，以婴幼儿智力发展的多元智能理论为指导，系统地介绍了0—3岁幼儿早期智力开发方法。本书中1.5岁以前的宝宝参照《中国儿童智力方程》所列发育六大项（大运动、手的技巧、认知、语言、情感发展、自理）进行观察训练，1.5岁以后宝宝按照多元智能理论进行观察训练，经过作者10年的开发和5年的实践，是比较完善的婴幼儿智能开发操作体系。有了这样的提纲以后，父母再对宝宝进行观察就会有的放矢。书中提到的进行智力开发训练的方法和道具大多取材于日常生活，无须特别准备，可谓"经济适用"。父母要把在书上学习到的知识应用于日常生活中，在轻松、快乐的环境下与宝宝一起玩耍，让宝宝在适当的时候学到应会的本领，如运动、认知、语言、手的技巧、与人交流及自理等方面的能力，在寓教于乐中开发宝宝的潜能。在游戏中培养能力是宝宝乐于接受的启智方法，也是爸爸妈妈掌握科学育儿和快乐育儿方法的有效途径。书中详细讲述了幼儿0—3岁期间新手父母应该观察、体会、实践的幼儿智力开发问题。内容涉及儿科医学、婴儿心理学、脑科学、行为发育学等新兴科学。本书配以大量直观、生动、准确的婴幼儿与家长互动的实例图片和中国婴幼儿数据统计图表，帮助年轻家长有针对性地培养孩子的各种潜能。

由区慕洁主编的《中国儿童智力方程：0—3岁婴幼儿科学喂养和快乐游戏（升级版）》是在获得全国"五个一工程"奖的《中国儿童智力方程》基础上，做了全面的修订和增补而成，特别增加了0—3岁婴幼儿的喂养和护理的科学方法，为新手妈妈和宝宝提供全面关怀。同时按照宝宝的不同月龄设计了大量的游戏和训练，使宝宝按照大脑发展的规律得到适当的锻炼，从而开发宝宝的潜能。

《做游戏、学本领》是区慕洁继《中国儿童智力方程》之后所编写的又一套内容丰富、具体实用、便于操作、趣味无穷的游戏系列教材。它按照不同的年龄段，结合不同的生理和心理特征，为婴幼儿和家长、教师提供了大量的、多种多样的游戏。使孩子们在欢乐的游戏中长身体、开心智；使家长和教师掌握科学育儿、快乐育儿的有效途径和方法。

2. 鲍秀兰教授出版指导科学育儿的书籍

鲍秀兰教授把自己长期从事医学实践与研究的成果以通俗易懂的方式编撰出版书籍10

余本,献给年轻父母、早期教育者、早期干预者。正如她所言:"为孩子塑造一个好的人生开端,是我一生的心愿!"这些书籍涵盖0—3岁婴幼儿发展、哺育、照护、疾病预防、早期教育,以及问题的分析与解决方案等方面,图文并茂,通俗易懂,指导性很强。

《母乳的秘密——母乳喂养问题解决方案》围绕儿童成长、安全、母乳、睡眠等主题,为广大婴幼儿照护者提供全面立体的知识体系,使新手母亲轻松获得母乳喂养的科学知识。《鲍秀兰谈母乳喂养与辅食添加》《鲍秀兰谈婴幼儿养育误区》深度剖析了母乳喂养与辅食添加、母乳喂养过程中的常见问题和养育误区,帮助家长形成正确、科学的育儿观念,并对母乳喂养、辅食添加、营养元素补充、科学用药、睡眠习惯培养、行为习惯培养、生长发育等进行多方面的具体指导。

《0—3岁儿童最佳的人生开端》《塑造的人生开端——新生儿行为与0—3岁潜能开发指南》《挖掘儿童潜能始于零岁》《鲍秀兰谈婴幼儿潜能开发和早期教育》揭秘0—3岁宝宝每个月龄的智能发育规律,根据宝宝的不同月龄,给予运动、认知、语言、社会与交往诸方面的指导方案,全方位开发宝宝的各项潜能,涵盖运动、认知、语言、社会与交往、大脑发育等多个方面,为宝宝开启良好的人生开端。《鲍秀兰谈婴幼儿健全人格培养》通过对宝宝的行为习惯和情绪发育的深度剖析,告诉父母如何根据孩子的不同气质对孩子进行有针对性的培养,让孩子拥有健全的人格。《婴幼儿养育和早期教育实用手册》是她携全国96家医疗机构、268位儿科专家,将数十年协作研究和临床工作的经验集结成册,详细讲解各月龄段宝宝的养育问题、早教方法、科学育儿理念、智能和体格发育、行为培养、安全问题,以及常见不适的应对等,帮助孩子健康成长。

《矮身材儿童266个怎么办》适合矮小儿患者及其家属、基层大夫学习。《婴幼儿养育和早期干预实用手册》《0—3岁儿童最佳的人生开端:中国宝宝早期教育和潜能开发指南(高危儿卷)》指导家长学习干预的方法,在家中循序渐进地进行早产儿高危儿早期干预,科学有效,经济可行。她还出版了《婴儿科学健身法》和《0—3岁的人生开端早期教育和保健》系列光盘15个,获得国家、卫生部和北京市科技进步奖5项7次,享受国务院颁发的政府特殊津贴,荣获第四届中国内藤国际育儿奖。

第三节 婴幼儿照护与教育服务实践探索

一、教育领域开展早教服务的实践探索

(一)幼儿园的托班早教服务

1.幼儿园把幼儿入园年龄往前延伸的托育服务

20世纪八九十年代,托儿所的数量很少,难以满足0—3岁婴幼儿托育的需要。一些有

条件的幼儿园就把3岁幼儿的教育往前延伸,办起了托班,也称之为"小小班"或"娃娃班"。这种托班一般属于幼儿园的附设性质,主要是满足本园、本系统教职工孩子入托的需要,一般只招收十几二十个孩子。入托孩子的年龄多为2.5岁,最小往前延伸至2岁。这种托班数量极少,供需严重失衡。

这类3岁前的托育大多数参照本园小班的教育内容和模式,并根据托班幼儿的身心发展特点进行低龄化设计和实施,使生活作息时间按2—3岁幼儿的特点做调整,如生活环节时间更长,午餐较小班提前,等等。其课程也多是参照本园小班课程构架,教师选择更适合2—3岁幼儿的具体内容,安排教学活动。托班教育幼儿园化倾向较为明显。

2. 南京师范大学托儿班保教与综合课程的研究探索

从1993年开始,南京师范大学的赵寄石教授团队与南京市玄武区如意幼儿园合作探索2—3岁婴幼儿教育,经过5年的研究,建立起托班综合教育课程体系。基于"儿童的发展是由他自身与周围环境中的人、事、物交互作用,摄取物质营养和各种信息,不断调整和改变其生理、心理的机能和结构的结果"的基本认识,课程的内容着眼于为婴儿提供获得多种经验的机会和条件,让他们体验"学会本领"的喜悦,从而达到促进发展的目的。他们研发了大量的室内操作活动与户外游戏活动,课程按单元系列和活动系列两种形式进行组织,课程结构随着人们对教育教学规律的认识而不断调整。"幼儿的积极性、主动性、创造性与教师的主导作用相结合",教师根据幼儿的发展情况,为幼儿主动学习创造条件、提供机会,引导婴儿积极地与周围的人、事、物互动,并有针对性地观察了解幼儿。教师观察记录幼儿的发展状况,按单元分析教育活动实施效果,及时调整活动计划,提高教育效果。

(二)教育部门组织开展0—3岁婴幼儿早教试点

1999年,中共中央国务院召开的全国教育工作会议提出:"要重视婴幼儿的身体和智力开发,普及婴幼儿早期教育的科学知识和方法。"2001年5月,国务院发布《中国儿童发展纲要(2001—2010年)》,首次明确提出"发展0—3岁儿童早期教育""建立并完善0—3岁儿童教育管理体制"。2003年,《国务院办公厅转发教育部等十个部门(单位)关于幼儿教育改革与发展指导意见的通知》指出,"为0—6岁儿童和家长提供早期保育和教育服务""全面提高0—6岁儿童家长及看护人员的科学育儿能力"。各地教育部门在3—6岁幼儿入园基本普及情况下,就开始推进0—3岁婴幼儿早期教育与家长育儿指导的研究与实践探索工作。

1. 地方教育部门开展的0—3岁婴幼儿早教实践探索

以福建省为例,2008年6月,福建省教育厅下发《关于组织开展0—3岁儿童早期教育实验工作的通知》,明确实验工作在省教育厅的领导下组织实施,随即研制颁发《福建省0—3岁儿童早期教育指南(试行)》,成立"福建省0—3岁儿童早期教育实验工作专家指导组",深入实验区积极开展有关的教研和培训,要求各实验区积极寻求卫生、民政、计生委、妇联等部门的协作与支持,深入探索0—3岁婴幼儿多元化早教指导与服务模式。

各实验区以教育部门为主导,成立0—3岁儿童早期教育实验工作领导小组和指导小组,以幼儿园为骨干,以社区为依托,根据当地实际整合社区、卫生、计生、妇联、民政等部门的力量和资源,"以0—3岁儿童发展特点和规律为依据,以提升我省0—3岁儿童的家长和看护人员科学育儿水平,促进儿童早期身心健康成长为根本目的","实验工作本着先实验后推广的原则,试点先行,总结经验,以点带面,滚动推进,逐步构建具有福建特色的0—3岁儿童早期教育与指导体系"。各实验区从调查研究入手,围绕实验的目标、任务和内容展开实验工作。实验工作专家指导组分片分试验区开展指导工作,省教育厅组织编写了《0—3岁婴幼儿早期教育家长指导手册》,以供实验基地幼儿园面向社区0—3岁婴幼儿家长开展免费的早教宣传、培训指导与咨询服务。

全国不少地方教育部门都组织开展以幼儿园为基地的0—3岁婴幼儿早期教育与指导服务。如:北京于2001年在全国出台首部学前教育地方性法规《北京学前教育条例》,该条例明确规定"提倡和支持开展3周岁以下婴幼儿的早期教育";2002年,北京市教委、市卫生局和妇女联合会,共同颁发了"关于加强社区0—3岁婴儿的早期教育"的通知,北京市教委在幼儿园设立社区早期教育基地,挖掘本园和本社区的早期教育资源,开展面向社区散居儿童提供多种形式的早期教育服务,如早教周末亲子班、半日班、小时班、入园预备班、免费开放大型玩具、发放育儿宣传资料、举办家长讲座、建立家长育儿咨询网络和家长论坛等。

2. 教育部启动0—3岁婴幼儿早期教育试点

2013年,教育部启动在上海市、北京市海淀区、天津河西区、青岛市等14个地区开展0—3岁婴幼儿早期教育试点,各试点区域教育行政部门按照教育部关于试点任务、内容和有关工作要求制订试点方案,经当地政府同意开展工作。该试点工作坚持公益普惠性,以公办幼儿园为龙头,整合妇幼保健机构和社区资源,面向社区开展形式多样的早期教育与指导服务。当地政府保证试点工作经费、资源的充分,做到社区服务终端的全覆盖。如,天津市河西区在河西八幼成立社区早教中心,并投入资金改造场地、用房,在十六幼建设河西幼儿运动体验园,为全区22个幼儿园和20个社区居委会配置早教设施与图书、玩教具,构建以社区早教中心为龙头,以24所公办幼儿园为基础,以全区13个街道100余个社区居委会为服务终端的社区早教服务体系。三年的试点,各幼儿园与社区协同,发挥学前教育专业优势,开展了60余场专家讲座、6 200余次亲子活动,使全区95%以上的0—3岁婴幼儿和看护人得到科学养育指导和帮助。

二、为农村提供婴幼儿早期发展服务的实践探索

农村,尤其是农村的贫困地区,婴幼儿营养不足,家长和照养人缺乏科学的养育理念,严重制约婴幼儿发展潜能的实现。《中国儿童发展纲要2001—2010年》提出要"发展0—3岁儿童早期教育""提高儿童家长家庭教育知识的知晓率"。国家计生委、教育部、妇联、卫生部等部门联合起来,关注农村0—3岁婴幼儿的成长环境,实施关爱行动。

(一)计生系统面向村庄(社区)家庭的公益早教服务

2006年国务院办公厅印发《人口发展"十一五"和2020年规划》明确提出"大力普及

婴幼儿抚养和家庭教育的科学知识,开展婴幼儿早期教育"。以福建省为例,省计划生育协会作为党和政府联系育龄群众和计生家庭的桥梁和纽带,积极推进"优生优育优教"这"三优"工作进社区、进农村、进家庭。2007年国家人口计划生育委员会启动"中国人口早期教育暨独生子女培养示范区"试点工作,普及婴幼儿抚养和家庭教育的科学知识。福建省计生系统积极组织创建"示范区""示范基地",并以点带面开展农村婴幼儿早期宣传和指导服务。2009年福建省人口计生委、省计生协会联合发文《关于积极开展人口早期教育工作的通知》,要求各地把早教工作摆上工作日程,设立早教示范县(区)或示范点。省计生协会聘请儿童神经心理专家、儿科与儿童保健医生及学前教育专家,组团面向农村助力早教示范区或示范点,开展人口早期教育巡回宣讲活动,面向农村家长开展儿童早期发展教育培训,探索开展针对农村家庭养育现状的儿童早期发展服务,广泛宣传和普及科学育儿知识和技能。

福建省计生协会面向农村家长的婴幼儿早期发展教育服务抓两个重点。一是通过宣传、培训、现场指导等方式,提高家长等养育者对婴幼儿成长的环境、营养、安全、卫生、保健和教育等方面的认识。二是为婴幼儿游戏、交往创造一定的条件并进行相应的指导。省计生协会充分发挥其联系育龄群众和计生家庭的桥梁与纽带作用的优势,做好村庄(社区)婴幼儿家长的动员、组织工作,联系和整合当地教育、卫健等部门力量,开展科学育儿的宣传、指导工作。

经过十几年的不懈努力,福建省计生协会探索形成切合自身功能定位和特点的深入社会组织最末端的村庄(社区)的儿童早期发展教育的"1+X"模式。

"1"是指早教启蒙点:在村居早教启蒙点,为0—3岁婴幼儿父母提供3节关于婴幼儿发展的重要意义以及科学养育、营养喂养、防病护理知识等科学育儿基础知识课,提供3次亲子教育示范活动,旨在给农村家长以科学育儿的"启蒙教育",让他们了解婴幼儿发展对一生成长的重要性和最基本的科学育儿知识,初步感受亲子交流、互动的乐趣以及对孩子的益处。这种面向村庄(社区)的深入浅出、直观的公益活动,好操作,广覆盖,能见效,深受广大群众欢迎。

"X"包括亲子小屋、家园互助小组、五有示范点等若干种服务模式,各地可以因地制宜地采用,发挥其对婴幼儿发展的促进作用。亲子小屋,在村居建立30—50平方米的亲子小屋,添置玩教具、绘本图书、地垫、紫外线消毒灯、科学育儿知识宣传展板等,每周定期开放。由经培训的早教辅导员做些组织、服务与适当的指导,并配合以入户随访和个性化育儿指导。家园互助小组,居住分散的村居可分片组织家园互助小组,每个月在村部文化中心或幼儿园组织1—2次亲子活动,由基层计生协会和当地乡镇幼儿园、卫生院所合作,由幼儿园老师携带玩教具、图书绘本等到现场指导亲子活动,儿保医生进行生长发育监测和指导。"五有示范点",在经济相对不发达的农村山区建设"五有示范点",即村有早教师,家有早教包,父母有《育儿宝典》,孩子有活动安排,协会有计划。这种形式的目的是在启蒙教育点的基础上,继续普及早教知识,并倡导向家庭延伸,持续指导服务。

2019年,福建省计生协会申报中国计划生育协会课题,对所开展的面向农村村庄(社区)

所开展0—3岁婴幼儿发展与教育实施效果进行实证性研究,对参加早期发展项目村庄(社区)"早教组"和无参加早期发展指导的村庄(社区)"对照组"的婴幼儿发展及家长、干部群众对早期教育的认识,进行实证性比较。研究结果表明,早教组婴幼儿的发展均显著优于对照组,而且早教组发育里程碑月龄早于对照组,差异具有统计学意义;获得各种模式服务的早教组家长,其科学育儿的知晓率均显著优于对照组;参加项目培训的早教组计生干部及小组长,其早教知晓率显著高于对照组;干部群众普遍支持、欢迎儿童早期发展教育进村居,对所开展的项目活动很满意。福建省计生协会实践探索与实证研究表明,面向农村家长的婴幼儿早期发展教育服务所开创的"1+X"儿童早期发展教育服务模式,更新了父母的养育理念、增长了父母的科学育儿知识,有效地转变了父母的养育行为,使父母更多地给予婴幼儿有质量的陪伴和回应性的照料,改善了婴幼儿成长的微环境,有效促进婴幼儿健康、养成良好的习惯和全面发展,增进家庭和谐幸福,促进农村干部群众与婴幼儿共同成长。

(二)我国政府与联合国儿基会合作的贫困婴幼儿早期干预

联合国儿童基金会成立于1946年12月11日,当时称联合国国际儿童紧急基金会。1953年改称联合国儿童基金会,简称"儿童基金"或"儿基会"。儿基会致力于全球儿童的生存、发展和保护,主要援助对象是发展中国家的儿童,重点在儿童保健、营养、教育、福利、妇女发展、安全饮用水等领域。

我国与联合国儿基会的教育合作项目始于1982年,现有的资料显示,关于0—3岁婴幼儿发展的项目(含在0—6岁儿童的项目中)主要有:2001年开始的教育部-联合国儿童基金会"早期儿童养育与发展"合作项目(简称ECCD),2002年开始的全国妇联与联合国儿童基金会合作发起"'小脚印'家庭养护支持中心"项目,2005年开始的教育部-联合国儿基会"儿童早期发展"合作项目(简称ECD),2004年启动卫生部、教育部、国务院妇儿工委办公室与联合国儿童基金会联合启动"儿童早期综合发展项目(简称IECD)",2013年启动全国妇联-联合国儿童基金会"儿童早期发展社区家庭支持项目"(简称ECD)。

上述项目试点旨在探索开发关于儿童早期抚养与发展的政策,推进以社区为依托的儿童早期发展的服务网络建设与能力建设,为家庭提供科学育儿的指导和帮助。以下列举面向贫困农村的合作项目,其重点在于了解各项目如何增进家长和看护者对早期发展的认识,改善0—3岁婴幼儿成长环境,进而促进0—3岁婴幼儿的发展。

1. 2001年开始的早期儿童养育与发展项目(ECCD)

2001—2005年周期早期儿童养育与发展项目在广西、贵州、甘肃、四川、内蒙古、宁夏6省(自治区)和天津、沈阳、青岛3个城市开展。

该项目的开展主要有以下特点:其一,政府的重视。项目县(区)成立由分管教育的区领导任组长,教育、卫生、妇联、民政等部门有关领导组成的"ECCD"项目领导小组,多部门共同研究项目实施计划,做好项目实施过程的协调与推进。其二,整合资源。利用幼儿园和街镇或社区的场地建立早期儿童养育资源中心、亲子活动中心、婴幼儿娱乐游戏场等,添置实施项目所需要的各种设备设施、玩教具等;整合所在地妇幼保健医务人员、幼儿园教师以及街镇、社区干部工作人员，协同开展工作，并有计划地对全体人员进行项目背景、理念、工作目标任务、内容方法的培训。其三，多元服务。定期邀请卫生保健专家、教育专家、心理专家等项目工作人员、婴幼儿家长和照护者举办各种讲座和咨询活动；举办专栏、墙报、板报，编印宣传资料、科学育儿小册子，通过宣传月、宣传周、宣传日、节假日等进行广泛宣传，并把教育部开发的各种宣传资料、光盘以及研发编印的资料发放给婴幼儿抚养者；开放早期儿童养育资源中心、亲子活动中心、婴幼儿娱乐游戏场等，由幼儿园教师和社区工作人员参与亲子活动指导；幼儿园选派有经验的教师与社区人员为散居婴幼儿建立个人档案，开展家访工作。

"总体来看，ECCD项目给社区、家长及教师的早期育儿理念带来变化，使项目村0—6岁儿童的自身发展及其成长环境得到改善，并提高了村委的管理能力，为探索促进贫困农村儿童早期养育与发展的模式打下基础。"2007年教育部、联合国儿基会纽约总部、亚太地区和中国办事处的相关人员深入实地开展项目监测评估和督导考查活动，很翔实地了解到项目开展的效果，给予了充分肯定，尤其对项目在偏僻的少数民族地区得到地方政府的重视，对教师在困难情况下坚持项目"一切为了孩子全面发展"作出的努力表示赞赏，中国开展的早期儿童发展项目给他们留下深刻印象。

2. 2004年开始的儿童早期综合发展项目（IECD）

儿童早期综合发展项目（IECD）是指儿童从出生起，甚至在出生前就能得到早期儿童发展的综合性服务，包括孕期保健、早期养护和早期情感，智力，社会性等方面的教育指导，其目标是要"让每个儿童拥有最佳人生开端"。2004年，我国卫生部、教育部、国务院妇儿工委办公室与联合国儿童基金会联合启动"儿童早期综合发展项目"，在江西、广西、贵州、甘肃4省（自治区）9县（区）实施农村儿童早期综合发展项目。2013年又在山西和贵州的4个县开展"贫困地区儿童早期综合发展试点项目"。

2017年，该项目的新一周期又在河北、山西、江西、河南和贵州5个省份的14个县开展。

3. 2013年的儿童早期发展社区家庭支持项目（ECD）

2013年中华全国妇女联合会与联合国儿基会合作启动儿童早期发展社区家庭支持项目，以妇联组织为实施主体，在湖北、湖南、河北确定了40个村（社区）作为试点，以村（社区）为平台，建立儿童早期发展中心，并以中心为依托，面向家庭提供集保护、保健、教育、关爱、救助于一体的综合性干预服务。项目遴选专职工作人员，招募志愿者，通过培训、婴幼儿发展检测、咨询、亲子活动、家访等为家庭早期科学育儿提供支持和帮助，以改善家长的养育能力，提高家庭的养育水平，促进儿童健康发展。

以湖南省湘潭县为例，该县实施项目阶段性成效显著。一是项目服务范围全面延伸。10个试点村在5年里，服务家庭从最初的300多户到接近800户，服务范围从覆盖本村到辐射周边村，参与项目服务家长儿童超4万人次。二是儿童服务基地加快建设。2017年，融宣传、教育、服务为一体的全县儿童早期发展示范基地挂牌成立。村（社区）儿童之家建设全面铺开，已建成195所，2020年可实现全覆盖。三是科学育儿理念深入人心。在推进ECD项目的同时,将科学育儿知识纳入全县各孕妇学校和村(社区)家长学校课程。

2016年,该ECD项目延伸到新疆,第一年项目就推动建设了1个自治区级示范基地、2个地州市级示范基地、4个社区/村项目点,培养了一支社区从事儿童早期教育发展服务的队伍。社区儿童早期发展中心因地制宜、突出特点,配有科学育儿信息触摸屏、儿童书籍、新疆民族特色乐器等,通过浓郁的民族特色打造幼儿喜欢的、乐于参与活动的温馨环境,有效带动了辖区各族儿童参与到项目示范点的日常活动中来。"以儿童为中心,以家庭为基础、以社区为依托"的儿童早期发展服务模式,直接服务当地0—3岁婴幼儿及其家长近7 000人次,开展亲子活动、促进儿童早期健康发展。

三、政府主导的0—3岁婴幼儿早期教育与托育服务

（一）上海市政府主导的0—3岁婴幼儿早期教育与托育服务

上海市在国内率先将建立"0—6岁学前教育整体、系统、科学的一体化管理体制"作为教育改革的一项重要举措,把0—3岁婴幼儿早期教养正式纳入教育事业范畴。由教育部门负责组织,并与卫生、妇联、人口计生委等多部门通力合作,研究先行,实施专业性、系统性的0—3岁婴幼儿早期教养指导服务。

1. 教育部门组织开展0—3岁婴幼儿教养公共服务实验研究

上海市于1999年逐步探索并建立0—6岁托儿所-幼儿园的一体化服务与管理工作。2000年,市教委在15所幼儿园(所)实验点启动开展实验研究,对语言、动作、认知、情感、养成、艺术、营养七大领域,分4个年龄组(0—1岁、1—1.5岁、1.5—2岁、2—3岁)研究婴幼儿教养内容的规律和特点,包括教养目标、教养原则、教养环境的创设、具体教养内容、教养组织形式、教养方法、教养评价、教养管理和师资培养等方面。2002年,以此为基础,上海市教育委员会牵头开展"0—3岁婴幼儿早期关心与发展的研究"。

2. 政府主导多部门协同推进0—3岁散居儿童早期教养工作

2003年8月,上海市教育委员会印发《上海市0—3岁婴幼儿教养方案(试行)》。2004年1月,上海市教育委员会、卫生局、民政局、机构编制委员会、人口和计划生育委员会和妇女联合会联合出台《关于推进0—3岁散居儿童早期教养工作的意见》,要求建立在区、县政府领导下,依托街道、乡镇,以教育部门为中心,卫生部门、妇联、人口计生委等各司其职的社区科学育儿指导工作管理网络,建立以社区为依托,以学前教育机构为中心,向家庭辐射的0—3岁婴幼儿教育服务机制。该《意见》要求各社区早期教育指导机构,根据家长的需要,采用父母学校、专家咨询、网上查询、热线电话、资料宣传、亲子学苑、送教上门、妈妈育儿沙龙、社区儿童活动中心等方式,每年为95%以上自出生到3岁的儿童的家长和看护人员进行4次以上有质量的科学育儿指导。就此,由上海市教育委员会牵头率先基于0—3岁儿童早期教育研究所构建的"以社区为依托,以学前教育机构为核心,向家庭辐射的早期教育指导与服务的多元模式"在全市推广开来。

2005年8月,上海市教育委员会、卫生局、民政局联合下发《上海市早期教养服务机构管理规定》,对早期教养服务机构举办者、房屋设施设备条件、人员的基本条件进行了规范,对早期教养服务机构内部的管理、工作的内容和形式提出要求,对早期教养服务机构的申办程序、收费及区县政府各部门的协同管理和监督做了规定。而后,各区县根据各自的实际情况,制订社区科学育儿指导工作实施方案或工作规程并展开实践。

3. 政府布局建立0—3岁婴幼儿早教中心网络提供基本服务

2008年8月,上海市教育委员会为了进一步推进0—3岁婴幼儿早期教养工作,提高学前教育机构的3岁前婴幼儿教养工作水平和家庭教育指导水平,对2003年的《上海市0—3岁婴幼儿教养方案》进行了修订并下发,作为全市托幼园所实施3岁前教养工作的指南。2013年,上海市被列入教育部"0—3岁婴幼儿早期教育试点"。随着0—3岁婴幼儿早期教养工作的不断推进,上海市建立了一个由1个市级中心、16个区级中心和846个指导站点共同组成的庞大的服务网络,每年为3岁以下婴幼儿家庭至少提供6次免费优质的科学育儿指导。对需要托育服务的家庭,设置独立的托儿所,招收2—3岁托班的幼儿园及早教指导服务中心、企业内部面向职工的托育点。形成了立足家庭,依靠政府、社会的支持,确保0—3岁婴幼儿得到科学的养育和成长的良好局面。

4. 实施普惠、多元、有质量的托育服务三年行动计划

2020年9月,上海市人民政府办公厅印发《上海市托育服务三年行动计划(2020—2022年)》,坚持政府引导、家庭为主、多方参与,以满足多层次、多元化、有质量的托育服务需求为导向,确立了三年发展总目标:"建设完善托育服务供给体系、管理体系、队伍建设体系和质量保障体系。扩大托幼一体规模,建立以社区为依托、机构为补充、普惠为主导的资源供给体系,完善规范有序、行业自律、合力共治的管理体制,打造一支素质优良、结构合理的托育服务队伍,构建教养医结合的专业化服务模式,提供多种形式的高质量科学育儿指导,努力让人民群众获得普惠、安全、优质的托育服务。"主要措施为:增加托育资源供给,丰富托育服务类型;健全管理规范体系,推动托育行业发展;加强专业培养培训,打造托育服务队伍;深化教养医结合,提高托育服务质量。建立了强化统筹协调、优化经费投入、加强宣传引导等保障机制。这是全国首个托育服务领域的行动计划,上海市所构建的普惠、安全、优质的托幼一体、教养医结合的、多种形式的科学育儿指导服务体系,是立足婴幼儿育人服务体系的先行者、排头兵,为全国提供了很好的范例。

(二)其他地方政府主导的0—3岁婴幼儿教养指导的实践探索

1. 北京市倡导和支持开展3周岁以下婴幼儿的早期教育

2001年,北京市颁布了《北京市学前教育条例》。这是全国第一个地方性学前教育法规,包含了3岁以下婴幼儿的早期教育。"本条例所称学前教育机构是指幼儿园、托儿所以及其他对学龄前儿童实施教育的机构",提出"本市倡导和支持开展3周岁以下婴幼儿的早期教育",要求"各级人民政府应当加强对学前教育的领导,综合协调学前教育事业的发展,将学前教育纳入本地区国民经济和社会发展计划",规定由教育部门主管,各级"人民政府其他

有关部门应当在各自的职责范围内,负责有关学前教育的工作"。

(1)依托幼儿园建设"社区早期教育基地"服务于婴幼儿发展

为了贯彻《北京市学前教育条例》倡导和支持开展3岁以下婴幼儿早期教育的精神,满足婴幼儿家长的需求,发展公益化、福利化、教育化、规范化的亲子园,北京市教委以幼儿园为依托,遴选了20所一级一类幼儿园作为首批"社区早期教育基地",面向社区0—3岁婴幼儿及其家长开展亲子活动与家教指导。随后各区县都以公办幼儿园为依托建立早教基地,服务于社区0—3岁婴幼儿发展。如,北京市朝阳区教委从2002年起在全区各类型园所中开展本区已认定的42个朝阳区"彩虹伞亲子园"社区早期教育基地建设,其中24个被评为北京市社区儿童早期教育示范基地,分布在29个街乡,接收0—3岁幼儿3 458名。

(2)应用信息技术广覆盖跟踪指导婴幼儿家长科学育儿

2006年,北京市首次制定社会公共服务方面的发展规划《北京市"十一五"时期社会公共服务发展规划》,明确提出"发展0—3岁婴幼儿早期教育服务,全面普及学前三年教育,提高幼儿监护人接受教育指导的普及率"。2012年,北京市教委又启动了一项北京市0—6岁儿童社区早期教育服务与指导的创新性项目,该项目面向所有在京0—6岁儿童家庭(包括外来务工人员),通过信息平台提供"每周一信"的科学、实用和方便的早期教育与指导服务。此外,项目组还组织多个领域的专家,共同编写了《0—3岁早期教育指导手册——百问百答》和《3—6岁早期教育指导手册——百问百答》,免费发放给幼儿园和散居婴幼儿家长。

2. 广州市世纪之交时期的0—3岁婴幼儿早期教育实践探索

(1)研究先行,构建分工协作、家所互补的婴幼儿早教机制

广州市制定出台了《广州市0—3岁婴幼儿社区保教服务方案》,以婴幼儿发展为中心,构建一个由政府统筹,教育部门为主,卫生部门和妇联为辅,街道为责任主体,社区成员参与的社区早期教育管理体系。在市托幼领导小组的领导下,注重教育部门、卫生部门和妇联的优势互补,构建形成各有关部门分工合作的、市—区(县)—街道(镇)层次分明的0—3岁婴幼儿早期教育管理网络。具体的管理重心下移,是社区化的。

(2)建设示范性托儿所,以点带面促进婴幼儿托育质量提升

广州市重视托儿所建设以满足婴幼儿托育的社会需求,以示范性托儿所建设为突破口,以点带面,推动托儿所机构教育的整体水平提高,为社区0—3岁婴幼儿保教服务提供示范。1997年,《广州市托儿所规范(试行)》颁布,要求各区(县)确立一所示范性托儿所,发挥其在本区域的示范、辐射作用。修订、实施《广州市幼儿园托儿所审批注册办法》,明确托儿所建设规范标准,使民办婴幼儿早期教育符合规范,成为社会教育体系中的一支力量。1998年试行《广州市托儿所教养方案》以宽松、多元的托育服务满足不同家庭的托育需求。

(3)以社区为依托,构建全面多元的社区婴幼儿服务网络

面对80%没有托育的散居婴幼儿,广州市以政策为导向,构建形成政府重视,教育部门主管,各有关部门积极参与,婴幼儿发展服务成本分担和多元化的社区教育投入机制。

社区成立婴幼儿保教服务领导小组,街道、居委会、社区、教育、卫生等部门共同组成家教工作网络,组织婴幼儿喂养与保健指导和早期教育指导两支队伍,建立宣传、教育、活动三个阵地,上好儿童发展指导纲要、儿童心理、科学育儿、家庭教育等课程,开展儿童游园、亲子、文艺演出、育儿交流、表彰先进五项活动,完善家访登记、个案管理、家长学习、定期体检、跟踪教育、考核表彰六项制度,涉及护理、营养、疾病预防、早期干预、早期教育、心理卫生、健康教育等七项内容。

第四节　立足婴幼儿综合发展的公共服务体系建设

随着我国经济和社会的快速发展,儿童进入从求生存向谋发展的重要转型,大力开展儿童早期照护与教育促进0—3岁婴幼儿综合发展已进入国家决策,进一步完善营养与安全、健康与保健、照护与教育、社会保障等构成的综合性的公共服务体系成为必然。

一、保障与增进婴幼儿安全与健康的服务体系

（一）婴幼儿安全与健康保护体系

我国《宪法》《母婴保健法》《未成年人保护法》《教育法》等一系列有关儿童生存、保护与发展的法律法规,坚持"儿童优先"原则,保障、保护着婴幼儿。

1. 母婴保护

我国《母婴保健法》保证了国家发展母婴保健事业,提供必要条件和物质帮助,使母亲和婴儿获得医疗保健服务,包括婚前保健、孕妇、产妇保健、胎儿保健、新生儿保健以及母婴保健指导等方面。国务院发布《母婴保健法实施办法》、原卫生部颁发《孕产期保健工作管理办法》《孕产期保健工作规范》《新生儿访视技术规范》等一系列法规文件,确保《母婴保健法》的贯彻实施。

母婴保护与保健工作包括：① 卫生等部门广泛开展母婴保健的科普宣传、教育和咨询；提供婚前医学检查和指导。② 妇幼保健等单位医务人员为孕产妇建立保健手册(卡),定期进行产前检查,为孕产妇提供卫生、营养、心理等方面的医学指导与咨询,对高危孕妇进行重点监护、随访和医疗保健服务,为孕产妇提供安全分娩技术服务。做好胎儿保健,动态监测胎儿发育状况,为孕妇提供合理膳食、良好生活环境和心理状态的指导,避免或减少孕期有害因素对胎儿的影响,开展产前筛查和诊断。建立儿童保健册(表、卡),在新生儿出院前,由助产单位医务人员进行预防接种和健康评估,根据结果提出相应的指导意见。③ 定期进行产后访视,指导产妇科学喂养婴儿；对产妇及其家属进行生殖健康教育和科学育儿知识教育；以及其他孕产期保健服务等。

拓展资料

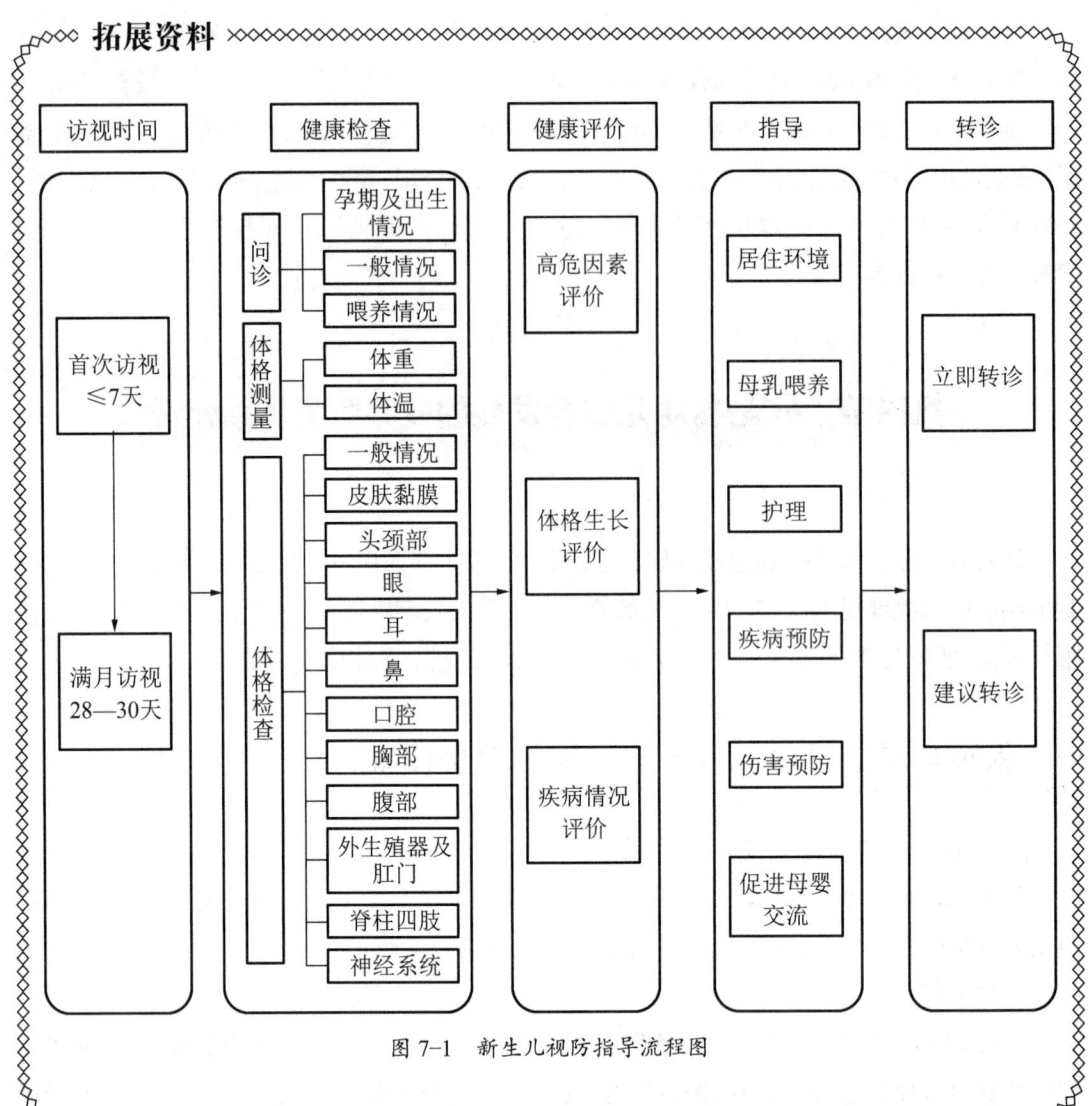

图 7-1 新生儿视防指导流程图

定期进行产后访视指导一般由街道、社区(镇、村)卫生院所负责,具体落实定期对辖区内新生儿进行健康检查,宣传科学育儿知识,指导家长做好新生儿喂养、护理和疾病预防,并尽早发现异常和疾病,及时处理和转诊。正常足月新生儿访视次数不少于2次。新生儿出院后7日之内就要进行首次访视,在出生后28—30日进行满月访视,之后由父母抱孩子到街道、社区(镇、村)卫生院所随访,并接种乙肝疫苗。

2. 婴幼儿健康检查与保健

为贯彻落实《全国儿童保健工作规范(试行)》,应面向0—6岁婴幼儿建立儿童保健册(表、卡),为其提供定期健康体检或生长监测评估和指导服务。0—3岁婴幼儿的健康检查与保健,婴儿期至少4次,一般分别在3、6、8和12月龄;3岁及以下儿童每年至少2次,每次间隔6个月,时间在1.5岁、2岁、2.5岁和3岁,可根据儿童个体情况,结合预防接种时间或本地区实际情况适当调整检查时间、增加检查次数。省级妇幼保健机构在卫生行政部门领导下,负责婴幼儿健康检查与保健工作计划,对下级妇幼保健机构的技术指导、业务培训和工作评估,协助开展儿童保健服务,具体由社区卫生服务机构、乡(镇)卫生院所(室、站)落实。入托的孩子,由县(区)妇幼保健机构施行《托儿所幼儿园卫生保健管理办法》,做好对辖区托幼机构婴幼儿的健康检查与保健的管理、培训、指导和评估工作。

3. 婴幼儿预防接种

儿童计划免疫是根据危害儿童健康的一些传染病,利用安全有效的疫苗,按照规定的免疫程序进行预防接种,提高儿童免疫力,以达到预防相应传染病的目的。危害儿童健康的传染病有麻疹、小儿麻痹症、结核病、白喉、百日咳、破伤风、乙型肝炎、流行性乙型脑炎等。一旦染上这些病,会影响儿童的生长发育,有的还会威胁生命,或留下后遗症,给个人、家庭带来不幸,给社会造成负担。儿童对疾病的抵抗力较差,为了防止传染病的发生和流行,保护儿童健康,必须有群体免疫力。计划免疫是预防和控制并最终消灭相应传染病最方便、最有效的手段,国家基本公共卫生服务为儿童提供免费计划免疫接种的疫苗见表7-2。

(二)婴幼儿营养与健康指导体系

1. 多种形式的喂养与营养保健指导

早在孕产期,各级各类医疗保健机构就要为准备妊娠至产后42天的妇女及胎婴儿提供全程系列的医疗保健服务,其中就包括对母婴的营养与健康的指导。全国各地都建立有生命早期1 000天营养咨询平台,向医疗保健人员和儿童养护人强化婴幼儿科学喂养的知识和技能。社区卫生服务机构、乡(镇)卫生院所(室、站)负责对辖区内的新生儿家长进行母乳喂养、食物转换、合理膳食、饮食行为等科学喂养知识的指导,以提高6个月内婴儿纯母乳喂养率,预防营养性疾病,尽早培养儿童健康的饮食行为,促进儿童生长与发育、健康成长。

对婴幼儿营养与健康指导是多方面的。① 食物均衡指导。进食乳类和其他食物分别需要的量,如何搭配,食物质地与美味,饮食次数与间隔安排,要注意的事项等;根据季节和孩子活动量确保适宜的饮水量,以不影响幼儿奶类摄入和日常饮食。② 饮食行为指导。如婴儿早期的母乳喂养虽是按需的,但要注意定点。大约12月龄时就应该让幼儿开始练习自己用餐具进食,培养幼儿的独立能力和正确反应能力。1—2岁幼儿应分餐进食,鼓励自己进食;2岁后的儿童应独立进食,应定时、定点、定量进餐,每次进餐时间为20～30分钟。要避免强迫喂养和过度喂养,预防儿童拒食、偏食和过食。③ 让孩子与家人围坐就餐,为儿童提供轻松、愉悦的良好进餐环境和气氛。避免进餐时恐吓、训斥和打骂儿童。④ 注意食品安全和卫生。避免给3岁以下儿童提供容易引起窒息和伤害的食物,如小圆形糖果和水果、坚果、果冻、爆米花、口香糖,以及带骨刺的鱼和肉等。在准备食物和喂食前儿童和看护人均应洗手,给儿童提供新鲜、卫生的食物,避免食物被污染,煮食物如动物性食物应保证煮熟、煮透,以杀灭有害细菌。食物制作后应立即食用,避免长时间放置,加热食物要热透、煮沸。配置食物不宜多,若有剩余食物应放入冰箱保存,加盖封藏,不宜留存太久。

表7-2 国家免疫规划疫苗儿童免疫程序表(2021年版)

可预防疾病	疫苗种类	接种途径	剂量	英文缩写	出生时	1月	2月	3月	4月	5月	6月	8月	9月	18月	2岁	3岁	4岁	5岁	6岁
乙型病毒性肝炎	乙肝疫苗	肌内注射	10或20 μg	HepB	1	2					3								
结核病[1]	卡介苗	皮内注射	0.1 ml	BCG	1														
脊髓灰质炎	脊灰灭活疫苗	肌内注射	0.5 ml	IPV			1	2											
脊髓灰质炎	脊灰减毒活疫苗	口服	1粒或2滴	bOPV					3										
百日咳、白喉、破伤风	百白破疫苗	肌内注射	0.5 ml	DTap				1	2	3				4					
百日咳、白喉、破伤风	白破疫苗	肌内注射	0.5 ml	DT															5
麻疹、风疹、流行性腮腺炎	麻腮风疫苗	皮下注射	0.5 ml	MMR								1		2					
流行性乙型脑炎[2]	乙脑减毒活疫苗	皮下注射	0.5 ml	JE-L								1			2				
流行性乙型脑炎	乙脑灭活疫苗	肌内注射	0.5 ml	JE-I								1,2			3				4
流行性脑脊髓膜炎	A群流脑多糖疫苗	皮下注射	0.5 ml	MPSV-A							1		2						
流行性脑脊髓膜炎	A群C群流脑多糖疫苗	皮下注射	0.5 ml	MPSV-AC												3			4
甲型病毒性肝炎[3]	甲肝减毒活疫苗	皮下注射	0.5或1.0 ml	HepA-L										1					
甲型病毒性肝炎	甲肝灭活疫苗	肌内注射	0.5 ml	HepA-I										1	2				

注:1. 主要指结核性脑膜炎、粟粒性肺结核等。
2. 选择乙脑减毒活疫苗接种时,采用两剂次接种程序;选择乙脑灭活疫苗接种时,采用四剂次接种程序;乙脑灭活疫苗第1,2剂间隔7—10天。
3. 选择甲肝减毒活疫苗接种时,采用一剂次接种程序;选择甲肝灭活疫苗接种时,采用两剂次接种程序。

2. 特殊需要婴幼儿的营养与保健关怀

国家为改善贫困地区婴幼儿的营养和健康状况，预防婴幼儿贫血和营养不良，提高婴幼儿健康水平，为6—36月龄婴幼儿免费提供营养包。国家将贫困地区儿童营养改善项目作为提高国民素质的重要任务纳入了健康扶贫工程整体推进，扩大项目覆盖范围，强化贫困地区婴幼儿营养健康教育和辅食添加工作，切实改善贫困地区儿童营养状况。国家还重视开展儿童生长发育监测和评价，强化儿童个性化营养指导，引导儿童科学均衡饮食，加强体育锻炼，预防和减少儿童肥胖发生。实施儿童营养综合干预项目，研究开发儿童肥胖预防和干预适宜技术。

二、婴幼儿照护与教育服务体系

按照《指导意见》的要求，遵循我国《宪法》和《未成年人保护法》等法律精神，国家卫健委组织制定颁发了《托育机构设置标准（试行）》和《托育机构管理规范（试行）》（以下简称《设置标准》及《管理规范》）。依据《设置标准》和《管理规范》，又制定颁发了《托育机构保育指导大纲（试行）》（以下简称《指导大纲》），以指导托育机构为3岁以下婴幼儿提供科学、规范的照护服务，促进婴幼儿健康成长。

（一）婴幼儿托育照护与教育服务

1. 婴幼儿托育机构的设置标准

《设置标准》由总则、设置要求、场地设施、人员规模等部分构成。它指明坚持政策引导、普惠优先、安全健康、科学规范、属地管理、分类指导的原则，充分调动社会力量的积极性，大力发展托育服务。本标准适用于经有关部门登记、卫生健康部门备案，为3岁以下婴幼儿提供全日托、半日托、计时托、临时托等托育服务的机构。

它规定托育机构的设置要满足城乡等不同人群的需求、符合不同地域的特点，加强社区托育机构与社区服务中心（站）及社区卫生、文化、体育等设施的功能衔接，以整合资源并发挥其照护服务功能。托育机构的场地要选择自然条件好、交通便利的地方，场地、房舍、家居、设施设备要与托育规模相匹配，要符合安全、环保和卫生的国家标准和婴幼儿年龄特点。托育机构的负责人保育人员等要符合各自的专业要求，还要符合托儿所卫生保健规定，经培养或培训合格后才能上岗。各类人员的数量要与托育规模相适应。托育机构婴幼儿的编班：月龄6—12个月，乳儿班（10人以下），按1∶3配备保教人员；月龄12—24个月，托小班（15人以下），按1∶5配备保教人员；月龄24—36个月，托大班（20人以下），按1∶7配备保教人员；18个月以上的婴幼儿可混合编班，每班不超过18人。

2. 婴幼儿托育机构的管理规范

《管理规范》由总则、备案管理、收托管理、保育管理、健康管理、安全管理、人员管理、监督管理等部分构成。它要求托育机构坚持儿童优先的原则，尊重婴幼儿成长特点和规律，最大限度地保护婴幼儿，确保婴幼儿的安全和健康。本规范适用于经有关部门登记、卫生健康部门备案,为3岁以下婴幼儿提供全日托、半日托、计时托、临时托等托育服务的机构。

3. 托育机构保育指导大纲

《指导大纲》由总则、目标与要求、组织与实施三部分构成。

《指导大纲》在营养与喂养、睡眠、生活与卫生习惯及婴幼儿各个领域学习与发展方面,都明确了目标、保育要点和指导建议。

目标均是表明重点要追求什么,指引着各自独特的价值取向,并体现《指导大纲》的基本精神。如,"营养与喂养"等目标在于追求正常生长发育和养成良好行为习惯。又如,动作、语言、认知、情感与社会性等方面的发展目标,追求达到良好的发展水平,突出情感、兴趣、态度、个性的价值取向,遵循婴幼儿身心发育规律,着眼于终身学习与发展的基础和动力。

保育要点在于说明为实现照护和教育的目标,照护、保教人员在婴幼儿发展的各月龄阶段,应该做什么和应该怎样做。指导要点分别指明营养与喂养、睡眠、生活与卫生习惯,以及婴幼儿动作、语言、认知、情感与社会性等方面学习与发展过程,照护、保教人员着重要做到的。

组织与实施部分。对托育机构的场所、基本的设施设备与安全防护措施、生活和活动环境及保育人员配备做了说明,指明了机构负责人的岗位职责、保育人员的基本条件、岗位职责和基本的工作要求,机构的管理制度和安全健康管理的基本要求以及与家庭、社区的合作事项。

(二)服务婴幼儿综合发展的科学育儿指导

1. 家庭育儿指导是婴幼儿发展服务体系的重点

目前,没有进入托育机构的婴幼儿占绝大多数,尤其是在农村地区。因此,面向社区(村庄)和家庭的科学育儿宣传、知识普及和家庭婴幼儿发展的指导,是立足婴幼儿综合发展的公共服务体系的重要组成部分,应该予以全面加强。即使进入托育机构的婴幼儿家长仍需要得到社区有关资源和托育机构延伸到家庭的科学育儿的指导。《指导意见》中明确指出了"发展婴幼儿照护服务的重点是为家庭提供科学养育指导,并对确有照护困难的家庭或婴幼儿提供必要的服务"。其后者"对有照护困难的家庭主要通过提供托育服务,通过专业的托育机构进行替代性照护服务"。

我国0—3岁婴幼儿综合发展的公共服务还处于起步阶段,且发展不平衡,尤其是广大的农村婴幼儿综合发展的资源匮乏。但婴幼儿的发展不能等待,家庭亟需获得儿童早期综合发展的公共服务,国家优化人口结构和国民素质整体提升在人生前端发力也显得十分急迫。2017年12月,习近平总书记在中央经济工作会议上再次强调"着力解决好婴幼儿照护和儿童早期教育服务问题"。2019年的《政府工作报告》中指出,要"加快发展多种形式的婴幼儿照护服务"。

2. 要因地制宜开展婴幼儿家庭育儿指导服务

服务婴幼儿综合发展的科学育儿指导应该因地制宜。城市和农村在人口分布、区域经济结构、文化特点、教育条件、家庭结构、居住环境、抚养者文化知识基础方面有着很大的差异,加之农村从事服务婴幼儿综合发展的专业人员较之城市更加缺乏,根据区域发展实际和家庭现实,因地制宜地发掘、挖掘和整合各方资源,培养队伍、开展具有广覆盖的、多形式、多元服务的婴幼儿家庭科学育儿宣传、知识普及和具体指导更有必要。我们需要对以往的试点项目和实践探索进行全面的梳理、总结。如:梳理总结上海、北京、广州等城市政府主导的婴幼儿早期发展服务经验,梳理总结计生部门、高校和国家教育、卫生、妇联等部门与联合国儿基会等国际组织的合作研究面向农村及贫困地区婴幼儿养育与发展、儿童早期发展等项目实践探索经验。这些项目、实践探索及更多的地方政府、社会组织,以及其他社会力量的研究和实践,各自所创造和积累的丰富经验对我国进一步构建和完善婴幼儿早期综合发展服务体系十分重要,并对今后的服务实践很有借鉴意义。

3. 加强研究制度和机制建设,人才培养迫在眉睫

立足婴幼儿综合发展的公共服务体系建设是个复杂的系统工程,在它仍滞后于国计民生需求的现时期,要加快其建设进程,必须加强科学研究、抓紧制度和机制体系建设及人才培养。这是贯彻《指导意见》精神,重点落实"为家庭提供科学养育指导""并对确有照护困难的家庭或婴幼儿提供必要的服务"的当务之急。

贯彻《指导意见》精神,"在2019—2020年间,中央及超过半数的省份相继发布了有关托育服务的指导意见、设置标准、管理规范和实施方案等政策文件,托育服务作为一项民生工程,越来越受到重视"。托育服务是婴幼儿综合发展公共服务的一个方面,这一供给如何为确有照护困难的家庭或婴幼儿提供相匹配的必要服务,亟须深入研究;托育服务人才培养标准、托育机构专业人才标准和相应的准入资格证等,同样须要深入研究。

当前,教育、卫健、人力资源社会保障、财政、民政等部门协同,建立标准与制度和机制,推进解决托育人才和以社区(村庄)为依托的婴幼儿综合发展的公共服务体系。一是,加快研制托育服务人才培养标准、托育机构专业人才标准和相应资质标准,同时加快研制托育和家庭育儿指导所需的其他各类从业人员的资质标准和资格准入制度,以确保托育质量和家庭育儿指导的科学性;二是,加快研制托育等婴幼儿早期综合发展服务科学合理的"各类从业人员的待遇基线制度及保障机制""薪酬标准和工资增长机制",以确保其应有的社会地位,提高服务质量。

本 章 小 结

本章从综合的角度,通过对早期教育的两大功能及其关系的分析,进一步揭示社会、早期教育、0—3岁婴幼儿三者的内在联系。立足于婴幼儿综合发展服务体系建设、婴幼儿发展与教育等领域专家的科学研究、国家有关部门和地方政府的实践探索等方面,使同学们对早期教育有更加全面的认识。

延伸学习

 **拓展阅读**

城市地区推进婴幼儿托育服务的建议

在党的十九大"幼有所育"思想的指导下,我国必须重视3岁以下婴幼儿托育服务体系的建构。《指导意见》的发布,意味着婴幼儿托育服务事业在国家政策上有据可依,事业发展也有了大致方向。当前,南京市和上海市在城市地区推进婴幼儿托育服务方面已积累了很多宝贵经验,但也存在一些问题。研究者通过梳理两地的已有经验和对其存在问题的反思,提出要在全国发展婴幼儿托育服务,建设婴幼儿托育服务体系,推进婴幼儿托育服务事业发展,应在多部门分工协作、各级政府分级管理、健全监管与扶持机制等方面多下功夫。

(一)依据事权和上级规定划分各部门权责,明确主管部门牵头、多部门协作的工作机制

婴幼儿托育服务事业的发展涉及多方面的联合保障,需要多部门明确分工,共同参与。《指导意见》从国家层面对促进0—3岁婴幼儿托育服务事业发展的相关部门的职责进行了划分,并要求"强化部门协同"。南京市和上海市均建立了主管部门牵头、其他部门协同的分工协作制度,但是如何真正发挥多部门协同管理以及联席会议制度的作用,还需深入探讨。

首先,各地方政府部门应当谨遵《指导意见》,在省、市、区(县)级别对主管部门和各协同部门进行权责的界定和划分,卫生健康部门、教育部门、妇联等遵守"谁审批,谁负责,谁管理"的原则,强化行政问责制。其次,在权责分工的基础上,重视将多部门纳入合作体系,切实解决政府内部相互推诿或重复行政的问题。最后,各级人民政府应当重视联合相关职能部门和单位建立联席会议制度,规定联席会议制度的议事原则、议事范围、议事程序、参与人员、纪律要求等相关内容,建立完善的举办和运行机制,用以研究和解决婴幼儿托育服务事业中的重大事项,打破各部门之间的工作壁垒,形成工作合力,实现决策的民主化和科学化。

(二)健全省、市、区(县)、街道四级管理层级,实现各级政府分级管理

婴幼儿托育服务事业的发展需要健全从中央到地方各级政府的管理体制,建立上下疏通、职责分明的分级管理制度。根据分级管理原则,国家层面负责制定指导性的政策文件,为全国的托育服务事业发展指明方向。省级政府部门负责主管本行政区域内的婴幼儿托育服务事业发展工作,必须承担起制定符合当地特点及趋势的本土化具体政策的责任,为市、区(县)级政府部门提供明确、可操作的意见,并负责考察省区域内部的实施情况。市、区(县)地方政府应当正确解读并严格执行省一级政策文件。市级教育行政部门不仅要承担"上令下达"的功能,而且应当结合当地实际情况在省级政策征集意见稿时提出地区性的意见和建议,参与政策的制定,发挥市级行政范围内的统筹规划作用。区(县)级政府部门应当确保各区(县)的婴幼儿托育服务事业管理工作有序开展。街道作为最终落实层,应当落实

街(镇)属地责任,使婴幼儿托育服务事业在街道、社区良性发展。

(三)健全监管机制,实现托育服务机构的全过程监管

南京市和上海市均要求对已经登记备案的托育服务机构进行监管,并确定了适合本地情况的准入门槛、资质审批和备案程序。然而,目前监管还未成为一项日常制度贯穿机构举办的始终。一是两地虽然均在准入审批环节对机构进行了评估和筛选,但机构申办成功后,政府对于机构办学质量、规范性等方面的常态化监管尚未在政策层面上完成明晰的设计。二是两地的政策体系中均未涉及与监管相关的标准,尤其是规范办学、师资、课程等软实力方面的标准均未出台。

促进婴幼儿托育服务事业发展,各级各类政府部门应当合力健全从准入备案、常态化监管直至退出的完整的、具体可行的全过程监管机制。首先,从政策文件制定的角度,托育服务机构的全过程监管需要专门的督导评估标准作为依据,政府部门应当出台督导评估办法,明确督导评估内容与形式,确定托育服务机构在婴幼儿管理、收费、从业人员管理等方面的规范细则。其次,应当健全托育服务机构全过程监管机制。一方面,严格筛选符合资质的托育服务机构,重视准入审批、登记备案环节,建立针对托育服务机构的多部门的登记审批、备案程序,实现部门内部程序的流通。另一方面,建立常规性监管制度,将托育服务机构的硬件和软件评估纳入动态监管。再次,应当充分利用网络、宣传栏等多种平台,向大众公布托育服务机构备案与监管信息,接受社会查询和监督。最后,针对主管部门力量薄弱的问题,可充分依托现行完善的综合行政执法体系,将主管部门纳入综合执法力量,整合归并执法队伍,从而加强对婴幼儿托育服务事业的管理。

(四)多渠道、大力度扶持社会力量举办婴幼儿托育服务机构

推进婴幼儿托育服务事业发展的初衷是支持、配合全面两孩政策。只有政府进行投入,才有可能落实公益性、普惠性的目标定位。目前南京市和上海市均已配套出台了一些扶持措施,然而无论从托育服务机构层面还是政府层面,已有扶持措施的有效性尚待提高。为了鼓励社会力量兴办婴幼儿托育服务机构,尤其是普惠性婴幼儿托育服务机构,应当以"政府引导、多方参与、社会运营、普惠可及"为原则,发挥中央预算内投资示范带动作用和地方引导作用,拓宽扶持途径,加大扶持力度,通过政府与企业之间的合作,扩大普惠性托育服务的有效供给。

首先,为保证对婴幼儿托育服务的中央和地方财政投入的力度和持续性,应当将投入婴幼儿托育服务事业发展的经费纳入年度财政预算中,确保足够的财政预算用以扶持相关机构。其次,通过促进各政府部门的内部协商,保证婴幼儿托育服务机构的土地获得、税收减免等优惠政策得以落实,保障机构运营的基本条件,包括和住建部门、消防部门协调,将发展托育服务的各类用地纳入国土空间规划和年度指标,从城市规划角度为托育服务机构预留符合要求的公共用地;和税务部门、发改部门协调,确定普惠性托育服务机构在水电费、税收等方面优惠政策的具体落实等。再次,拓宽补贴途径,一方面以托位建成补贴鼓励机构合规提供托育服务,另一方面通过提供质量评估补贴,根据监管结果对托育服务机构的办托行

为进行反馈，以分级财政支持或家庭育儿券的财政投入方式给予补贴，从而既确保机构获得扶持的可持续性，又鼓励机构不断提升质量。最后，应当建立托育服务机构的软实力支持体系，加快托育人才培养，并在师资队伍、课程以及质量提升方面为托育服务机构提供业务指导和专业培训，保障托育服务机构的规范发展。

 学习活动

1. 以小组为单位，在学校所在地或家乡开展关于0—3岁婴幼儿早期综合发展服务现状的调查，形成调查报告并在班级大组交流。

2. 以小组为单位开展调查，比较分析农村与城市0—3岁婴幼儿成长的微环境有哪些明显不同，并为双方提出相应的改进措施。

复习与思考

1. 试述早期教育的功能及其关系。

2. 简述我国婴幼儿照护与教育的历史进程及各发展阶段的特点。

3. 分别以500字的篇幅简述茅于燕、鲍秀兰、杨丽珠、区慕洁等专家对早期教育的主要贡献。

4. 请简述我国当前保障与增进0—3岁婴幼儿安全与健康的公共服务体系的现状。

5. 分小组交流学习国务院办公厅印发的《关于促进3岁以下婴幼儿照护服务发展的指导意见》，并谈谈学习体会。

参 考 文 献

[1] 叶澜.教育概论[M].北京：人民教育出版社,2018：211-214.

[2] 胡定荣.全面发展·综合素质·核心素养[J].新疆师范大学学报(哲学社会科学版),2018(11)：62.

[3] 柳夕浪."综合素质"与"核心素养"——再谈培养什么样的人[J].华东师范大学学报(教育科学版),2017(2)：70-72.

[4] 褚宏启.核心素养的国际视野与中国立场[J].教育研究,2016(11)：11.

[5] 杨晓萍,李静.学前教育学[M].重庆：西南师范大学出版社,2011：10.

[6] 李季湄.幼儿教育学基础(第2版)[M].北京：北京师范大学出版社,2017.

[7] 檀传宝.教育是人类价值生命的中介——论价值与教育中的价值问题[J].教育研究,2000(3)：16.

[8] 杨琰.知识·能力·素质·素养：教育价值追求的不同阶段转向[J].教育理论与实践,2018(28)：13-16.

[9] 岳伟,金保华.悖离与重建：关于现行教育价值取向的思考[J].社会科学战线,2000(11)：222-224.

[10] 刘晓东."幼态持续"及其人文意蕴[J].南京师大学报(社会科学版),2014(06)：77-81.

[11] 单培勇."国民素质"与"人的全面发展"——对人学理论两个基本范畴的新界定[J].河南社会科学,2006(1)：59-60.

[12] 岳爱,蔡建华,白钰,等.中国农村贫困地区0—3岁婴幼儿面临的挑战及可能的解决方案[J].华东师范大学学报(教育科学版),2019(03)：2.

[13] 黄人颂.学前教育学[M].北京：人民教育出版社,1989：78-141.

[14] 梁志燊,李辉.关于幼儿德育与社会性发展教育的几个基本问题[J].学前教育研究,1995(3)：8.

[15] 张正江.中华人民共和国美育的命运[C].上海：华东师范大学,2006：26.

[16] 张林秀.扶贫先扶智,教育扶贫须从娃娃抓起.[EB/OL].(2016-10-16)[2020-01-15].https://www.cas.cn/zjs/201610/t20161017_4577984.shtml.

[17] 杨一鸣.从儿童早期发展到人类发展——为儿童的未来投资[M].北京：中国发展出版社,2011：52.

[18] 戴耀华.世界卫生组织关于"促进儿童和青少年卫生和发展策略"的介绍[J].中国儿童保健杂志,2003(06)：180.

[19] 王海英.20世纪中国儿童观研究的反思[M].上海：华东师范大学学报(教科版),2008：17.

[20] 中央教育科学研究所比较教育研究室.简明国际教育百科全书·人的发展[M].北京：教育科学出版社,1989：142.

[21] 周红安.中西儿童观的历史演进及其在教育维度中的比较[D].武汉：华中师范大学,2003：13.

[22] 喻本伐,熊贤君.中国教育发展史[M]武汉：华中师范大学出版社,1992：188-225.

［23］陈学恂.中国近代教育文选［M］.北京：人民出版社，1984：161.

［24］陆克俭.发现与解放——中国近代儿童观研究［D］.上海：华东师范大学，2007：213.

［25］苗曼.天性引领教育——幼儿教育变革路向探寻［D］.南京：南京师范大学，2012：13.

［26］桑标.儿童发展［M］.上海：华东师范大学出版社，2014：90.

［27］虞永平.生活化是幼儿园课程的根本特性［J］.学前课程研究，2008（10）.

［28］梅珍兰.童年的意义、困境与出路［J］.全球教育展望，2013（03）：103.

［29］许婷.回归教育本真"走进儿童的生活世界"［J］.湖南师范大学教育科学学报，2018（06）：

［30］刘晓东.论儿童文化——兼论儿童文化与成人文化的互补互哺关系［J］.华东师范大学学报（教科版），2005（02）：28-29.

［31］教育部基础教育司.《幼儿园教育纲要（试行）》解读［M］.南京：江苏教育出版社，2002：37.

［32］刘晓东.论教育与天性［J］.南京师范大学学报（社会科学版），2003（04）：71.

［33］路易斯S，贝斯威克C，费瑟斯通S，等.认识婴幼儿的游戏图式［M］.张晖，范忆，时萍，译.北京：中国轻工业出版社，2019：1.

［34］华爱华.早教实践中的六对关系［J］.幼儿教育，2008（07）：28.

［35］秦旭芳，王楠.我国婴幼儿托育师资角色定位与职业发展规划［J］.天津师范大学学报（基础教育版），2018，（4）：

［36］虞永平.学前课程与幸福童年［M］.北京：教育科学出版社，2012：7-10.

［37］刘焱.幼儿园游戏与指导［M］.北京：高等教育出版社，2012：5-11.

［38］约翰逊.游戏与儿童早期发展［M］.华爱华译.上海：华东师范大学出版社，2006：204.

［39］洪秀敏.中国教育改革开放40年：学前教育卷［M］.北京：北京师范大学出版社，2019：205.

［40］舒新城.中国近代教育史资料（中册）［M］.北京：人民教育出版社，1961.

［41］寇崇玲.红色政权的第一个托幼文献及其实施［J］.幼儿教育，1986（6）：2.

［42］中华全国总工会女工部.努力办好职工托儿所［M］.北京：工人出版社，1955：11.

［43］中国学前教育研究会.中华人民共和国幼儿教育重要文献汇编［G］.北京：北京师范大学出版社，1999：76.

［44］洪秀敏.改革开放40年我国0—3岁早期教育服务的政策与实践［J］.学前教育研究，2019（2）.

［45］黄希庭.心理学导论(第二版)［M］.北京：人民教育出版社，2007：442-443.

［46］夏丽娟.浅谈幼儿教师的角色定位［J］.江苏教育学院学报（社会科学），2010，26（07）：24-26.

［47］牟映雪.学前教育学［M］.北京：教育科学出版社，2012：154.

［48］曹能秀，田静.近十年来英国幼儿教师职前教育改革探析［J］.全球教育展望，2014，43（01）：64-69.

［49］莫里森 G S.学前教育：从蒙台梭利到瑞吉欧［M］.祝莉丽，周佳，高波，译.北京：中国人民大学出版社，2014：03.

［50］张远丽.0—3岁儿童早期教育师资培养的困境及建议［J］.成都师范学院学报，2017，33（4）：47-50.

［51］董素芳.美国0—3岁早期教养人员从业资格的制定及对我国启示的研究［D］.上海：华东师范大学，2014：110.

［52］周桂文.研究型幼儿教师培养的初步探索［D］.福州：福建师范大学，2010：1.

［53］郭平，熊艳.教师专业发展概论［M］.成都：西南交通大学出版社，2017：4.

［54］教育部师范教育司.教师专业化的理论与实践［M］.北京：人民教育出版社，2003：33.

［55］饶从满，杨秀玉，邓涛.教师专业发展［M］.长春：东北师范大学出版社，2005：30.

［56］单中惠.教师专业发展的国际比较［M］.北京：教育科学出版社，2010：200.

［57］王笑梅.0—3岁早期教育初任教师专业成长困境及对策分析［J］.江西电力职业技术学院学报，2019，32（07）：157-159.

［58］崔迪.美国早期教育教师专业学习共同体研究［D］.长春：东北师范大学，2017.

后　记

随着国家生育政策的调整和贯彻实施，0—3岁婴幼儿保育教育问题得到了社会各界广泛的关注与讨论。一方面，家庭亟需专业支持与指导；另一方面，现有的公共托育服务机构远远无法满足实际需要。为了更好地服务家庭、提升0—3岁婴幼儿保育教育质量，国家积极制定、颁布纲领性文件，加强对我国0—3岁婴幼儿保育教育的规范和管理。为了响应国家政策，顺应社会发展的需要，促进我国0—3岁婴幼儿保育教育事业更好更快地发展，上海科技教育出版社积极发起并组织全国部分高校长期从事早期教育的专家学者，编写了一套关于0—3岁婴幼儿保育教育的丛书，并且邀请参与讨论、制定相关文件的专家对本套丛书进行审核，力求保证本套丛书具有鲜明的理念引领性、教育科学性和实践指导性。

婴幼儿保育教育质量关系到人一生的身心健康，但是要顺利实施科学有效的保育教育却是非常困难的。一方面，目前关于婴幼儿保育教育的理论阐释还比较少，没有形成完善的理论体系。为了弥补这一缺憾，本套丛书广泛收集国内外相关资料开展深入研究，深入浅出地阐释了婴幼儿动作、语言、认知、情感与社会性、心理等方面发展的相关理论。同时，结合托育服务机构多年的实践经验，撰写了大量的教育教学活动观察案例，辅助实施保育教育活动的教师更好地理解和运用。另一方面，由于0—3岁的婴幼儿还不能完全表达自己的需要与情感，对教师和家庭的主要抚养者而言，如何准确地觉察他们的需要和情感，提供适宜的支持性环境显得至关重要。因此，本套丛书从实践需要出发，就婴幼儿行为观察、婴幼儿家庭保育教育、特殊婴幼儿的保育教育等方面进行翔实的阐述，以期对家庭和早教机构起到积极的指导作用。与此同时，为了更好地推动我国0—3岁早期教育健康发展，提升0—3岁婴幼儿保育教育质量，本套丛书还对如何研究婴幼儿身心发展、如何推进家庭保育教育、如何管理早教机构等问题进行了思考与总结，相信这些努力会对0—3岁婴幼儿保育教育发展产生广泛而深远的影响。

本套丛书的组织编写与出版凝聚了许多人的心血与汗水，也得到了多方面的帮助与支持，正是基于此，本套丛书才能按时顺利出版。在此，首先感谢丛书的所有编者们，大家对丛书的编写倾注了大量的心血和努力。其次，感谢上海科技教育出版社领导的理解与支持，感谢有关编辑为本套丛书的出版付出了大量的精力与时间。同时，也要感谢幼教界同仁的关心和鼓励。此外，丛书中还引用了国内外同行的研究成果，在此一并表示衷心的感谢。由于时间紧张，本套丛书难免有不妥之处，敬请批评指正，以期不断修正、完善。

中国学前教育研究会教师发展专业委员会
张明红
2017年7月于华东师范大学